법조윤리 입문

| 로스쿨강의 시리즈 |

법조윤리입문

개정판

도재형 지음

일반 시민들은 법조인을 단지 공익성을 추구하는 법률 전문직이 아니라 고소득을 얻는 직업군으로 바라보고 있다. 법조인 내부에서도 수입의 높고 낮음이 변호사의 능력을 평가하는 잣대로 사용된다. 그럼에도 법조인은 단순한 법률 상인이어서는 안 된다. 이 점에서 다른 직업인과 구별된다. 즉 상인으로서의 윤리뿐만 아니라 법률 기술자, 나아가 법률 전문직으로서의 윤리가 필요하다. 결국 이는 경제적 이익 추구와 공익성 사이의 갈등으로 나타난다. 예비 법조인들인 로스쿨 학생들이 법조윤리를 공부하는 것은 실무 현장에서 이러한 윤리적 딜레마에 부딪혔을 때 법조인답게 이 문제를 해결하는 능력을 키우기 위해서이다.

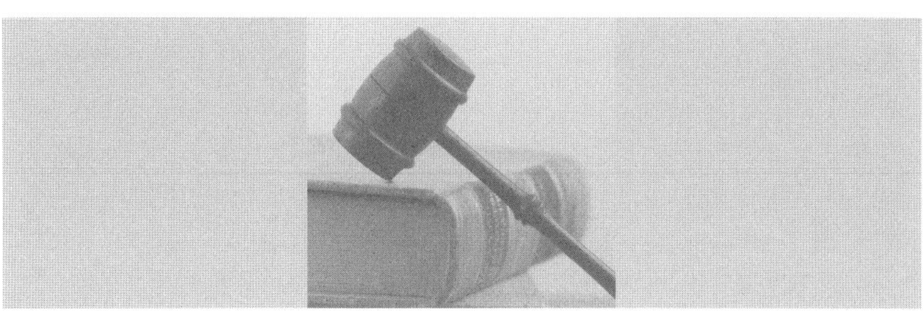

이화여자대학교출판부

| 개정판을 펴내며 |

이 책의 초판을 출판한 지 4년 만에 개정판을 펴내게 되었다. 2014년 변호사윤리장전의 전면 개정으로 인해 초판만으로는 법조윤리 강의를 수행하기가 어려워졌기 때문이다.

당초 이 책의 출판 목적은 법학전문대학원을 졸업한 법조인이 꼭 알아야 하는 윤리적 의무를 한 학기의 강의를 통해 전달하는 것이었다. 개정판에서도 초판의 이 목적을 유지했다. 개정판 역시 개별 법조인이 지켜야 할 윤리에 중점을 두어 작성하고, 법조 행정이나 형사책임에 관한 법령 및 판례는 법조윤리를 이해하는 데 필요한 범위에서만 소개했다. 초판의 불명확했던 설명이나 어색한 체계를 바로잡기 위해서 노력하고 문장도 더 다듬었다. 사례는 가능한 한 본문에 포함시키고 불필요한 내용은 삭제했다.

개정판은 전면 개정된 변호사윤리장전에 맞춰 작성되었다. 2014년 변호사윤리장전의 개정은 변화된 변호사 업계의 현실을 반영하기 위한 불가피한 작업이었다. 그러나 '덜 윤리적으로 개정된 변호사윤리장전'이라는 어느 신문 기사의 제목처럼 2014년 개정 변호사윤리장전에 대해서는 많은 비판이 있다. 개인적으론 의뢰인을 위한 보호 조치 없이 구 변호사윤리장전의 성공보수 선수령 금지 조항을 삭제한 것은 여전히 납득하기 어렵다. 그 밖에도 몇몇 개정 내용에 대해선 의문이 있지만, 책에서는 그에 대한 개인적 비판은 삼가고 개정된 변호사윤리장전의 내용을 소개하는 데 주력했다.

개정판을 준비하던 중인 2014년 11월 4일경 정부가 변호사법 개정안을 입법예고했지만, 그 내용을 책에 반영하지는 않았다. 개정안 내용은 법무부 인터넷 홈페이지의 법무정보/법령정보/입법예고 코너에 소개되어 있으므로 참고하기 바란다.

2015년 2월

저자

| 책을 펴내며 |

돌이켜보면, 제가 사법연수원 과정이나 변호사로 활동하는 동안 변호사법이나 변호사윤리장전 등 이 책에서 다루고 있는 윤리 기준에 대해 배우거나 궁금해했던 적은 없었습니다. 그럼에도 윤리적 문제가 닥쳤을 때 큰 과오 없이 행동할 수 있었던 것은 오로지 제 주위에 계셨던 선·후배 변호사님들의 조언과 도움 덕분이었습니다. 그분들 옆에서 생활하며 제 행동과 생각을 살펴볼 수 있는 기회를 가졌던 것은 법조인으로서 경험했던 여러 행운 중 하나였습니다.

제가 법조윤리에 관한 공부를 시작한 것은 법학전문대학원에서 법조윤리 과목을 담당하면서부터입니다. 그렇기 때문에 법조윤리의 여러 쟁점에 관한 제 공부의 양과 질은 낮은 수준입니다. 이 책의 제목에 있는 '입문入門'이라는 말은 학생들보다는 제 공부의 수준을 나타내는 것이라 할 수 있습니다. 그럼에도 불구하고, 제가 굳이 법조윤리 과목의 강의안을 보완하여 이 책을 낸 것은 제 눌변訥辯으로 인해 학생들이 겪는 필기의 노고를 덜고 좀 더 요령 있는 설명을 하고 싶었기 때문입니다. 그리고 제 부족한 공부를 채찍질하는 도구로 삼겠다는 동기도 있었습니다.

변호사를 비롯한 법조인들은 다른 사람을 도우며 생계를 유지할 수 있다는 점에서 좋은 직업을 가진 사람이라고 할 수 있습니다. 그러나 그 생활이 사회적 갈등의 가장 최첨단인 법률 분쟁의 장場에서 이루어지기 때문에, 그에 따른 윤리적 갈등을 자주 겪게 됩니다. 이는 법조인이라는 직업을 가진 모든 사람이 피해 갈 수 없는 숙명이기도 합니다. 그런데 다행스럽게도 법조인에게 요구되는 윤리 기준의 수준은 그다지 높지 않습니다. 이 책에서 보듯이 법조인들은 열심히 일하고 의뢰인과 시민들의 신뢰를 훼손하지 않도록 노력하기만 하면, 평균적인 윤리 기준은 충족할 수 있습니다. 따라서 예비 법조인인 로스쿨 학생들이 법조윤리에 대해 거부감이나 부담을 가지지 않았으면 합니다. 그런 관점에서 이 책에서는 법조윤리 관련 주제들에 관한 일반적인 설명 및 국내에서 문제된 사례를 주로 다루었습니다. 혹시 법조윤리에 관해 좀 더 깊이 있는 논의 내용을 보고 싶은 학생들은 법학전문대학원협의회에서 발간한 공통 교재 또는 여러 교수님의 저서를 읽기를 권합니다.

법조인으로서의 윤리적 기준을 마련한다는 것은 단지 교과목으로서 법조윤리를 공부하는 것만으로 이루어지지는 않습니다. 법조윤리 수업시간에 배울 수 있는 것은 피상적이고 추상적인 논의에 불과하기 때문입니다. 그 구체적 기준은 로스쿨 학생들이 실제 법조인으로서 생활할 때 시행착오를 거치면서 형성하게 됩니다. 즉 개별 법조인들은 윤리적 딜레마 상황에서 관행으로써 자신을 합리화하지 않고, 동료 법조인과 의논하고 고민하며 문제를 해결하는 과정을 통해 스스로의 윤리적 기준을 마련해야 합니다. 이 책에 있는 일부 내용 역시 제 개인적 경험 혹은 다른 변호사들로부터의 조언에 기초한 것입니다. 그 내용이 로스쿨 학생들이 향후 법조인으로서 구체적 윤리 기준을 세울 때 도움이 되기를 희망합니다.

앞에서 설명한 바와 같이 공부가 부족한 상태에서 책을 내다보니 여러 가지 걱정이 앞섭니다. 혹시 잘못된 내용으로 인해 학생들에게 혼란을 주는 것은 아닌지 염려되기도 합니다. 책의 잘못되거나 부족한 부분은 전적으로 제 책임이므로, 추후에라도 여러분의 지적에 따라 수정하도록 하겠습니다. 시인 도종환 선생은 「어릴 때 내 꿈은」이라는 시에서 "험한 물살 흔들리는 아이들의 징검다리 되고" 싶다고 했습니다. 저 역시 이 책이 법조인을 꿈꾸는 로스쿨 학생들에게 걸림돌이 아닌, 조금이라도 도움이 되는 징검다리가 되기를 바랍니다.

2011년 2월

저자

| 차례 |

약어

변호사법(법)

변호사법시행령(시행령)

변호사윤리규약(규약)

대한변호사협회(대한변협)

1장

법조윤리

1. 한국 법조인의 윤리적 상황

일반 시민들은 법조인을 단지 공익성을 추구하는 법률 전문직이 아니라 고소득을 얻는 직업군으로 바라본다. 법조인 내부에서도 수입의 높고 낮음이 변호사의 능력을 평가하는 잣대로 사용된다. 그럼에도 법조인은 단순한 법률 상인이어서는 안 된다. 이 점에서 다른 직업인과 구별된다. 즉 법조인에게는 상인으로서의 윤리뿐만 아니라 법률 기술자, 나아가 법률 전문직으로서의 윤리가 필요하다. 이는 경제적 이익 추구와 공익성 사이의 갈등으로 나타난다. 예비 법조인들인 로스쿨 학생들이 법조윤리를 공부하는 것은 실무 현장에서 이러한 윤리적 딜레마에 부딪혔을 때 법조인답게 이 문제를 해결하는 능력을 키우기 위해서이다.

법조인에게 윤리적 문제가 발생하는 구체적 원인은 매우 다양하다. 법조인 본인의 경제적 욕구, 명예욕, 윤리적 무관심 혹은 무지 등 여러 가지 이유를 들 수 있을 것이다. 이를 나누어 살펴보면 아래와 같다.

첫째, 법조인 특히 변호사가 윤리적 딜레마에 빠지는 대부분의 경우는 그것이 경제적 이익과 연결되어 있기 때문이다. 한국의 변호사들은 국가에 고용된 것이 아니라 각자가 법률시장에서 법률서비스의 공급자로서 존재한다. 법률서비스를 제공하는 기회를 갖고 그를 통해 수익을 얻어 사무실을 운영하고 생계를 꾸려나가는 책임은 전적으로 변호사 각자에게 있다. 이 점에서 변호사가 수익을 얻는 것은 관련 업무를 잘 수행하는 것만큼 중요한 과제이다.

그런데 법률서비스라는 것은 시장에서 판매되는 다른 상품들과 같지 않다. 변호사가 제공하는 서비스는 공익성, 독점성을 지니고 고객과의 고도의 신뢰관계에 의해 제공되는 경우가 대부분이다. 예컨대 동네 주민 중 A와 B의 사이가 매우 나쁘고 적대적인 관계에 있다 하더라도, 그 동네의 슈퍼마켓이나 제과점 주인은 양쪽 모두에게 식료품을 판매할 수 있다. 그러나 변호사에게는 이러한 영업 방식이 허용되지 않는다. 뒤에서 배우겠지만, 고객이 원하는 경우에도 변호사는 자신의 상품(용역)을 판매해서는 안 되는 제약이 존재한다.

이런 상황에서 개별 변호사들이 과연 어떻게 자신의 윤리적 책임을 완수할 것인지는 변호사 자신의 품위를 유지하는 것뿐만 아니라 전체 법조계에 대한 시민의 신뢰를 유지하는 데 매우 중요하다.

둘째, 의뢰인이나 사회가 요구하는 수준과 개별 법조인의 업무 능력에는 큰 괴리가 있기 때문이다. 법조인이 좋은 업무 능력을 갖추는 것은 개별 시민의 권리 보장뿐만 아니라 한 사회의 법치주의를 이루는 데 중요한 요소가 된다. 따라서 자신의 능력을 높이는 일은 법조인의 윤리적 책임의 하나이다. 그러나 이러한 이상은 현실과 괴리가 있다. 왜냐하면 의뢰인이나 사건 당사자가 변호사 등 법조인의 업무 능력을 평가하기는 쉽지 않은데, 이를 기회삼아 법조인 본인이 업무에서 나태함을 보이는 경우가 있기 때문이다. 이러한 유혹을 극복하고 법조인 스스로가 자신의 직업적 책무를 완수하도록 그 기준을 마련하는 것도 법조윤리가 필요한 이유이다. 뒤에서 보겠지만, 법조윤리의 상당 부분은 법조인의 직업적 성실성을 요구하는 내용이다.

셋째, 윤리적 딜레마의 원인 중 하나는 우리 사회의 연고주의 전통이다. 이러한 특성은 법조계에서 좀 더 뚜렷하게 나타난다. 왜냐하면 종전까지 대부분의 법조인이 단일한 교육기관, 즉 사법연수원이라는 하나의 기관에서 법조인으로서의 첫걸음을 시작했기 때문이다. 그러나 법조인 특히 그 중에서도 법관과 검사의 업무 수행은 개인적 친분을 떠나 공명정대하게 이루어져야 한다. 변호사 역시 그러한 연고나 비공식적 친분관계를 이용하여 사건을 수임하거나 구체적 분쟁 해결 과정에서 이익을 얻어서는 안 된다. 그것은 단지 청렴성이나 부정한 부富를 추구해서는 안 된다는 윤리적 의무가 아니라, 한국의 사법 제도에 대한 시민의 신뢰를 지키기 위해서 그러하다. 법조윤리란 이러한 연고주의의 전통으로부터 법조인이 청렴하게 생활하며 부정한 축재를 멀리하고 사법 제도에 대한 시민의 신뢰를 유지하기 위해 요구된다.

넷째, 법조윤리 문제가 쉽게 해결될 수 없는 이유 중 하나는 법조 인력을 충원하는 과정에서 지원자들의 윤리적 수준을 평가하지 않는다는 점 때문이다. 현재 법학전문대학원의 입학 전형에서 지원자의 윤리적 소양은 중요한 전형 요소가 아니다. 거기에서 중요한 것은 지원자의 학습 능력이다. 왜냐하면 예비 법조인에게 가장 필요한 소양이 그것이기 때문이다. 이렇게 윤리적 평가를 하지 않은 채 예비 법조인들을 충원한 후 그들에게 높은 수준의 윤리적 기준을 요구하는 것에는 모순이 있다. 흔히 법학을 '빵을 위한 학문Brotwissenschaft'이라고 한다. 학문 그 자체에 흥미를 느껴 법학을 전공하는 사람은 많지 않다. 개인적 경험에 의하면, 법학에 대한 학문적 호기심은 법학을 어느 정도 공부한 이후 관련 경험이 쌓였을 때 왕성해지는 것이다. 법학전문대학원에 입학한 동기에는 사회정의의 추구라는 목적도 있지만 어느 정도 안정된 일자리나 생계 수단을 얻을 수 있다는 현실 인식이 작용했다는 점을 부정하기는 어렵다(한인섭, 2003: 6-7).

그럼에도 불구하고 법조인은 공익적 직무를 수행하는 전문직이다. 따라서 법조인은 스스로의 사회적 책무와 직업적 완성도를 인식하고 고양할 책임이 있다. 법학전문대학원 제도에서 법조윤리를 필수교과목으로 정한 것은 이러한 문제의식에 기인한 것이다.

2. 한국에서의 법조윤리

1) 법조윤리의 의미

한국에서 '법조法曹'라는 용어는 흔히 법관과 검사, 변호사직에 종사하는 법률가들을 통칭할 때 사용한다. 여기에는 학자나 연구자로서의 법률가는 포함되지 않는다(김일수, 2008: 252). 따라서 법조윤리는 위 3자—소위 법조 3륜—에게 적용되는 직업윤리를 뜻한다. 즉 법조윤리란 변호사 · 법관 · 검사라고 하는 각 직업집단의 고유한 윤리와 위 3자에 공통되는 법조 일반의 윤리라고 말할 수 있다(사법연수원, 2010: 1)

변호사와 법관, 검사는 여러 공통점을 가지고 있다. 변호사와 법관, 검사는 모두 법에 대한 고도의 전문적 지식과 기능을 전제로 하는 직업이다. 그들 모두 전문적 교육 과정을 통해 양성되고 재판이라는 사법 과정에 참여한다. 이러한 유사성이 변호사와 법관, 검사들을 동일 집단으로서의 '법조'로 이해하는 근거가 되며, 그들의 윤리를 함께 논의하는 기초이다(이상수, 2009: 44-45).

그러나 법조윤리라는 개념을 이렇게 포괄적으로 규정하는 것은 혼란을 일으킬 수 있다. 법관과 검사는 법조인이면서 동시에 공무원이다. 따라서 그들에게는 공무원으로서의 윤리 규범이 먼저 적용된다. 그들은 공무원으로서 국민 전체에 봉사할 의무를 지므로, 그 업무가 추구하는 것은 공익이어야 한다. 그러나 변호사는 위임계약에 따라 1차적으로 의뢰인의 이익을 위해 행동한다. 또한 변호사는 법원과 수사기관을 견제하고 비판하는 독립적 역할을 수행한다. 따라서 변호사에게는 더 많은 자율성과 자유가 주어진다. 그 행위 준칙 또한 원칙적으로 변호사단체가 자율적으로 결정하고 집행한다(한인섭 · 한상희 · 김재원 · 이상수 · 김희수 · 김인회 · 정한중, 2014: 7-9).

법관과 검사는 국가 사법기관으로서의 성격을 가지고, 시장 참여자로서의 성격은 없다. 법관과 검사에게는 공무원으로서의 윤리와 법률 전문가에게 특유하게 요구되는 윤리 규범이 함께 적용되지만, 전자의 요구가 더 강하다. 반면에 변호사는 시장 참여자(법률서비스 공급자)로서의 성격과 사법기관(국가기관이 아닌)으로서의 성격을 함께 지닌다. 만약 변호사가 본질적으로 사법기관으로서의 성격을 띠고 있다면, 그 윤리를 법관 및 검사 윤리와 동일한 차원에서 논의하는 것이 가능할 수 있다. 그러나 한국의 변호사는 시장 참여자 또는 국가 외적 존재로서의 성격을 띠고, 그에 대해서는 직무의 공익적 성격에 의해 부분적으로 윤리적 규제가 이루어진다. 이 점에서 변호사 윤리에 관한 독립적 논의가 필요하게 된다. 이 책 역시 이런 관점에서 법조윤리를 크게 변호사 윤리, 법관 윤리, 검사 윤리로 구분해 설명한다.

2) 법률 전문가로서의 법조인

법조인으로 지칭되는 법률 전문직은 법률 관료 모델과 법률 전문가 모델, 법률 기업가 모델 등 세 가지 유형으로 분류할 수 있다(한인섭 외, 2014: 15-17).

첫째, 법률 관료legal bureaucrats 모델은 독일, 프랑스, 일본 및 과거 한국 등에서 보듯 법조인의 역할과 기능을 국가법의 집행자로서 정립하고자 한다. 법조인을 국가법의 집행 과정에서 법을 시민사회에 전달하는 하향식 법 집행의 중개자나 보조자로서의 기능을 수행하는 것으로 보는 것이다. 이 모델에서는 직권주의 체제로 구성되는 법 집행 절차의 정점에 법관이 위치하고, 그를 중심으로 준사법관으로서의 검사와 법관의 법 발견에 대한 보조자로서의 변호사라는 위계적 체계가 형성된다. 또한 법조인의 충원·양성 제도는 국가 주도로 관리·운영되면서 법관의 충원·양성을 정점으로 하는 계층적 구조를 취하게 된다.

둘째, 영미식의 법률 전문가legal profession 모델은 법조인을 시민사회의 다양한 부문 이익들을 법적으로 대변하는 전문 지식·기술의 소유자로 규정한다. 법조인은 법적 분쟁의 해결 과정에 참여하는 자로서 분쟁 당사자들의 이해관계를 대변하고, 국가 또는 그 대변자로서의 법관은 공정한 심판자로 기능하는 것을 전제한다. 이 모델에서의 소송 제도가 당사자주의 및 변론주의에 바탕을 두고, 사적 직업인으로서 변호사가 중심적인 역할을 하는 것도 이 때문이다. 법조인의 양성 및 충원은 전문직 교육 및 양성 체제를 통해 이루어지며, 일반적으로 이를 변호사단체 혹은 법학전문대학원 등 국가 외적인 조직에 맡기는 방식을 취한다.

셋째, 법률 기업가law business 모델(시장 모델)은 법조인이 나름의 법 기술과 전문성을 갖추고 있으면서, 자신의 업무 중점을 공익이나 의뢰인의 이익이 아닌 자신의 이익을 최대화하는 데 두는 유형을 말한다. 이 모델에서 법조인은 일반 시민들이 지는 것 이상의 사회적 책임을 부담하지 않으려 하고, 법적인 책임을 넘어서는 어떠한 책임도 부정한다. 직업 집단 내 연대감도 약하다.

위 세 가지 모델마다 법조인에게 요구되는 윤리 규범은 서로 다르다. 관료 모델의 경우 공무원들에게 요구되는 정도의 높은 행위 준칙이 적용된다. 기업가 모델의 경우 법률시장에서 요청되는 규율이나 경쟁 체제로부터 파생되는 규율 외에 별도의 윤리 규범이 요청되지는 않는다. 반면, 전문가 모델은 직업 단체가 윤리 통제 기구가 되어 그 업무에 적합한 수준에서 자율적이고 독자적인 윤리 규범을 만들어 집행한다.

최초 한국의 법조인 제도는 관료 모델에 기초했으나,[1] 현재는 관료 모델에서 전문가 모델로 이행하는 단계에 있다. 「법학전문대학원 설치 · 운영에 관한 법률」 제2조는 법학전문대학원의 교육 이념으로서 "국민의 다양한 기대와 요청에 부응하는 양질의 법률서비스를 제공하기 위하여 풍부한 교양, 인간 및 사회에 대한 깊은 이해와 자유 · 평등 · 정의를 지향하는 가치관을 바탕으로 건전한 직업윤리관과 복잡다기한 법적 분쟁을 전문적 · 효율적으로 해결할 수 있는 지식 및 능력을 갖춘 법조인의 양성"을 들고 있는데, 여기에서 말하는 법조인의 모습은 전문가 모델의 그것과 크게 다르지 않다. 기업가 모델을 한국에 적용하기는 어렵다. 여전히 변호사의 자

---

1 이는 한국의 변호사 제도의 시초를 보면 쉽게 알 수 있다. 한국의 변호사 제도는 1895년 갑오개혁의 일환으로 도입되었다. 1895. 3. 25. 법률 제1호로서 재판소구성법이 제정되고, 같은 해 4. 29. 법무부령 제3호로 민 · 형사소송에 관한 규정이 제정되었다. 이 규정 제3조는 "재판소의 허가를 받은 후 소송을 대인에게 위임할 수 있다."고 규정하고 있었고, 이 대인 제도가 변호사 제도의 효시였다. 그 후 1905. 11. 8. 법률 제5호로 光武변호사법과 11. 17. 법무부령으로 변호사시험규칙이 공포되었고, 이때부터 비로소 변호사라는 명칭이 사용되었다. 즉 한국의 변호사 제도는 재판 절차와 관련하여 처음 도입된 것이다(박길성, 2007: 514).

격 부여에서부터 윤리 통제 및 그 업무 행태에 대한 규제에 이르기까지 법무부를 중심으로 하는 국가의 개입이 적지 않다는 점, 법률시장 자체도 변호사 정원의 통제, 변호사협회 가입 강제주의 등의 규제를 받고 있는 점 등을 고려하면, 한국의 법조인을, 법률서비스의 수급 과정을 자유시장을 기반으로 구성하고자 하는, 기업가 모델에 해당한다고 보기는 어렵기 때문이다. 결국 한국의 경우 법률 관료 모델에서 전문가 모델로 이행하는 과도기적 상황이거나(한인섭 외, 2014: 18) 관료 모델과 전문가 모델이 절충된 형태라고 할 수 있다.

3. 법조윤리 과목의 목표

법조윤리 과목을 법학전문대학원에서 별도로 가르쳐야 하는지에 대해서는 의문이 있을 수 있다. 실제로 대부분의 로스쿨 학생들은 법이 무엇이고 어떻게 자신의 의견을 주장할 것인지를 배우는 데 많은 시간을 할애하고, 무엇이 법조인으로서 올바른 행동인지를 배우는 데 시간을 소비하지는 않는다. 그러나 "무기武器의 민감성과 적정한 사용을 가르치는 윤리적 기준을 깨우쳐 주지 않고 무턱대고 그 사용을 허용하는 것은 매우 위험한 일이다." 법학 교육의 목적이 단지 숙련된 법률 기술자를 만들어내는 것이 아닌 이상, 법학전문대학원이 학생들에게 전문적 직업 활동에 대한 적절한 기준을 가르치지 않고서는 그 책임을 다했다고 하기는 어렵다(가재환, 2001: 342).

학생으로서 법조윤리를 생각할 때는 그것을 준수하는 것이 어렵지 않다고 여길 것이다. 그러나 실제 생활에서 윤리적 문제는 하나를 얻기 위해서 다른 하나를 포기해야 하는 상황이다. 사람들은 경제적 이익 혹은 좋은 평판, 하루의 안락함이나 휴식을 얻기 위해서 직업윤리를 위반하곤 한다. 사람들은 거대한 이익 때문에 불의不義를 저지르는 것이 아니다. 그렇기 때문에 윤리적 판단에 어려움이 있고, 때로는 관행을 극복하는 용기가 필요하다. 로스쿨 학생들이 법조인으로 생활하기 시작하면, 곧바로 윤리적 딜레마를 겪게 될 것이다. 그런 상황에서 합리적 판단을 할 수 있도록 돕기 위해서는 학생일 때 법학전문대학원에서 미래의 법조인으로서 윤리적 기준을 습득하는 것이 필요하다.

결국 로스쿨 학생들에게 법조윤리 과목을 필수적으로 수강할 것을 요구하는 목적은 그들이 변호사 등 법조인으로서 갖추어야 할 기본적 윤리 사항을 습득하고, 다양한 사례를 접함으로써 법조인으로서의 직업윤리적 각성과 공적 책임의식을 갖출 기회를 제공하기 위한 것이다. 이를 통해 그들은 법조인으로서 향후 접하게 되는 다양한 윤리적 문제에 대해 합리적인 판단을 할 수 있는 능력을 갖추게 된다. 다만, 수업시간의 한계 등 물리적 여건으로 인해 법조윤리 강의에서 가르치는 것은 법조윤리의 피상적 내용에 불과할 가능성이 높다. 하지만 이를 통해 로스쿨 학생들이 향후 법조인으로서의 직업활동을 하던 중에 윤리적 규범과 자신의 이익이 충돌할 때, 윤리적 딜레마의 발생 사실을 인식하고 자신의 행동이 윤리적으로 거리낌이 없는지를 고민할 자질을 갖추게 된다면, 법조윤리의 교육 목표는 어느 정도 이루었다고 볼 수 있을 것이다.

4. 이 책의 구성

법조윤리 과목에서 가르쳐야 할 주제로는 변호사 윤리 일반론, 변호사와 의뢰인의 관계, 비밀유지의무, 이익충돌회피의무, 사건 수임과 광고, 보수 및 이익분배, 송무와 변호사 윤리(법정에서의 변호사 윤리 포함), 비송무적 활동에서의 직업윤리(공직변호사 · 공직 퇴임 후 변호사 윤리 포함), 사내 변호사의 직업윤리(유사 직역 및 타직역과의 관계, 사무직원에 대한 감독 책임 포함), 변호사 책임과 징계(법무법인 등의 구성 형태와 책임 포함), 검사 및 법관의 직무윤리, 외국법자문사의 직업윤리 등이 일반적으로 거론된다.

이 책은 법조윤리 관련 주제들을 크게 변호사 윤리(2장 내지 11장), 법관 윤리(12장), 검사 윤리(13장)로 구분했다. 먼저 2장 "변호사 윤리 일반론"과 3장 "법률사무소의 개설과 운영"에서는 변호사 윤리의 총론으로서 변호사 윤리의 일반적 내용과 변호사가 법률사무소를 개설하고 운영하는 절차 등을 설명했다. 4장 "변호사와 의뢰인의 선임 관계", 5장 "변호사의 비밀유지의무"와 6장 "변호사의 이익충돌회피의무"에서는 변호사와 의뢰인 관계의 성립 시점과 변호사의 주의의무, 변호사의 비밀유지의무 및 이익충돌회피의무 등을 다루었다. 7장 "사건의 유치와 변호사업무 광고"와 8장 "변호사의 보수"는 변호사들의 업무 수행 과정에서 많이 문제되는 변호사의 사건 수임과 관련된 법규와 변호사 보수에 관한 여러 쟁점들을 살펴보았다. 9장 "소송 업무와 변호사 윤리"에서는 4장에서 설명한 변호사의 성실의무 등을 소송 대리와 관련하여 좀 더 구체적으로 살펴보았다. 10장 "변호사의 공익활동의무"는 변호사의 사회적 책임 중 중요한 부분인 공익활동에 관한 법규 내용을 설명한 것이다. 11장 "변호사의 징계"에서는 변호사의 징계 제도에 관한 변호사법과 변호사징계규칙의 내용을 살펴보았다. 마지막으로 12장 "법관 윤리"와 13장 "검사 윤리"에서는 공무원인 변호사 중 대표적 직역인 법관과 검사의 직무윤리에 관해 각각 살펴보았다.

2장

변호사 윤리 일반론

1. 변호사 윤리의 의의

변호사 윤리란 변호사가 그 직무를 수행할 때 지켜야 할 행동 기준을 뜻한다. 변호사 윤리는 변호사 제도에 대한 시민의 신뢰를 확보하기 위한 것으로서 일종의 자기 규율 또는 자기 규제이고, 부당한 재량권의 행사를 억제하기 위한 것이다. 즉 법률사무를 전문적 · 독점적으로 수행하는 변호사가 자신의 재량권 혹은 권리를 부당하게 행사하지 않고 윤리에 따라 직무를 수행함으로써 시민의 신뢰를 얻기 위해 노력한다는 점을 대내외적으로 밝힌 것이다(박휴상, 2013: 34).

변호사 윤리를 구성하는 행동 '기준'에는 어떤 것이 있을까? 변호사를 포함한 전문직profession의 윤리를 넓게 이해하면, 전문직으로서의 활동을 할 때 마땅히 지켜야 할 기준을 의미한다. 이러한 기준으로는 ① 전문직으로서 역할하기 위해 배워야 하는 최소한의 행동 기준, ② 위반 시에 동료의 비판을 받고 때로는 직업 단체로부터 제재를 받는 행위 규범, ③ 위반 시에 형벌이 부과되어 법적 의무로 되는 것 등이 있다. 현재 우리가 흔히 법조윤리라 지칭하는 것에는 위 세 가지 기준이 모두 포함되어 있다(박휴상, 2013: 21; 사법연수원, 2010: 1).

2. 변호사 윤리 규제의 근거

1) 이론적 근거

왜 변호사에게는 일반 직업인과는 다른 특별한 윤리와 책임이 부과될까? 그 1차적 근거는 변호사가 전문직이기 때문이다. 변호사법 제2조는 "변호사는 공공성을 지닌 법률 전문직으로서 독립하여 자유롭게 그 직무를 수행한다"고 규정함으로써 변호사가 전문직으로서의 성격을 지닌다는 점을 밝히고 있다. 따라서 변호사에게 윤리적 책임이 부여되는 이유를 알기 위해서는 먼저 전문직의 의미와 그 서비스의 특성을 살펴봐야 한다.

성직자, 변호사, 의사 등과 같은 전문직은 사회적 분업 체제에서 자신의 전문적 서비스를 상품화하고 이를 시장에 판매하는 독점적 공급자이다. 전문직은 자신의 전문화된 지식 또는 기술을 거래 가능한 서비스 상품으로 가공한다. 지식 및 기술의 상품화는 추상화 · 일반화된 지식 체계를 구축함으로써 이루어진다. 그것은 전문직의 업무 영역에 관한 모든 문제를 빠짐없이 그리고 정합적으로 처리할 수 있는 자기 완결적 지식 체계를 지향한다. 전문직은 이렇게 상품화된 지식과 기술을 시장에서 독점적으로 판매한다. 그리고 자신의 독점적 지위를 유지하기 위해 서비스의 생산량이나 질을 통제하고 서비스 공급자, 즉 전문직의 자격을 제한한다. 단체가 구성되어 이들을 중심으로 자격에 대한 통제가 이루어지는 것은 대부분의 전문직에서 나타나는 특징이다(한인섭 외, 2014: 19-22).

전문직이 제공하는 서비스는 시장에서 유통되는 일반적인 재화나 용역과는 아래와 같은 점에서 그 성격이 구별된다(한인섭 외, 2014: 22).

첫째, 서비스의 구매 당시에는 그 결과를 예측하기 어렵다. 병원을 찾아가서 치료를 받는 순간에는 병이 다 나을 것이라는 확신을 가질 수 없다. 변호사에게 사건을 맡기더라도 이길 가능성과 질 가능성은 확률적으로 반반이다. 가장 극단적인 예가 성직자이다. 성직자들은 자신의 고객에게 영적인 구원을 약속하지만, 현실에서 그 실현 여부를 확인할 수 있는 방법은 없다. 즉 서비스의 결과에 대한 통제권이 고객에게 없다.

둘째, 극단적인 정보의 불균형 현상이 일어난다. 전문직이 가지고 있는 지식과 기술은 그에 속하지 않는 사람이 제대로 이해하기 어려운 경우가 대부분이다. 구체적인 사건이나 업무를 처리하는 과정 역시 마찬가지이다. 병원이나 법률사무소에서 의사나 법조인은 자신들의 언어로 소통하고, 그로부터 환자나 사건 당사자는 소외된다. 전문직 서비스의 구매자들에게는 자신의 일이 제대로 처리되고 있는지, 혹은 그 결과가 최선인지를 알 수 있는 가능성이 극도로 제한된다.

셋째, 전문직 서비스의 소비자들은 대체재를 찾기 어렵다. 전문직이 제공하는 서비스는 그들이 독점하고 있을 뿐 아니라, 그렇지 않은 경우에도 다른 전문직과 함께 과점寡占하는 경우가 대부분이다. 특정 분야의 법률사무의 취급 업무가 변호사 외에도 법무사, 노무사, 세무사 등에게 허용되는 것이 그 예이다. 따라서 소비자가 해당 서비스를 다른 대체적 서비스와 비교하여 효과나 효율을 평가하기는 쉽지 않다.

전문직의 성립 과정에서 국가는 중요한 역할을 수행한다. 국가는 전문직의 독점적 지위를 보장하는 후견인인 동시에 전문직이 공익의 추구자로서 기능할 수 있도록 감독 · 견제하는 규제자이다. 이 과정에서 국가는 법이나 제도를 통해 전문직이 필요로 하는 사회적 신뢰를 더욱 제도적이고 강제 가능한 것으로 변화시킨다(한인섭 외, 2014: 23). 한국에서 변호사법이 법조윤리의 1차적 규범으로 작용하는 것은, 이러한 점을 고려할 때 이해할 수 있다.

변호사법은 법률사무에 대한 변호사의 독점적 지위를 인정하고 그 윤리적 규범을 함께 규정하고 있다. 즉 변호사법 제109조 제1호는 변호사가 아닌 자가 경제적 이익을 받거나 받을 것을 약속하고 또는 제3자에게 이를 공여하게 하거나 공여하게 할 것을 약속하고 법률사건 일반에 관한 감정 · 대리 · 중재 · 화해 · 청탁 · 법률상담 또는 법률관계 문서의 작성 등 법률사무를 취급하거나 이를 알선하는 행위 일체를 금지하고 있다. 또한 변호사법 제112조 제3호는 변호사가 아닌 자가 변호사나 법률사무소를 표시 또는 기재하거나 이익을 얻을 목적으로 법률상담이나 그 밖의 법률사무를 취급하는 뜻을 표시 또는 기재하는 행위를 금지하고 있다. 이러한 법률을 통해 법조인들은 자신의 서비스를 독점적으로 제공할 수 있는 것이다. 그리고 현행 법제에서 변호사의 윤리 및 책임의 주된 근거는 변호사법이다. 변호사법 제4장은 변호사의 권리와 의무를 구체적으로 규정하고 있으며 제10장과 제11장은 그 의무 위반에 대한 제재로서 징계와 형벌, 과태료 등을 규정하고 있다. 나아가 변호사법은 변호사단체의 회칙을 위반하거나 변호사로서의 품위를 손상하는 행위를 징계사유로 규정하고 있다(제91조 제2항).

이렇듯 국가가 법률서비스 일반에 관한 공급권을 변호사에게 독점시킴으로써 변호사 제도를 보호 · 유지하는 이유와 관련하여, 헌법재판소와 법원은 전문적인 법률 지식과 윤리적 소양을 갖춘 변호사에게 법률사무를 맡김으로써 법률사무에 대한 전문성, 공정성 및 신뢰성을 확보하여 일반 시민의 기본권을 보호하고 사회정의를 실현하려는 데 있다고 설명하고 있다.[1]

〈헌법재판소 2000. 4. 27. 선고 98헌바95 · 96, 99헌바2, 2000헌바4(병합) 결정〉

변호사법은 변호사는 기본적 인권을 옹호하고 사회정의를 실현함을 사명으로 하고, 그 사명에 따라 성실히 직무를 수행하며 사회질서의 유지와 법률 제도의 개선에 노력하여야 한다(법 제1조)고 규정하여 변호사의 사명이 인권 옹호와 사회정의 실현에 있음을 분명히 하고, 변호사는 공공성을 지닌 법률 전문직으로서 독립하여 자유롭게 그 직무를 행한다(법 제2조)고 규정하여 그 직무의 공공성 및 독립성을 강조하고 있으며, 당사자 기타 이해관계인의 위임 또는 공무소의 촉탁 등에 의하여 소송에 관한 행위 및 행정처분의 청구에 관한 대리행위와 일반 법률사무를 행한다(제3조)고 규정하여 변호사의 직무 범위가 법률사무 전반에 미치도록 하고 있다. 또한 그 자격을 엄격히 제한하고(법 제4조, 제5조), 직무수행에 있어서도 회칙 준수, 비밀 유지, 품위 유지 등의 각종 의무를 부과함은 물론 겸직 제한, 일정한 경우 수임 제한 등의 통제를 가하고 이를 위반하는 경우에는 제명 등의 징계로 그 직무수행으로부터 배제시킴으로써 공정하게 그 직무를 수행할 것을 요구하고 있다. 이와 같이 입법자가 변호사 제도를 도입하여 법률사무 전반을 변호사에게 독점시키고 그 직무수행을 엄격히 통제하고 있는 것은 전문적인 법률지식과 윤리적 소양을 갖춘 변호사에게 법률사무를 맡김으

1 헌법재판소 2000. 4. 27. 선고 98헌바95 · 96, 99헌바2, 2000헌바4(병합) 결정, 2000. 8. 30. 선고 2006헌바96 결정; 대법원 1998. 8. 21. 선고 96도2340 판결.

로써 법률사무에 대한 전문성, 공정성 및 신뢰성을 확보하여 일반 국민의 기본권을 보호하고 사회정의를 실현하려는 데 있는 것이고, 이 사건 법률규정은 위와 같은 변호사 제도를 보호 · 유지하려는 데 그 목적이 있다고 할 것이다.

〈대법원 2000. 6. 15. 선고 98도3697 전원합의체 판결〉

일반적으로 변호사는 기본적 인권의 옹호와 사회정의의 실현을 사명으로 하여 널리 법률사무를 행하는 것을 그 직무로 하므로, 변호사법에는 변호사의 자격을 엄격히 제한하고 그 직무의 성실, 적정한 수행을 위해 필요한 규율에 따르도록 하는 등 갖가지 조치를 강구하고 있는 바, 그러한 자격이 없고, 그러한 규율에 따르지 않는 사람이 처음부터 금품 기타 이익을 위해 타인의 법률사건에 개입하는 것을 방치하면 당사자 기타 이해관계인의 이익을 해하고 법률생활의 공정, 원활한 운용을 방해하며, 나아가 법질서를 문란케 할 우려가 있으므로, 비변호사의 법률사무 취급을 금지하는 변호사법 제90조 제2호는 변호사 제도를 유지함으로써 바로 그러한 우려를 불식하려는 취지라고 보아야 할 것이다(대법원 1998. 8. 21. 선고 96도2340 판결 참조). 그리고 변호사법 제27조 제2항에서 '변호사는 그 정을 알면서 제90조 제1호, 제2호 또는 제91조 제1호에 규정된 자로부터 법률사건 또는 법률사무 수임의 알선을 받거나, 이러한 자에게 자기의 명의를 이용하게 하여서는 아니 된다.'고 규정하여 변호사에 대하여 비변호사로서 법률사무를 취급하는 자 등과의 제휴 내지 결탁을 금지한 것도 변호사법 제90조 제2호 등에 위반하는 행위를 직 · 간접으로 조장하는 변호사의 행위를 금지하여 비변호사의 법률사무 취급행위를 방지하려는 데 그 입법취지가 있는 것이다.

2) 실정법적 근거

가. 변호사법

앞에서 설명한 것처럼 한국에서 변호사 윤리는 단순한 도덕 규범에 머무르지 않고 법 규범의 일부로 되어 있다. 변호사법은 변호사 윤리의 방향과 내용의 기본을 규정하고 있다. 변호사법 제1조는 "변호사는 기본적 인권을 옹호하고 사회정의를 실현함을 사명으로 한다."고 하면서 "변호사는 그 사명에 따라 성실히 직무를 수행하고 사회질서 유지와 법률제도 개선에 노력하여야 한다."고 규정하고 있다. 변호사법에 의하면 변호사의 직무는 변호사의 윤리적 사명과 불가분의 관계에 있다(한인섭 외, 2014: 28).

변호사법은 변호사의 직무 수행에 관한 '제4장 변호사의 권리와 의무'에서 변호사 윤리와 관련된 내용을 구체적으로 규정하고 있다. 예컨대 진실의무(제24조 제2항), 비밀유지의무(제25조), 수임 장부의 작성 및 보관(제28조), 수임사건의 건수 및 수임액의 보고(제28조의2) 등이 구체적으로 규정되어 있다.

변호사법에는 위와 같은 개별적인 의무 규정뿐만 아니라 일반적 윤리 규정도 포함되어 있다. 변호사법 제24조 제1항은 "변호사는 그 품위를 손상하는 행위를 하여서는 아니 된다."는 일반 조항을 두고 있다. 이 규정은 다소 추상적이고 포괄적인 문언임에도 불구하고, 강제력을 발휘한다. 변호사법 제91조 제2항은 변호사의 징계 사유로서 변호사법에 위반한 경우와 지방변호사회 및 대한변협의 회칙을 위반한 경우와 함께 "직무의 내외를 막론하고 변호사로서의 품위를 손상하는 행위를 한 경우"를 규정하고 있다(한인섭 외, 2014: 23).

〈변호사윤리강령〉

1. 변호사는 기본적 인권의 옹호와 사회정의의 실현을 사명으로 한다.
2. 변호사는 성실 · 공정하게 직무를 수행하며 명예와 품위를 보전한다.
3. 변호사는 법의 생활화 운동에 헌신함으로써 국가와 사회에 봉사한다.
4. 변호사는 용기와 예지와 창의를 바탕으로 법률문화향상에 공헌한다.
5. 변호사는 민주적 기본질서의 확립에 힘쓰며 부정과 불의를 배격한다.
6. 변호사는 우애와 신의를 존중하며, 상호부조 · 협동정신을 발휘한다.
7. 변호사는 국제 법조 간의 친선을 도모함으로써 세계 평화에 기여한다.

나. 지방변호사회와 대한변협 회칙

변호사법에 의하면, 변호사의 윤리에 관한 구체적 내용은 지방변호사회 및 대한변협이 회칙으로 정한다. 지방변호사회의 회칙에는 '회원의 권리 및 의무에 관한 사항'과 '회원의 지도 및 감독에 관한 사항'이 필요적 기재 사항이다(법 제66조). 이 회칙은 대한변협을 거쳐 법무부장관의 인가를 받아야 한다(법 제65조). 대한변협의 회칙도 위와 같은 필요적 기재 사항을 규정해야 하며, 특히 변호사 징계에 관한 사항을 회칙으로 정해야 한다(법 제80조). 이에 따라 「변호사윤리장전」이 제정 · 시행되고 있고, 변호사에 대한 징계와 관련하여서는 「변호사징계규칙」이 제정 · 시행되고 있다(한인섭 외, 2014: 29). 변호사는 대한변협과 소속 지방변호사회의 회칙 · 규칙 · 규정 등을 준수할 의무가 있다(법 제25조, 규약 제3조).

변호사윤리장전은 변호사법과 함께 변호사 윤리에 관한 중요한 규범으로서 윤리강령과 윤리규약으로 구분된다. 윤리강령은 선언적 규정들로 이루어져 있고, 윤리규약은 변호사 윤리에 관한 구체적 내용들을 규정하고 있다. 윤리규약은 변호사가 반드시 지켜야 할 직무 윤리 규범이다. 이를 위반한 경우에는 변호사법이나 대한변협 또는 지방변호사회의 회칙 · 규칙에 위반하는 행위가 되거나 변호사로서의 품위를 손상하는 행위로 취급될 수 있다(한인섭 외, 2014: 30).

변호사 윤리와 관련하여 더욱 구체적인 기준을 정하거나 현실 상황에 탄력적으로 대응할 필요가 있는 경우, 대한변협 또는 지방변호사회가 규정을 만들기도 한다. 예컨대 대한변협은 변호사 광고와 관련하여 「변호사업무광고규정」 및 「인터넷등을이용한변호사업무광고기준」 등을 두고 있다(한인섭 외, 2014: 30-31).

3. 변호사 윤리 일반

1) 상인성의 현실과 공익의 조화

변호사는 법률시장에서 거래되는 법률서비스의 공급자이다. 변호사는 그 시장에서 자신의 용역을 거래하고 대가를 취득한다. 이 점에서 변호사는 다른 시장 참여자와 아무런 차이가 없다. 흔히 쓰는 로펌law firm이라는 말은 그 이름 자체에서 상업적 색채를 띠고 있다. 그리고 고수익을 얻는 변호사가 유능한 변호사로 취급받고 선망의 대상이 된다. 변호사가 사업자등록을 하고, 부가가치세를 납부하는 것 역시 변호사의 법률서비스에 상업적 성격을 더하는 요인으로 여겨진다. 이 점에서 변호사들이 자신의 법률사무소를 지칭할 때 '회사'라는 용어를 쓰는 것은 전혀 어색하지 않은 현상이다(한인섭 외, 2014: 40).

그러나 변호사법과 윤리규약은 변호사의 영리성을 인정하지 않는다. 변호사의 영리성을 부인하는 규정들은 변호사법 등에 산재해 있다. 변호사의 겸직을 제한하는 변호사법 제38조, 윤리규약 제6조 제2항이 그 대표적 예이다. 이에 의하면, 변호사는 소속 지방변호사의 허가가 있는 경우에만 상업이나 그 밖에 영리 업무를 경영하거나 이를 경영하는 자의 사용인이 되거나, 영리법인의 업무집행사원 · 이사 또는 사용인이 될 수 있다. 즉 변호사는 원칙적으로 상업 기타 영리를 목적으로 하는 업무 등을 경영할 수 없고, 예외적으로 소속 지방변호사회의 허가가 있을 경우에만 그러한 겸직이 가능하다는 것이다.[2]

〈대법원 2007. 7. 26.자 2006마334 결정〉

위와 같이 변호사의 영리 추구 활동을 엄격히 제한하고 그 직무에 관하여 고도의 공공성과 윤리성을 강조하는 변호사법의 여러 규정에 비추어 보면, 위임인 · 위촉인과의 개별적 신뢰관계에 기초하여 개개 사건의 특성에 따라 전문적인 법률지식을 활용하여 소송에 관한 행위 및 행정처분의 청구에 관한 대리행위와 일반 법률사무를 수행하는 변호사의 활동은, 간이 · 신속하고 외관을 중시하는 정형적인 영업활동을 벌이고, 자유로운 광고 · 선전활동을 통하여 영업의 활성화를 도모하며, 영업소의 설치 및 지배인 등 상업사용인의 선임, 익명조합, 대리상 등을 통하여 인적 · 물적 영업 기반을 자유로이 확충하여 효율적인 방법으로 최대한의 영리를 추구하는 것이 허용되는 상인의 영업활동과는 본질적으로 차이가 있다 할 것이고, 변호사의 직무 관련 활동과 그로 인하여 형성된 법률관계에 대하여 상인의 영업활동 및 그로 인한 형성된 법률관계와 동일하게 상법을 적용하지 않으면 아니 될 특별한 사회경제적 필요 내지 요청이 있다고 볼 수도 없다. 따라서 근래

2 다만, 변호사가 휴업한 경우에는 허가 없이 겸직이 가능하다(법 제38조 제3항). 법무법인 · 법무법인(유한) 또는 법무조합의 구성원이 되거나 소속 변호사가 되는 것도 허가 없이 가능하다(법 제38조 제2항).

에 전문직업인의 직무 관련 활동이 점차 상업적 성향을 띠게 됨에 따라 사회적 인식도 일부 변화하여 변호사가 유상의 위임계약 등을 통하여 사실상 영리를 목적으로 그 직무를 행하는 것으로 보는 경향이 생겨나고, 소득세법이 변호사의 직무수행으로 인하여 발생한 수익을 같은 법 제19조 제1항 제11호가 규정하는 '사업서비스업에서 발생하는 소득'으로 보아 과세 대상으로 삼고 있는 사정 등을 감안한다 하더라도, 위에서 본 변호사법의 여러 규정과 제반 사정을 참작하여 볼 때, 변호사를 상법 제5조 제1항이 규정하는 '상인적 방법에 의하여 영업을 하는 자'라고 볼 수는 없다 할 것이므로, 변호사는 의제상인에 해당하지 아니한다.[3]

변호사가 기업의 감사로 재직하는 것, 그리고 그 변호사가 해당 기업의 고문 변호사가 되거나 사건을 수임하는 것은 허용될까? 변호사법이나 윤리규약은 이를 명문으로 금지하고 있지는 않다. 그리고 감사의 직무는 이사나 사용인의 그것과는 달리 영리적 성격이 약하다고 볼 수 있다. 감사가 경영진이 의뢰하는 소송 사건을 상시 수임하고 별도의 보수를 받을 경우 그 직무의 독립성이 훼손되고 변호사의 품위유지의무에 위반될 수 있다는 점을 들어 부정적인 입장을 취하는 견해도 있으나, 대한변협은 원칙적으로 긍정하는 입장을 취하고 있다.[4] 다만, 구체적인 사건에서 이사들로 구성된 경영진의 업무를 견제해야 하는 감사의 직무와 경영진의 입장을 반영해야

---

3 같은 취지로 대법원 2011. 4. 22.자 2011마110 결정.

4 "변호사가 주식회사의 감사로 재직하면서 그 회사의 소송대리인이 되는 것이 감사의 직무의 독립성 등에 비추어 볼 때 바람직하다고 볼 수는 없으나, 회사가 적법절차를 거쳐 감사에게 특정의 소송사건을 의뢰하는 것을 금지할 이유도 없고 회사의 결정을 존중해 줄 필요도 있습니다. 또한 현실적으로도 다수의 변호사로 구성된 법무법인의 경우 그 구성원 중 1인이 감사를 맡고 있는 회사라고 하여 그 법무법인이 그 회사의 소송사건을 수임할 수 없다고 하면 회사나 법무법인 모두에게 불합리한 점이 많을 것입니다."(대한변협 2005. 8. 2. 법제 제1999호 질의회신).

하는 소송대리인의 업무 간에 이해관계가 대립되어 이해충돌이 있는 경우에는 사건 수임을 거절해야 한다고 보고 있다.[5]

한편, 변호사의 경우와 달리 법무법인 · 법무법인(유한) · 법무조합(이하에서 법무법인, 법무법인[유한], 법무조합 등을 통칭할 때에는 "법무법인 등"이라 한다)에 관해서는 변호사법 제38조 제2항과 같은 내용의 규정을 두고 있지 않고, 또 이 규정을 준용하지도 않는다(법 제57조, 제58조의16, 제58조의30). 따라서 법무법인 등은 변호사법이나 다른 법률에 따른 변호사의 직무에 해당하는 업무 외에는, 상업이나 그 밖에 영리 업무를 경영하거나 이를 경영하는 사용자가 될 수 없고 영리 법인의 업무집행사원 · 이사 또는 사용인이 될 수 없다. 예컨대 법무법인 등이 다른 회사의 주식을 소유하는 것은 허용되지만, 그 경우에도 그 회사의 경영에 참여할 수는 없다.[6]

2) 인권 옹호와 사회정의의 실현

변호사법은 변호사의 기본 사명으로서 기본적 인권의 수호와 사회정의의 실현을 들고 있다(법 제1조). 윤리규약 제1조도 같은 취지에서 "① 변호사는 인간의 자유와 권리를 보호하고 향상시키며, 법을 통한 정의의 실현을 위하여 노력한다. ② 변호사는 공공의 이익을 위하여 봉사하며, 법령과 제도의 민주적 개선에 노력한다."라고 규정하고 있다.

인권을 수호한다는 것, 그리고 그를 통해 사회정의를 실현한다는 것은 변호사에게 어떤 의미일까? 시민사회에서 권리란 단순히 금전적 이익의 문제만은 아니다. 시민에게 권리는 자기 인격의 확장이다. 따라서 권리 침

5 대한변협 2005. 8. 2. 법제 제1999호 질의회신.

6 "변호사법 관련 질의 · 회신", 『인권과 정의』 2007년 1월호, 대한변호사협회, 2007, 231면.

해는 인격의 침해이기도 하다. 그래서 이에 대한 저항을 자기 자신에 대한 도덕적 의무인 동시에 요청으로 여기는 것이다. 나아가 권리 침해에 대한 저항을 불법에 대한 법의 투쟁으로 믿는다. 즉 시민사회에서 시민이 자신의 권리를 위해 투쟁하는 것은 그의 의무이다. 변호사는 이러한 시민이 자신의 권리를 회복하는 것을 돕는 것을 그 임무로 한다. 그리고 그것은 법질서를 수호하고 민주주의를 수호하는 역할을 수행한다(심헌섭, 2003: 36).

특히 재판을 받을 권리와 같이 기본권을 보장하기 위한 기본권은 변호사 제도와 결합해야만 실질적으로 기능을 발휘할 수 있다. 행정절차나 재판에서 시민 개인이, 단순히 행정행위의 객체나 법관의 판결 대상에 그치는 것이 아니라, 실질적으로 자신의 권리를 주장하고 그 절차와 결과에 영향을 미칠 수 있을 때에만 개인에 대한 기본권 제한은 정당화된다. 헌법은 이러한 시민의 '기본권 보장을 위한 기본권' 행사에 관한 실질적 보조자로서 변호사 제도를 전제한다(강희원, 1995: 122-124).

이 점에서 변호사는 단지 자신의 개인적 영달과 경제적 이익을 넘어서 사회정의와 인권 옹호를 위해 자신의 직무를 성실히 수행해야 하며, 직무능력을 키우기 위해 노력할 의무가 있다(심헌섭, 2003: 36).

3) 변호사의 독립성

법률 전문직으로서 변호사에게는 독립성이 요청된다. 변호사법 제2조는 "변호사는 공공성을 지닌 법률 전문직으로서 독립하여 자유롭게 그 직무를 수행한다.", 윤리규약 제2조 제1항은 "변호사는 공정하고 성실하게 독립하여 직무를 수행한다."라고 규정하고 있다.

변호사의 독립성은 국가로부터의 독립, 당사자로부터의 독립, 그리고 사회로부터의 독립을 의미한다. 국가로부터의 독립은 변호사가 의뢰인으로부터 신뢰받을 수 있도록 한다. 당사자로부터의 독립은 변호사가 사법司法의 운영에 협력하는 사법부의 동반자가 되게 한다. 사회로부터의 독립은 법률 전문직으로서 변호사의 공정성을 담보할 수 있게 한다(강희원, 1995: 124–125).

서구에서 변호사란 직업이 처음 생겨났을 때에는 변호사가 국가로부터 독립하고 공권력으로부터의 자유로워야 한다는 점이 강조되었다. 이렇게 변호사를 국가로부터 독립된 자유 직업인으로 인정한 이유는 법치국가의 이념에 따라 국가 권력을 제한하려는 목적 때문이었다. 기회와 수단의 평등이라는 관점에서, 국가로부터 독립하여 자유롭게 시민의 이익을 대변해 줄 수 있는 법률 전문가가 있어야 했던 것이다(박상근, 2003: 242–243). 변호사법 제38조 제1항과 제3항이 변호사가 휴업한 경우 또는 지방의회 의원[7] 또는 비상근 공무원이 되거나 공공기관에서 위촉한 업무를 수행하는 경우 외에 "변호사는 보수를 받는 공무원을 겸할 수 없다."고 규정한 것은 이러한 변호사의 국가로부터의 독립성을 유지하기 위한 취지로 이해할 수 있다.

한국의 민주화 경험에 비추어 보더라도, 국가로부터의 독립성은 중요한 가치가 있다. 과거 군사정권 시절 한국의 변호사들은 국가 정책을 거스른 채 자신의 의뢰인을 변론하곤 했다. 많은 시민이 국가로부터 고문을 당하고 증거가 조작된 채 재판이 진행될 때, 변호사들은 적국을 이롭게 한다고 비난받거나 처벌되는 위험을 감수하면서도 그들을 변호했다. 이는 변호사들이 그 입장에 동조했기 때문만이 아니라 그것을 변호사의 피할 수 없는 직무라고 여겼기 때문이다. 그들은 개별 사건에서 피고인에 대해 선처를

7 변호사법 제38조 제1항은 국회의원을 겸직이 허용되는 사유로 정하고 있으나, 국회법 제29조 제1항에 의해 국회의원은 변호사 겸직이 금지된다.

구하거나 무죄를 주장하는 데 그치지 않았다. 변호사들은 실정법의 정당성을 다투었으며 권력의 횡포를 폭로하여 민주화를 앞당기는 데 기여했다. 그러한 변호사들의 노력이 한국 사회가 민주화되는 데 이바지했다는 점은 부인하기 어려울 것이다(한인섭 외, 2014: 62-63).

당사자로부터 독립성을 유지하는 것도 유념해야 한다. 이는 변호사가 의뢰인에게 적절한 조언을 하기 위해서도 중요하다. 변호사가 의뢰인과 자신을 동일시하고 의뢰인의 가치관이나 기준에 종속되는 경우 그 변호사의 법률적 판단 과정은 엄정성을 잃고 '의뢰인이 원하는 결과에 법률적 이론을 끼워 맞추는 작업'이 되기 때문이다. 이런 현상은 의뢰인이 변호사에게 경제적 이익을 제공하는 경우에만 일어나는 것이 아니라는 점도 주의할 필요가 있다.

한편, 변호사가 독립하여 자유롭게 직무를 수행하기 위해서는 권력으로부터 자유로울 뿐만 아니라 금전이나 경제적 이익으로부터도 자유로워야 한다. 그렇지 않을 경우 변호사는 경제적 기득권 집단의 영향을 받게 되고, 사회적 소수자의 권익을 도외시하게 된다. 권력과 돈으로부터 자유로울 때 변호사는 자유롭게 자신의 의견을 나타낼 수 있고, 법률 전문가로서의 명예와 품위를 지킬 수 있다. 변호사법 및 윤리규약 등은 변호사의 경제적 독립성을 지키기 위한 개별 규정을 두고 있다. 예컨대 변호사법 제34조 제4항은 "변호사가 아닌 자는 변호사를 고용하여 법률사무소를 개설·운영하여서는 아니 된다."고, 제5항은 "변호사가 아닌 자는 변호사가 아니면 할 수 없는 업무를 통하여 보수나 그 밖의 이익을 분배받아서는 아니 된다."고 규정함으로써 변호사가 변호사 아닌 자에게 경제적으로 종속되는 것을 방지하고 있다. 윤리규약 제14조가 "변호사는 그 지위를 부당하게 이용하여 의뢰인과 금전대여, 보증, 담보제공 등의 금전거래를 하지 아니한다"고 규정한 것 역시 이러한 점을 고려한 것이다.

변호사의 독립성과 관련하여 사내 변호사의 지위가 문제된다. 윤리규약 제51조에 의하면, 사내 변호사in-house lawyer란 정부, 공공기관, 비영리단체, 기업 및 그 밖의 조직과 단체 등에서 임원 또는 직원으로서 법률사무 등에 종사하는 변호사를 뜻한다. 따라서 단체 등에서 근무하지만 법률사무를 취급하지 않는 변호사는 윤리규약상 사내 변호사에서 제외된다. 변호사가 영리법인의 사내변호사가 되는 경우에는 소속 지방변호사회의 허가를 얻어야 한다(법 제38조, 규약 제6조 제2항).

사내 변호사는 회사 내에 상임常任한다는 점, 사용자가 변호사가 아니라는 점, 고용계약에 의해 변호사 아닌 사람의 지휘명령을 받는다는 점 등이 특징이다(박휴상, 2013: 389). 사내 변호사와 기업의 법률관계는 위임계약과 고용계약이 합쳐진 것으로 이해되는데, 고용관계의 특성상 변호사가 아닌 사람이 변호사를 지휘·감독하는 일이 일어날 수 있기 때문이다. 대한변협은 사내 변호사의 지위에 있다는 사정만으로 변호사의 독립성이 훼손되거나 관련 법규를 위반하는 것은 아니라고 본다. 그리고 변호사에 대한 지나친 근태 관리가 그 직무의 독립성을 훼손하지 않으며 사내 변호사가 검토한 법률적 의견에 대한 비변호사의 수정 요구가 변호사법을 위반한 것은 아니라고 판단하였다.[8]

사내 변호사 역시 변호사로서의 윤리적 책임을 진다. 사내 변호사는 직무를 수행함에 있어 독립성의 유지가 변호사로서 준수해야 하는 기본 윤리임을 명심하고, 자신의 직업적 양심과 전문적 판단에 따라 업무를 성실히 수행한다(규약 제51조). 그리고 변호사윤리의 범위 안에서 그가 속한 단체 등의 이익을 위하여 성실히 업무를 수행한다(규약 제52조).

8 대한변협 2006. 6. 22자 질의 회신.

4) 변호사로서의 품위

변호사는 그 품위를 손상하는 행위를 하여서는 아니 된다(법 제24조 제1항). 변호사는 품위를 유지하고, 명예를 손상하는 행위를 하지 아니한다(규약 제5조). 변호사가 직무의 내외를 막론하고 변호사로서의 품위를 손상하는 행위를 하는 것은 징계사유에 해당한다(법 제91조 제2항 제3호). 변호사법 제24조 제2항과 제25조 이하에서 규정하고 있는 변호사의 의무들이 변호사의 직무 수행과 관련된 것인데 비해, 품위유지의무는 변호사법 제91조 제2항 제3호에 따라 직무의 내외를 불문하고 부담하는 것이다.

변호사법이 품위유지의무를 규정하고 품위 손상행위를 징계사유로 삼은 것은 인권을 옹호하고 사회정의를 실현할 사명을 가진 변호사에게는 높은 윤리적 가치가 요구되기 때문이다. 즉, 그 입법취지는 법률사무를 독점하여 수행하는 변호사에게 윤리의식을 고취시키고 변호사의 전문성, 공정성에 대한 국민의 신뢰를 확보하여 국민의 기본적 인권을 옹호하고 사회정의를 실현하는 데 있다.[9] 다만, 이렇게 사생활 영역에 대해 직업 윤리적 제한을 가함으로써 개인의 자유를 침해할 가능성이 있다는 점을 무시해서는 안 된다. 변호사라는 직업을 가졌다는 이유로 늘 그 품위를 의식하며 살아야 한다면, 이는 변호사 개인에게 가혹한 것이기 때문이다(정인진, 2003: 95). 또한 품위유지의무와 같은 추상적인 징계사유는 자칫 변호사에 대한 징계권을 남용할 위험을 초래할 수 있고, 그로 인해 변호사 활동의 독립성을 해칠 염려가 있다는 점도 염두에 두어야 한다(오종근, 2003: 379).

'변호사로서의 품위'란 '기본적 인권의 옹호와 사회정의 실현을 사명으로 하는 법률 전문직인 변호사로서 그 직책을 맡아 수행해 나가기에 손색

9 헌법재판소 2012. 11. 29. 선고 2010헌바454 결정.

이 없는 인품'을 뜻한다. 그리고 '변호사로서 그 직책을 맡아 수행해 나가기에 손색이 없는 인품'이란 변호사의 전문성, 공정성, 도덕성에 대한 믿음을 줄 수 있는 품성을 의미하는 것으로 볼 수 있다. 이러한 믿음은 변호사의 직무 외의 행위에 의해서도 형성되므로 직무와 무관한 변호사의 행위라 하더라도 변호사로서의 품위를 손상할 수 있다. 구체적으로 어떠한 행위가 이에 해당하는지는 평균적인 변호사를 기준으로 삼아 건전한 사회통념에 의하여 판단한다.[10]

품위유지의무를 규정한 변호사법 제24조 제1항은 일반 조항이다. 따라서 변호사법과 변호사협회의 회칙 등에 명시되어 있지 아니한 사항이라도 변호사의 어떠한 행위가 변호사의 품위를 손상하는 경우에는 변호사법 제24조 제1항 위반이 된다(박상근, 2003: 246). 변호사법의 징계사유 중 변호사법 위반이나 소속 지방변호사회 또는 대한변협의 회칙 위반이 아니면서 "변호사로서의 품위를 손상하는 행위"에는 구체적으로 어떤 것이 있을까? 변호사법의 해당 조문들과 윤리규약은 주로 변호사의 직무와 관련된 의무들을 적시하고 있다. 따라서 변호사의 품위유지의무는 변호사의 직무와 직접적인 관련이 없는 영역에서 특히 문제될 가능성이 많다. 아래에서는 이를 직무와 관련된 경우와 직무 외 영역으로 나누어 살펴본다(박상근, 2003: 247).

변호사의 직무와 관련하여 그 품위유지의무 위반이 될 수 있는 행위 중 가장 중대한 것은 변호사가 직무를 수행할 때 독립성을 상실하는 경우이다. 변호사법 제2조는 변호사의 독립성을 규정하면서도 그 구체적 예에 대해서는 별도로 규정하고 있지 않다. 그러나 변호사의 독립성은 매우 중요한 윤리적 의무이므로, 변호사가 스스로 독립성의 상실을 초래한 경우는

10 헌법재판소 2012. 11. 29. 선고 2010헌바454 결정.

변호사법 제24조 제1항에 위반한 것으로서 징계사유가 될 수 있다(박상근, 2003: 247).

변호사의 직무 외에서의 행위도 품위 손상행위에 해당하여 징계사유가 될 수 있다. 이러한 품위 손상행위는 일응 변호사로서의 직무 수행 적격을 의심하게 할 만한 행위를 뜻한다. 변호사의 직무 외 행동이 그 직무 수행 적격을 의심하게 할 만한 관련성이 없다면, 이를 들어 해당 변호사가 품위 유지의무를 위반했다고 비난하기는 어렵다. 왜냐하면 일반인의 변호사에 대한 기대는 기본적으로 그 직무 수행에 관한 것이지 사생활에 관한 것이 아니기 때문이다. 따라서 변호사의 직무 외 행위가 품위 손상행위로서 징계사유에 해당하기 위해서는 그것이 변호사의 직무 수행 능력에 직접적으로 부정적 영향을 미치거나,[11] 적어도 그 능력에 대한 합리적인 의심을 낳을 만하고 그로 인해 변호사에 대한 신뢰에 손상을 초래할 수 있어야 한다(정인진, 2003: 105-106).

후자의 대표적인 예는 변호사가 일반 시민들에게 적용되는 다른 법률들을 위반한 경우이다. 모든 법률 위반이 징계사유가 되는 것은 아니며 변호사로서의 품위를 손상한 법률 위반만이 징계사유가 될 수 있다. 어떠한 법률 위반행위가 변호사로서의 품위를 손상한 것인지는 개별 사안마다 구체적으로 판단해야 한다. 예컨대 변호사가 과실범으로서 벌금형을 선고받은 경우는 여기에 해당하지 않을 것이다. 그러나 같은 행위가 반복될 경우는 그의 심각한 부주의함 또는 준법성의 결여를 보여 주는 것으로서 품위유지의무 위반에 해당한다. 민사상 의무 위반도 마찬가지이다. 일반적인 계약 불이행을 품위유지의무 위반이라고 할 수는 없지만, 그것이 선량한 풍

11 예컨대 알코올 중독 증세가 있거나 주벽이 있는 변호사가 그로 인하여 수임사건의 변론기일에 출석하지 못하거나 설사 출석하더라도 술에 취한 상태에 있어 정상적인 변론을 하지 못한 경우를 생각할 수 있다.

속 기타 사회질서에 위반하거나 불법행위를 구성하는 중대한 계약 위반의 경우에는 품위 손상행위라고 볼 수 있다. 부적절한 직무 수행 행태가 반복되는 경우도 마찬가지다(박상근, 2003: 248).

4. 변호사 윤리 관련 기구

앞에서 살펴본 바와 같이 변호사법은 변호사의 사명이 인권옹호와 사회정의 실현에 있음을 밝히고 변호사를 공공성을 지닌 법률 전문직으로 규정함으로써(동법 제2조) 그 직무의 공공성을 강조하고 있다. 그리고 이를 위해 변호사의 자격을 엄격히 제한하고(법 제4조), 직무 수행에 있어서도 품위유지의무(법 제24조), 회칙준수의무(법 제25조) 등 각종 의무를 부과함은 물론, 일정한 경우의 수임 제한(법 제31조), 겸직 제한(법 제38조) 등의 통제를 가하는 동시에 이를 위반할 경우에는 징계처분의 대상으로 규정하고 있다(법 제91조). 이 점에 비춰 볼 때 변호사는 법률가로서의 능력뿐만 아니라 공공성을 지닌 법률전문가로서 사회적 책임성과 직업적 윤리성을 함께 갖춰야 한다.[12]

이와 같은 변호사의 공공성을 실현하기 위하여 변호사법은 변호사로 하여금 소속 지방변호사회, 대한변협 및 법무부장관의 감독을 받도록 규정하고 있다(법 제39조).

지방변호사회는 변호사의 품위를 보전하고 변호사 사무의 개선과 발전을 도모하며 변호사의 지도와 감독에 관한 사무를 하도록 하기 위하여 지방법원 관할 구역마다 설치되는 조직이다(법 제64조). 변호사의 지방변호사

12 헌법재판소 2009. 10. 29. 선고 2007헌마667 결정.

회 등록은 의무적 성격을 지닌다(법 제68조). 지방변호사회는 소속 변호사의 권익을 추구하고 보호하는 역할을 담당하는 한편, 소속 변호사에 대한 지도를 통하여 변호사의 품위를 보전하고 변호사에게 부여된 사회적 책임과 직업적 윤리가 준수되도록 감독하는 역할을 맡고 있다.[13]

대한변협은 변호사의 품위를 보전하고, 법률사무의 개선과 발전, 그 밖의 법률문화의 창달을 도모하며, 변호사 및 지방변호사회의 지도 및 감독에 관한 사무를 하도록 하기 위해 설치된 조직이다(법 제78조 제1항). 변호사법에 의하여 설립되는 지방변호사회로 구성하고, 지방변호사회의 회원은 당연히 대한변협의 회원이 된다(대한변협 회칙 제3조). 대한변협의 회원의 종류는 단체회원, 법인회원, 개인회원 및 외국회원 등이 있다. 단체회원은 지방변호사회이고, 법인회원은 법무법인 · 법무법인(유한) · 법무조합 및 공증인가합동법률사무소이며, 개인회원은 개업신고를 한 변호사이고, 외국회원은 외국법자문사법에 따라 대한변협에 등록한 외국법자문사로서 대한변협에 가입을 신청하여 입회된 자이다(대한변협 회칙 제7조).

법무부장관은 대한변협을 감독하고(법 제86조 제1항) 변호사의 등록 및 징계 등에 대한 이의 절차를 담당하며, 법무법인 등의 설립 인가 권한을 행사한다. 1993년 이전에는 변호사에 대한 징계는 법무부가 담당하였다. 이에 대해서는 국가에 의한 직접적 통제가 변호사의 독립성을 훼손하고, 변호사 자치를 위축시킨다는 비판이 계속 제기되었다. 그 결과 1993년 및 1996년 변호사법 개정을 통해 변호사의 일반적 징계를 대한변협이 담당하게 되었다. 그리고 대한변협의 징계 결정에 대해 이의가 있을 경우, 그 변호사 등은 법무부징계위원회에 이의신청을 제기할 수 있도록 개정되었다.

그 밖에 변호사 윤리와 관련된 감독 기구로는 법조윤리협의회가 있다.

---

13 헌법재판소 2009. 10. 29. 선고 2007헌마667 결정.

법조윤리협의회는 법조윤리 전반에 대한 상시적 감시와 분석을 통하여 법조윤리를 확립하고 건전한 법조 풍토를 조성하기 위하여 설치된 기구로서(법 제88조) 법원행정처장, 법무부장관 및 대한변협 회장이 각 3명씩 지명하거나 위촉하는 9명의 위원으로 구성된다(법 제89조의2).

법조윤리협의회는 공직퇴임변호사에게 정기적으로 수임한 사건에 관한 자료 및 처리 결과를 제출받아 이를 검토하고, 징계사유나 위법행위가 발견되면 해당 변호사에 대한 징계개시를 신청하거나 수사를 의뢰한다(법 제89조의4).[14] 또한 각 지방변호사회로부터 정기적으로 일정 수 이상의 사건을 수임한 변호사의 명단과 사건목록을 제출받아 이를 검토하고, 해당 변호사(특정변호사)에게 수임경위 등에 관한 징계사유나 위법행위가 있는 것을 발견한 경우 공직퇴임변호사와 마찬가지로 특정변호사에 대한 징계개시를 신청하거나 수사를 의뢰함으로써 사건 브로커를 통한 '싹쓸이 변호사'의 출현 · 활동을 방지한다(법 제89조의5). 자료 제출 시점은 매년 1월 1일부터 6월 30일까지의 수임사건에 대하여는 7월 31일까지, 매년 7월 1일부터 12월 31일까지의 수임사건에 대하여는 다음 해 1월 31일까지이다(시행령 제20조의11).

한편, 공직자윤리법 소정의 재산등록의무자 및 대통령령으로 정하는 일정 직급 이상의 직위에 재직했던 변호사 아닌 퇴직공직자(퇴직공직자)가 법무법인 등에 취업한 때에는, 법무법인 등은 지체 없이 그 명단을 관할 지방

---

14 즉, 공직퇴임변호사는 퇴직일부터 2년 동안 수임한 사건에 관한 수임 자료와 처리 결과를 대통령령으로 정하는 기간마다 소속 지방변호사회에 제출하여야 한다. 공직퇴임변호사가 법무법인 등의 담당변호사로 지정된 경우에도 마찬가지다. 지방변호사회는 제출받은 자료를 법조윤리협의회에 제출하여야 한다. 법조윤리협의회의 위원장은 공직퇴임변호사에게 징계사유나 위법의 혐의가 있는 것을 발견하였을 때에는 대한변호사협회의 장이나 지방검찰청 검사장에게 그 변호사에 대한 징계개시를 신청하거나 수사를 의뢰할 수 있다(법 제89조의4).

변호사회에 제출해야 하고, 매년 1월 말까지 업무활동 내역이 포함된 전년도 업무내역서를 지방변호사회를 통해 법조윤리협의회에 제출해야 한다(법 제89조의6).

5. 좋은 변호사의 모습

앞에서 우리는 한국 변호사 제도의 의미와 법조인으로서 변호사가 가져야 하는 소명의식 등에 대해 살펴봤다. 다들 잘 알고 있겠지만, 한국 사회에서 변호사가 된다는 것은 좋은 직업을 가지게 된다는 걸 의미한다. 변호사는 다른 사람을 도울 자격, 특히 그 권리를 침해당한 시민을 보호할 자격과 기술을 갖고 그것을 통해 소득을 얻을 수 있기 때문이다. 나아가 자신의 직업활동을 통해 사회 변혁에 참여하는 기회를 얻을 수 있다. 그런데 이렇듯 변호사로서의 보람을 얻기 위해서는 스스로가 먼저 좋은 변호사가 되어야 한다.

어떤 변호사를 좋은 변호사라 할 수 있을까? 이를 간단하게 정의하기는 쉽지 않다. 좋은 변호사가 되기 위해서는 변호사법과 변호사윤리장전 등 윤리 규범을 준수해야 한다는 점은 당연한 요구이고 이후 자세하게 논의할 것이므로 여기에서 특별히 언급할 필요는 없을 것이다. 아래에서는 흔히 변호사에게 요구되는 기본적 자질 몇 가지를 얘기하도록 하겠다. 로스쿨 학생들은 이를 참고삼아 자신의 개인적 품성에 부합하는 좋은 변호사의 모습을 떠올리며 법조인으로서의 미래를 준비할 수 있을 것이다.

첫째, 변호사는 법조인으로서의 전문적 지식과 직업적 성실성을 갖추어야 한다. 변호사가 전문직으로서 활동하기 위해서는 법률 일반에 대한 기본적 이해가 필수적이다. 이는 모든 법조인에게 요구되는 윤리적 책임이

기도 하다. 법조인으로서의 전문적 지식을 갖추지 못한 변호사는 자신의 의도와 상관없이 의뢰인에게 해를 끼칠 수 있는 존재가 된다. 잘못된 법적 조언은 의뢰인의 재산이나 생명·신체에 치명적인 피해를 끼칠 수 있기 때문이다.

직업적 성실성 역시 필수적이다. 변호사는 다른 사람의 일을 맡아 처리하는 사람이다. 그 일은 시간적 제약하에 수행해야 하는 경우가 대부분이다. 특히 소송 업무를 대리할 때 변호사는 특정 기간 내에 관련 업무를 처리해야 한다. 그리고 매 순간 스스로 판단하고 다른 사람을 설득해야 한다. 이런 상황에서 변호사가 자신의 책임을 방기한다면 그 피해는 고스란히 의뢰인에게 돌아간다. 이 점에서 변호사의 직업적 윤리의 기초는 성실성과 책임감이라고 얘기할 수 있다.

둘째, 변호사는 의뢰인을 존중해야 한다. 흔히 법조인들은 의뢰인이나 사건당사자들을 법률적인 분별력이 약한 존재로 인식하곤 한다. 이러한 선입견은 소송 당사자나 의뢰인 등에 대한 무례함, 불성실한 설명으로 이어지곤 한다. 그러나 의뢰인 등의 법률적 무지는 어떤 측면에서 자연스러운 것이다. 의뢰인이 변호사를 찾아오는 것은 마치 자신의 건강을 챙기지 못한 변호사가 의사를 찾는 것과 같다. 잘못된 계약을 체결했다 하여, 그것에 의해 그 사람의 판단력이나 품성을 판단해서는 안 된다. 변호사는 의뢰인을 존중하고 문제 상황을 이해하도록 노력해야 한다. 또한 의뢰인의 의문점이나 궁금함을 그들이 이해할 수 있는 용어로 설명하기 위해 노력해야 한다. 법률적 쟁점이나 수단에 대해서도 의뢰인 등이 이해할 수 있도록 설명 또는 조언하고, 그 뜻을 존중하면서 수임사무를 처리해야 한다.

셋째, 변호사는 법관, 검사 등 다른 사법기관의 구성원을 존중해야 한다. 변호사는 사법 제도의 운용에 참여하는 법률 전문가이다. 따라서 변호사가 사법권 및 사법기관의 구성원들을 존중해야 함은 당연하다. 또한 변호사는 다른 변호사들을 존중하고 일반적인 관행과 예절을 지켜야 한다. 변호사는 직무 수행 시 적대적인 분위기에서 다른 변호사를 만나곤 한다. 그러나 그러한 업무상의 적대감이 사적인 영역이나 언행으로 이어져서는 안 된다. 변호사는 자신의 언행이 사법 제도에 대한 일반 시민들의 신뢰를 훼손하지 않도록 주의해야 한다. 의뢰인이나 법관, 검사 등의 앞에서 다른 변호사를 비난하는 것도 삼가야 한다. 이는 변호사 일반에 대한 사회적 신뢰를 유지하기 위해서도 필요하다.

넷째, 변호사는 자기 스스로를 아끼고 존중해야 한다. 변호사는 매일매일 매우 까다로운 업무를 수행하고, 직무상 부담감도 심한 편이다. 그 과정에서 변호사는 자신이 알고 있는 진실에 대해 다투는 상대방 변호사를 만나고, 자신의 판단이나 의견이 의뢰인이나 법관, 검사 등에 의해 받아들여지지 않는 경우를 겪곤 한다. 이러한 상황, 즉 다른 사람에 의해 평가받는 것은 모든 법조인이 겪는 일이기도 하다. 또한 자신이 경제적 이익을 탐하거나 게으름을 부리는 상황을 경험하고 윤리적 자괴감에 빠질 때도 있다. 이 과정에서 변호사가 법조인으로서의 품위와 독립성을 지키기 위해서는 스스로를 아끼는 마음을 가져야 한다. 이는 변호사가 자신의 과오를 관대하게 바라보아도 된다는 뜻이 아니다. 오히려 일상의 직업생활에서 스스로 법률 지식을 쌓고 성찰을 통해 좀 더 훌륭한 변호사가 될 수 있도록 노력해야 한다는 뜻이다.

마지막으로, 변호사는 인권과 사회정의, 소수자에 대한 배려를 잊어서는 안 된다. 변호사는 사법 영역뿐만 아니라 그 외의 부문에서도 법률 전문가로서의 역할을 수행한다. 많은 변호사가 경제, 사회, 문화, 복지 등의 영역에서 법률의 집행 혹은 입법 활동에 참여하고 있다. 사람들이 효율성과 이익을 따질 때, 변호사는 그로 인해 인권과 정의 혹은 헌법적 가치가 훼손되지 않도록 노력해야 한다. 변호사 스스로는 느끼지 못할 때도 있지만, 그 어떤 전문가 집단보다도 변호사들이 사회 제도의 변화 과정과 시민들의 일상생활에 중요한 영향을 미친다는 점을 잊어서는 안 된다.

3장

법률사무소의 개설과 운영

1. 총설

변호사는 변호사로 등록한 후 법률사무소를 개설하여 그 업무를 수행한다. 변호사의 등록 및 법률사무소의 개설 업무는 대한변협 및 소속 지방변호사회가 담당한다. 따라서 변호사로 활동하고자 하는 사람은 대한변협 및 지방변호사회에 가입해야 한다(법 제7조).

변호사는 법률사무소를 단독으로 혹은 공동으로 개설할 수 있다. 변호사법에 의해 변호사들이 공동으로 법률사무소를 개설 · 운영하는 모습은 법무법인, 법무법인(유한), 법무조합 등 세 가지이다. 변호사법은 변호사 윤리 관련 규정들을 이들 사무소에 준용하고 있다(법 제57조, 제58조의16, 제58조의30). 그리고 변호사법이 규정하고 있지는 않으나, 변호사들이 합동법률사무소의 형태로 법률사무소를 공동으로 운영하는 경우도 있다. 법무법인 등의 개설과 운영, 책임 등에 대해서는 변호사법이 규정하고 있다.

이 장에서는 위와 같은 법률사무소의 개설 및 운영 등에 관한 변호사법 등의 규정을 살펴보고, 외국법자문사 및 외국법자문법률사무소 제도를 간단하게나마 소개한다.

2. 변호사 등록 및 법률사무소의 개설 · 운영

1) 변호사 등록과 개업 등의 신고

변호사 자격이 있는 사람은 변호사로 개업할 수 있다. 변호사 자격이 있는 사람은 ① 사법시험에 합격하여 사법연수원 과정을 마친 자, ② 판사나 검사의 자격이 있는 자, ③ 변호사시험에 합격한 자 등이다(법 제4조).

변호사로서 개업하려는 사람은 지방변호사회를 거쳐 대한변협에 등록을 하여야 한다(법 제7조 제1항, 제2항). 이렇게 지방변호사회를 거쳐 등록 신청을 해야 하므로, 변호사로 등록하려는 사람은 지방변호사회에 가입해야 한다(최진안, 2014: 271). 지방변호사회는 등록 신청을 받으면 해당 변호사의 자격 유무에 관한 의견서를 첨부할 수 있다(법 제7조 제3항). 대한변협은 등록 신청을 받으면 지체 없이 변호사 명부에 등록하고 그 사실을 신청인에게 통지하여야 한다(법 제7조 제4항).

대한변협은 등록을 신청한 사람이 다음 사항 중 어느 하나에 해당하면 등록심사위원회의 의결을 거쳐 등록을 거부할 수 있다. ① 변호사의 자격이 없는 자, ② 변호사법 제5조에 따른 결격 사유에 해당하는 자,[1] ③ 심신

---

1 변호사법 제5조는 ① 금고 이상의 형(刑)을 선고받고 그 집행이 끝나거나 그 집행을 받지 아

장애로 인하여 변호사의 직무를 수행하는 것이 현저히 곤란한 자, ④ 공무원 재직 중의 위법행위로 인하여 형사소추(과실범으로 공소제기되는 경우는 제외한다) 또는 징계처분(파면, 해임 및 면직은 제외한다)을 받거나 그 위법행위와 관련하여 퇴직한 자로서 변호사 직무를 수행하는 것이 현저히 부적당하다고 인정되는 자, ⑤ ④에 해당하여 등록이 거부되거나 ④에 해당하여 변호사법 제18조 제2항에 따라 등록이 취소된 후 등록금지기간이 지나지 아니한 자. 이 경우 ④에 해당하여 등록을 거부할 때에는 등록심사위원회의 의결을 거쳐 1년 이상 2년 이하의 등록금지기간을 정해야 한다(법 제8조 제1항). 등록심사위원회의 회의는 재적위원 과반수의 찬성으로 의결하고, 대한변협은 등록심사위원회의 의결이 있으면 이에 따라 등록이나 등록거부를 하여야 한다(법 제12조). 대한변협이 등록 신청을 받은 날부터 3개월이 지날 때까지 등록을 하지 아니하거나 등록을 거부하지 아니할 때에는 등록이 된 것으로 본다(법 제8조 제3항).

대한변협은 등록을 거부한 경우 지체 없이 그 사유를 명시하여 신청인에게 통지해야 한다(법 제8조 제2항). 대한변협에 의해 변호사 등록이 거부된 사람은 그 통지를 받은 날부터 3개월 이내에 등록 거부에 관하여 부당한 이유를 소명하여 법무부장관에게 이의신청을 할 수 있다(법 제8조 제4항). 법무부장관은 이의신청이 이유 있다고 인정할 때에는 대한변협에 그 변호사의 등록을 명하여야 한다(법 제8조 제5항).

니하기로 확정된 후 5년이 지나지 아니한 자, ② 금고 이상의 형의 집행유예를 선고받고 그 유예기간이 지난 후 2년이 지나지 아니한 자, ③ 금고 이상의 형의 선고유예를 받고 그 유예기간 중에 있는 자, ④ 탄핵이나 징계처분에 의하여 파면되거나 이 법에 따라 제명된 후 5년이 지나지 아니한 자, ⑤ 징계처분에 의하여 해임된 후 3년이 지나지 아니한 자, ⑥ 징계처분에 의하여 면직된 후 2년이 지나지 아니한 자, ⑦ 금치산자 또는 한정치산자, ⑧ 파산선고를 받고 복권되지 아니한 자, ⑨ 변호사법에 따라 영구제명된 자 등은 변호사가 될 수 없다고 규정하고 있다.

변호사가 개업하거나 법률사무소를 이전한 경우 또는 휴업하려는 경우에는 소속 지방변호사회와 대한변협에 신고하여야 한다(법 제15조, 제16조). 변호사가 폐업하려면 소속 지방변호사회를 거쳐 대한변협에 등록 취소를 신청하여야 한다(법 제17조).

변호사가 지방변호사회의 소속을 변경하려면 새로 가입하려는 지방변호사회를 거쳐 대한변협에 소속 변경등록을 신청하여야 한다(법 제14조 제1항). 소속이 변경된 변호사는 지체 없이 종전 소속 지방변호사회에 신고하여야 한다(법 제14조 제2항).

대한변협은 변호사의 등록 및 등록 거부, 소속 변경등록 및 그 거부, 개업, 사무소 이전, 휴업 및 등록 취소에 관한 사항을 지체 없이 소속 지방변호사회에 통지하고 법무부장관에게 보고하여야 한다(법 제20조).

2) 변호사 등록 취소

대한변협은 변호사가 ① 사망한 경우, ② 변호사의 자격이 없거나 변호사법 제5조에 따른 결격 사유에 해당하는 경우, ③ 변호사가 폐업을 위해 등록 취소를 신청한 경우, ④ 변호사법 제19조에 따른 법무부장관의 등록 취소 명령이 있는 경우 중 어느 하나에 해당하면 변호사의 등록을 취소하여야 한다. 다만, 위 ②의 사유에 해당하여 변호사의 등록을 취소하려면 미리 등록심사위원회의 의결을 거쳐야 한다(법 제18조 제1항). 지방변호사회는 소속 변호사에게 위와 같은 사유가 있다고 인정하면 지체 없이 대한변협에 이를 보고하여야 한다(법 제18조 제4항).

그리고 변호사가 ① 심신장애로 인하여 변호사의 직무를 수행하는 것이 현저히 곤란하거나, ② 공무원 재직 중의 직무에 관한 위법행위로 인하여 형사소추(과실범으로 공소제기되는 경우는 제외한다) 또는 징계처분(파면, 해임 및 면직은 제외한다)을 받거나 퇴직한 자로서 변호사의 직무를 수행하는 것이 현저히 부적당하다고 인정되는 경우에는 등록심사위원회의 의결을 거쳐 등록을 취소할 수 있다. 이 경우, 공무원 재직 중의 직무에 관한 위법행위와 관련하여 등록을 취소할 때에는 등록심사위원회의 의결을 거쳐 1년 이상 2년 이하의 등록금지기간을 정하여야 한다(법 제18조 제2항).

등록이 취소되는 경우 대한변협은 지체 없이 등록 취소 사유를 명시하여 등록이 취소되는 자(사망한 경우는 제외한다)에게 통지해야 한다(법 제18조 제1항, 제3항).

등록 취소 시 등록심사위원회의 의결 절차 및 그 효력은 등록 거부 결정 때와 같다(법 제12조). 등록 취소 결정에 대한 이의절차도 마찬가지이다(법 제18조 제3항).

한편, 법무부장관은 변호사로 등록된 자가 변호사의 자격이 없거나 변호사법 제5조에 따른 결격 사유에 해당한다고 인정하는 경우, 대한변협에 그 변호사의 등록 취소를 명해야 한다(법 제19조).

3) 법률사무소의 개설과 운영

변호사는 법률사무소를 개설할 수 있다(법 제21조 제1항). 다만, 법학전문대학원 졸업 후 변호사시험에 합격한 변호사는 통산하여 6개월 이상 법률사무종사기관에서 법률사무에 종사하거나 대한변협 연수를 마치지 아니하면 단독으로 법률사무소를 개설하거나 법무법인 등의 구성원이 될 수 없고, 사건을 단독 또는 공동으로 수임(법무법인 등의 담당변호사로 지정하는 경우를 포함한다)할 수 없다(법 제21조의2 제1항, 제31조의2).

법률사무소는 소속 지방변호사회의 지역에 두어야 한다(법 제21조 제2항). 변호사는 어떠한 명목으로도 둘 이상의 법률사무소를 둘 수 없다. 다만, 사무 공간의 부족 등 부득이한 사유가 있어 대한변협이 정하는 바에 따라 인접한 장소에 별도의 사무실을 두고 변호사가 주재하는 경우에는 본래의 법률사무소와 함께 하나의 사무소로 본다(법 제21조 제3항, 규약 제7조).

변호사는 법률사무소에 사무직원을 둘 수 있다(법 제22조 제1항). 변호사는 사무직원의 채용과 관련하여 다른 변호사와 부당하게 경쟁하거나 신의에 어긋나는 행위를 하지 아니한다(규약 제8조 제3항).

변호사는, 변호사법 또는 형법 제129조부터 제132조까지, 「특정범죄가중처벌 등에 관한 법률」 제2조 또는 제3조 및 그 밖에 시행령으로 정하는 법률에 따라 유죄 판결을 받은 자로서 ① 징역 이상의 형을 선고받고 그 집행이 끝나거나 그 집행을 받지 아니하기로 확정된 후 3년이 지나지 아니한 자, ② 징역형의 집행유예를 선고받고 그 유예기간이 지난 후 2년이 지나지 아니한 자, ③ 징역형의 선고유예를 받고 그 유예기간 중에 있는 자 중에서 어느 하나에 해당하는 자를 사무직원으로 채용할 수 없다. 공무원으로서 징계처분에 의하여 파면되거나 해임된 후 3년이 지나지 아니한 자, 금치산자 또는 한정치산자 등도 마찬가지이다(법 제22조 제2항). 지방변호사회장은 관할 지방검찰청 검사장에게 소속 변호사의 사무직원 채용과 관련하여 전과 사실의 유무에 대한 조회를 요청할 수 있고, 그 요청을 받은 검사장은 전과 사실 유무를 조회하여 그 결과를 회신할 수 있다(법 제22조 제4항, 제5항).

변호사는 사무직원이 법령과 대한변협 및 소속 지방변호사회의 회칙, 규칙 등을 준수하여 성실히 사무에 종사하도록 지휘 · 감독한다(규약 제8조 제4항).

3. 법무법인 등의 개설과 운영

1) 법무법인

법무법인 제도는 변호사 업무의 전문화 · 대형화 등 법률서비스의 발전을 도모하기 위해 1982년 변호사법 개정을 통해 도입되었다. 법무법인이라는 조직 형태는 미국의 로펌 제도와 기존의 공증인가합동법률사무소 제도 및 상법상 합명회사 제도를 혼합한 것이다(대한변호사협회, 2010: 26).

변호사는 그 직무를 조직적 · 전문적으로 수행하기 위하여 법무법인을 설립할 수 있다(법 제40조). 법무법인을 설립하려면 구성원이 될 변호사가 정관을 작성하여 주사무소 소재지의 지방변호사회와 대한변협을 거쳐 법무부장관의 인가를 받아야 한다(법 제41조). 법무법인은 그 주사무소의 소재지에서 설립등기를 함으로써 성립한다(법 제43조 제3항).[2] 법무법인에 관해서는 변호사법에 정한 것 외에는 상법 중 합명회사에 관한 규정을 준용한다(법 제58조).

법무법인은 분사무소를 둘 수 있다(법 제48조 제1항). 즉 일반적인 법률사무소와 달리, 법무법인의 경우에는 분사무소의 개설이 허용된다. 법무법인이 사무소를 개업 또는 이전하거나 분사무소를 둔 경우에는 지체 없이 주사무소 소재지의 지방변호사회와 대한변협을 거쳐 법무부장관에게 신고하여야 한다(법 제48조 제2항). 법무법인의 구성원과 구성원 아닌 소속 변호사는 법무법인 외에 따로 법률사무소를 둘 수 없다(법 제48조 제3항).

법무법인은 3명 이상의 변호사로 구성한다. 이들을 '구성원 변호사'라

---

2 법무법인의 설립등기에서는 '상호'가 아닌 '명칭'을 등록하는 바, 이 점에서 '상호' 등을 등기사항으로 하는 상법상 회사의 설립등기나 개인의 상호등기와는 구별된다(대법원 2007. 7. 26.자 2006마334 결정).

부르고, 그중 1명 이상이 통산하여 5년 이상 '법원조직법 제42조 제1항 각 호의 어느 하나에 해당하는 직에 있었던 자', 즉 ① 판사 · 검사 · 변호사, ② 변호사의 자격이 있는 자로서 국가기관, 지방자치단체, 「공공기관의 운영에 관한 법률」 제4조에 따른 공공기관, 그 밖의 법인에서 법률에 관한 사무에 종사한 자, ③ 변호사의 자격이 있는 자로서 공인된 대학의 법률학 조교수 이상의 직에 있었던 자이어야 한다(법 제45조 제1항). 법무법인의 구성원 변호사들은 무한책임을 진다. 만약 법무법인이 구성원의 요건을 충족하지 못하게 된 경우에는 3개월 이내에 보충하여야 한다(법 제45조 제2항). 법무법인은 구성원 아닌 소속 변호사를 둘 수 있다(법 제47조).

법무법인이 법인 명의로 업무를 수행할 경우에는 그 업무를 담당할 변호사(담당변호사)를 지정하여야 한다. 담당변호사에는 구성원 변호사가 반드시 포함되어야 한다(법 제50조 제1항). 만약 법무법인이 담당변호사를 지정하지 않은 경우에는 구성원 변호사 모두를 담당변호사로 지정한 것으로 본다(법 제50조 제3항). 법무법인이 담당변호사를 지정한 경우에는 지체 없이 이를 수임사건의 위임인에게 서면으로 통지해야 한다. 변경한 경우에도 또한 같다(법 제50조 제5항). 담당변호사가 지정된 업무를 수행할 때에는 각자가 그 법무법인을 대표한다(법 제50조 제6항). 법무법인이 그 업무에 관하여 작성하는 문서에는 법인 명의를 표시하고 담당변호사가 기명날인하거나 서명하여야 한다(법 제50조 제7항). 이러한 법무법인의 업무 수행 방식은 법무법인(유한)과 법무조합에도 준용된다(법 제58조의16, 제58조의30).

법무법인은 그 법인이 인가공증인으로서 공증한 사건 중에서 ① 법률행위나 그 밖의 사권私權에 관한 사실에 대한 공정증서를 작성한 사건, ② 어음, 수표 또는 이에 부착된 보충지에 강제집행할 것을 적은 증서를 작성한 사건, ③ 법인의 등기절차에 첨부되는 의사록을 인증한 사건, ④ 상법 제292조 및 그 준용규정에 따라 정관을 인증한 사건 등에 대한 소송에 관한 행위를 수행할 수 없다(법 제51조, 시행령 제13조).

법무법인의 구성원 및 구성원 아닌 소속 변호사는 자기나 제3자의 계산으로 변호사의 업무를 수행할 수 없다(법 제52조 제1항). 법무법인의 구성원이었거나 구성원 아닌 소속 변호사이었던 자는 법무법인의 소속 기간 중 그 법인이 상의를 받아 수임을 승낙한 사건에 관하여는 변호사의 업무를 수행할 수 없다(법 제52조 제2항, 이에 관해서는 이익충돌회피의무와 관련하여 뒤에서 설명한다).

법무법인은 정관에 정한 해산 사유가 발생했을 때, 구성원 전원의 동의가 있을 때, 합병 · 파산했을 때, 설립 인가가 취소된 경우에 해산한다(법 제54조 제1항). 법무법인은 구성원 전원이 동의하면 다른 법무법인과 합병할 수 있고(법 제55조 제1항), 법무부장관의 인가를 받아 법무법인(유한) 또는 법무조합으로 조직 변경을 할 수 있다(법 제55조의2 제1항).[3]

2) 법무법인(유한)

법무법인과 관련해서는 의사결정 시스템의 경직성과 구성원 변호사들의 무한연대책임 때문에 대형화 · 전문화에 한계가 있다는 비판이 제기되었다. 법무법인(유한)은 이와 같은 법무법인 제도의 단점을 보완하고, 변호사들의 국제 경쟁력을 강화하고 전문적인 법률서비스를 제공하기 위해 2005년 변호사법 개정을 통해 도입되었다(대한변호사협회, 2010: 26).

법무법인(유한)의 설립 절차는 법무법인과 유사하다(법 제58조의2부터 제

3 이렇게 설립된 법무법인(유한) 또는 법무조합의 구성원 중 종전의 법무법인의 구성원이었던 자는 설립등기를 하기 전에 발생한 법무법인의 채무에 대하여 법무법인(유한)의 경우에는 등기 후 2년이 될 때까지, 법무조합의 경우에는 등기 후 5년이 될 때까지 법무법인의 구성원으로서 책임을 진다(법 제55조의 2 제4항).

58조의5까지, 법 제58조의13부터 제58조의16까지). 법무법인(유한)에 관하여는 변호사법에 정한 것 외에는 상법 중 유한회사에 관한 규정을 준용한다(법 제58조의17).

법무법인과 달리, 법무법인(유한)은 7명 이상의 구성원 변호사를 두고 그들 중 2명 이상이 통산하여 10년 이상 '법원조직법 제42조 제1항 각 호의 어느 하나에 해당하는 직에 있었던 자'이어야 한다(법 제58조의6 제1항). 3명 이상의 이사를 두어야 하며, 1명 이상의 감사를 둘 수 있다(법 제58조의6 제5항). 법무법인(유한)의 구성원들은 5억 원 이상의 자본금을 출자해야 한다(법 제58조의7).

법무법인(유한)의 구성원 변호사의 책임은 변호사법에 규정된 것 외에는 그 출자 금액을 한도로 한다(법 제58조의10). 유한책임을 진다는 점에서 구성원들이 무한책임을 지는 법무법인과 다르다.

담당변호사가 수임사건에 관해 고의나 과실로 그 수임사건의 위임인에게 손해를 발생시킨 경우에는 법무법인(유한)과 연대하여 그 손해를 배상할 책임이 있다. 담당변호사가 이와 같이 손해배상책임을 지는 경우 그 담당변호사를 직접 지휘 · 감독한 구성원도 그 손해를 배상할 책임이 있다. 다만, 지휘 · 감독을 할 때에 주의를 게을리하지 않았음을 증명한 경우에는 그러하지 않다(법 제58조의11 제1항, 제2항). 변호사법 제58조의11 제3항은 이러한 손해배상책임에 관한 사항을 사건수임계약서와 광고물에 명시할 것을 요구하고 있다. 법무법인(유한)은 손해배상책임을 보장하기 위하여 대통령령으로 정하는 바에 따라 사업연도마다 손해배상 적립금을 적립하거나 보험 또는 대한변협이 운영하는 공제기금에 가입하여야 한다(법 제58조의12 제1항).

3) 법무조합

법무조합 역시 법무법인(유한)과 같은 취지와 배경에서 2005년 변호사법 개정 시 도입된 법률사무소 형태이다.

법무조합의 설립 절차는 법무법인과 유사하다(법 제58조의18부터 21조까지, 제58조의26부터 제58조의29까지). 법무조합에 관해서는 변호사법에 정한 것 외에는 민법 중 조합에 관한 규정(민법 제713조는 제외)을 준용한다(법 제58조의31 제1항).

법무조합의 구성원의 수와 자격은 법무법인(유한)과 같다(법 제58조의22 제1항). 법무조합의 업무 집행은 구성원 과반수의 결의에 의한다. 다만, 둘 이상의 업무집행 구성원을 두는 경우에는 그 과반수의 결의에 의한다(법 제58조의23 제1항). 법무조합은 규약으로 정하는 바에 따라 업무집행 구성원 전원으로 구성된 운영위원회를 둘 수 있다(법 제58조의23 제2항).

구성원은 법무조합의 채무에 대하여 그 채무 발생 당시의 손실 분담 비율에 따라 책임을 진다(법 제58조의24).

담당변호사가 수임사건에 관해 고의나 과실로 그 수임사건의 위임인에게 손해를 발생시킨 경우 담당변호사는 그 손해를 배상할 책임이 있다. 담당변호사가 이와 같이 손해배상책임을 지는 경우 그 담당변호사를 직접 지휘·감독한 구성원도 그 손해를 배상할 책임이 있다. 다만, 지휘·감독을 할 때에 주의를 게을리하지 않았음을 증명한 경우에는 그러하지 않다. 이러한 책임을 지지 않는 구성원은 법무 과오로 인한 손해배상책임에 대하여는 조합재산의 범위 내에서 그 책임을 진다(법 제58조의25 제1항, 제2항, 제3항). 법무조합은 이러한 점을 사건수임계약서와 광고물에 명시하여야 하고, 손해배상 적립금을 적립하거나 공제기금에 가입하여야 한다(법 제58조의25 제4항, 제58조의30).

4) 대한변협 회칙상 합동법률사무소

법무법인 등 위의 예들 외에도 대한변협 회칙에서 변호사 조직으로 취급하는 것으로 공증인가합동법률사무소와 공동법률사무소가 있다.

첫째, 공증인가합동법률사무소는 1970년 제정된 「간이절차에의한민사분쟁사건처리특례법」에 의해 도입된 공동법률사무소 유형이다. 1993년 공증 제도의 정비를 위하여 위 특례법의 관련 규정은 변호사법에 흡수되었다가 2005년 변호사 겸업 공증인 제도가 폐지됨에 따라 삭제되었다. 이후 공증인가합동법률사무소는 더 이상 설립되지 않고 차츰 해산되고 있다(대한변호사협회, 2010: 28).

둘째, 대한변협 회칙에 따른 공동법률사무소가 있다. 대한변협 회칙 제39조는 사업자등록을 2인 이상이 같이 하는 경우와 2인 이상이 개인 명의 이외의 명칭을 사용하는 경우 대한변협에 '공동법률사무소'로 신고할 수 있도록 하고 있다(대한변호사협회, 2010: 28).

공증인가합동법률사무소와 공동법률사무소는 ① 설립 및 설치, ② 규약의 변경 및 사무소의 이전, ③ 구성원의 가입 및 탈퇴, ④ 업무집행정지사유의 발생, ⑤ 설립인가의 취소 등의 사항을 대한변협에 신고하여야 한다(대한변협 회칙 제39조).

5) 법무법인 등에 대한 윤리규약의 특칙

법무법인 등(대한변협 회칙에서 정한 공증인가합동법률사무소 및 공동법률사무소를 포함한다)의 구성원 변호사 및 소속 변호사는 정당한 이유가 없는 한 다른 변호사가 의뢰인과 관련하여 직무상 비밀유지의무를 알게 된 경우에는, 이를 누설하거나 이용하지 아니한다. 이는 변호사가 해당 법무법인 등으로부터 퇴직한 경우에도 같다(규약 제47조).

수임 제한에 관한 윤리규약 제22조 및 제42조는 법무법인 등이 사건을 수임하는 경우에 준용한다(규약 제48조 제1항 본문). 다만, 법무법인 등의 특정 변호사에게만 제22조 제1항 제4호(상대방 또는 상대방 대리인과 친족관계에 있는 경우) 또는 제42조(겸직하고 있는 정부기관의 사건)에 해당하는 사유가 있는 경우, 해당 변호사가 사건의 수임 및 업무 수행에 관여하지 않고 그러한 사유가 법무법인 등의 사건 처리에 영향을 주지 아니할 것이라고 볼 수 있는 합리적 사유가 있는 때에는 사건의 수임이 제한되지 아니한다(규약 제48조 제1항 단서, 제2항).[4] 법무법인 등은 이 경우에 해당 사건을 처리하는 변호사와 수임이 제한되는 변호사들 사이에 그 사건과 관련하여 비밀을 공유하는 일이 없도록 합리적인 조치를 취한다(규약 제48조 제3항).

법무법인 등은 윤리규약에 의해 수임이 제한되는 사건을 수임하지 않도록 의뢰인, 상대방 당사자, 사건명 등 사건 수임에 관한 정보를 관리하고, 필요한 합리적인 범위 내에서 사건 수임에 관한 정보를 구성원 변호사들이 공유할 수 있도록 적절한 조치를 취한다(규약 제49조).

변호사법에서 정한 바에 따라서 설립된 법무법인, 법무법인(유한), 법무조합이 아닌 변호사의 사무소는 그와 동일 또는 유사한 명칭을 사용하지 아니한다(규약 제50조).

구성원 변호사는 소속 변호사가 변호사 업무의 수행과 관련하여 위 규정을 준수하도록 노력한다(규약 제46조 제2항). 변호사는 다른 변호사의 지시에 따라 업무를 수행하는 경우에도 위 규정을 준수해야 한다(규약 제46조 제3항). 다만 그 업무 수행이 그 규정에 위반되는지 여부에 관하여 이견이

4 이 경우에도 해당 변호사는 윤리규약 제20조 제3항에 따라 의뢰인에게 상대방 또는 상대방 대리인과 친족관계에 있다는 사실은 미리 알려야 한다(정형근, 2014: 399).

있는 경우에는 소속 변호사가 그 업무에 관하여 구성원 변호사의 합리적인 결론에 따른 때에는 위 규정을 준수한 것으로 본다(규약 제46조 제4항).

4. 외국법자문사 및 외국법자문법률사무소

1) 외국법자문사법의 입법 취지

「외국법자문사법」은 2009. 3. 25. 법률 9524호로 제정되었다. 그 입법 취지는 유럽연합, 미국과의 자유무역협정 등에서 한 법률서비스 분야의 개방 합의에 따라 외국법자문사 제도를 도입하고 외국 로펌의 국내 사무소 설립을 허용함으로써, 국내 법률서비스의 국제화와 선진화를 촉진하고 국내 소비자에게 양질의 법률서비스를 제공할 수 있는 제도적 틀을 마련하는 한편, 법률시장 개방에 따른 혼란을 방지하고 소비자 보호를 철저히 하려는 데 있다(국회 법제사법위원회, 2009: 2-3).

위 법 제정 전까지 외국 변호사는 한국에서 법률사무소의 사무직원 신분으로만 활동할 수 있었고, 외국 법률사무소의 직무를 수행하는 것은 불가능했다.「외국법자문사법」은 자유무역협정 당사국의 공인된 법률 전문가가 한국에서 별도의 자격시험에 합격하지 않더라도 일정한 조건 아래 외국법 사무에 종사할 수 있도록 허용하는 외국법자문사 제도를 인정하고, 외국 로펌이 일정한 요건 아래 외국법자문법률사무소를 개설하여 외국법 사무에 관한 영업을 할 수 있도록 허용했다. 그리고 경험과 실력이 빈약한 외국변호사의 국내 유입을 방지하고 신뢰성 있는 외국 로펌의 국내 진출을 유도하기 위해 자격 승인 및 설립인가 제도를 마련하고, 외국법자문사 등의 업무 범위와 방식을 규제함으로써 법률시장의 건전성을 담보했다(국회 법제사법위원, 2009: 4).

2) 외국법자문사의 자격 승인 및 외국법자문법률사무소의 개설

"외국법자문사"란 외국변호사의[5] 자격을 취득한 후 외국법자문사법에 따라 법무부장관으로부터 자격 승인을 받고 대한변호사협회에 등록한 사람을 말한다. 외국법자문사가 되려는 자는 법무부장관의 자격 승인을 받아야 한다(제3조 제1항). 외국변호사의 자격을 갖춘 한국 변호사가 위 신청을 하는 경우에는 변호사업을 휴업하거나 폐업하여야 한다(제3조 제2항).[6] 외국법자문사법 제6조 제1항은 외국법자문사의 자격 승인 요건으로서 ① 원자격국이 자유무역협정등의 당사국일 것, ② 원자격국 내에서 외국변호사의 자격이 유효할 것, ③ 제4조에 따른 직무 경력이 있을 것, ④ 제5조에 따른 결격 사유가 없을 것, ⑤ 대한민국 내에 서류 등을 송달받을 장소를 가지고 있을 것, ⑥ 제3조 제2항의 경우 변호사업을 휴업하거나 폐업했을 것 등의 요건을 모두 갖출 것을 요구하고 있다. 자격 승인을 받으려는 자는 외국변호사의 자격을 취득한 원자격국原資格國에서 3년 이상 법률사무를 수행한 자로 제한된다. 자격승인 신청인이 한국에서 원자격국법에 관한 조사 · 연구 · 보고 등의 사무를 수행한 경우에는 최대 2년까지 위 직무 경력에 산입할 수 있다(제4조). 외국법자문사가 업무를 수행하기 위해서는 대한변협에 등록하여야 한다(제10조).

외국법자문법률사무소는 법무부장관의 설립인가를 받아 설립할 수 있

5 "외국변호사"란 외국에서 변호사에 해당하는 법률 전문직의 자격을 취득하여 보유한 사람을 말한다(외국법자문사법 제2조 제3호).

6 변호사가 변호사 업무와 외국법자문사 업무를 동시에 하지 못하도록 하기 위한 취지라고 한다(국회 법제사법위원회, 2009: 12).

다. 즉 원자격국에서 법률사무의 수행을 주된 목적으로 설립된 사무소나 법인(본점사무소)에 소속된 외국법자문사는 법무부장관의 설립인가를 받아 외국법자문법률사무소를 설립할 수 있다(제15조 제1항). 외국법자문사법 제16조 제1항은 외국법자문법률사무소의 등록인가 요건으로서 ① 본점사무소가 자유무역협정등의 당사국에서 그 나라의 법률에 따라 적법하게 설립되어 5년 이상 정상적으로 운영되었을 것, ② 본점사무소가 대한민국 내에서 외국법사무를 수행하기 위한 대표사무소로 그 외국법자문법률사무소를 설립하기로 의결 또는 결정했을 것, ③ 외국법자문법률사무소의 대표자가 될 외국법자문사가 외국변호사의 자격을 취득한 후 원자격국에서 3년 이상의 기간을 포함하여 총 7년 이상 법률사무를 수행한 경력이 있을 것, ④ 본점사무소가 외국법자문법률사무소의 업무와 관련한 민사·상사상 책임에 대하여 그 이행을 보증할 것 등의 요건을 모두 갖출 것을 요구하고 있다. 설립인가를 받은 외국법자문법률사무소는 대한변협에 등록하여야 한다(제18조).

법무부장관과 대한변협은 외국법자문사와 외국법자문법률사무소의 자격승인취소권, 등록취소권 및 설립인가취소권 등을 가진다(제7조, 제12조, 제13조, 제19조).

3) 외국법자문사의 업무 방식 및 외국법자문법률사무소의 운영

외국법자문사는 ① 외국법자문법률사무소의 구성원이나 ② 구성원이 아닌 소속 외국법자문사 또는 ③ 국내 법률사무소, 법무법인, 법무법인(유한), 법무조합 소속 외국법자문사로서 업무를 수행할 수 있다(제25조 제1항). 외국법자문사가 개인 사무소를 개설·운영하는 것은 허용되지 않는다(법무부, 2010: 11-12). 외국법자문사는 동시에 2개 이상의 외국법자문법률사무소, 법률사무소, 법무법인, 법무법인(유한)이나 법무조합에 소속 또는 고용되거나 그 직책을 겸임할 수 없다(제25조 제2항). 외국법자문사는 국내 변호사 등과 업무 제휴·동업 및 고용관계를 맺을 수 없다(제34조).

외국법자문사는 원자격국의 법령에 관한 자문, 원자격국이 당사국인 조약 및 일반적으로 승인된 국제관습법에 관한 자문, 국제중재사건의 대리 업무 등을 수행할 수 있다(제24조). 소송 대리나 법정 변론 등 국내법 사무를 수행하는 것은 금지된다(법무부, 2010: 12).

외국법자문사는 직무를 수행하면서 본인을 표시할 때 원자격국 명칭에 이어 '○○법자문사'를 덧붙인 직명을 사용하고[7] 외국법자문법률사무소는 본점의 명칭에 '외국법자문법률사무소'를 덧붙인 명칭을 사용하여야 하고 사무소 안팎에 구성원, 소속 외국법자문사 및 원자격국을 모두 표시하여야 한다. 외국법자문사는 수임 전 의뢰인에게 원자격국과 업무 범위를 알려야 하며 그 밖에 직무 범위에 오해를 일으킬 명칭을 사용해서는 안 된다(제27조). 이는 외국법자문사 등의 변호사 또는 이와 혼동을 일으킬 수 있는 명칭 사용을 금지함으로써 국내 소비자의 혼란과 피해를 막을 필요가 있기 때문이다(국회 법제사법위원회, 2009: 6).

외국법자문사는 최초의 업무개시일로부터 1년에 180일 이상 국내에 체류하여야 하고, 직무 관련 비밀을 지켜야 하며, 광고에 관한 규정 및 국내 법조윤리를 준수할 의무가 있다(제28조, 제29조, 제30조, 제31조). 외국법자문사의 징계는 대한변협과 법무부의 외국법자문사징계위원회가 담당한다(제38조).

7 이 경우 직명과 함께 괄호 안에 원자격국 언어로 된 원자격국의 명칭을 포함한 해당 외국변호사의 명칭을 부기할 수 있고, 이어 국어로 된 한국에서 통용되는 원자격국의 명칭에 "변호사"를 덧붙인 명칭을 병기할 수 있다(제27조 제1항 단서).

4장

변호사와 의뢰인의 선임 관계

1. 총설

우리는 종종 변호사를 '산다' 혹은 변호사를 '고용한다'라는 말을 쓴다. 그러나 변호사는 의뢰인의 지휘 · 명령에 따라 업무를 수행하는 피고용인이 아니다. 변호사는 전문가로서 독립적으로 일하고, 의뢰인은 변호사의 전문적 지식과 기능의 도움을 받는다. 그리고 원칙적으로 특정 결과물을 사는 것도 아니어서 도급이라고 하기도 어렵다. 변호사가 소기의 목적을 달성하지 못했다 하더라도 의뢰인은 보수를 지급해야 한다. 이러한 점 때문에 일반적으로, 변호사와 의뢰인의 선임 관계를 민법상 위임관계로 파악한다(한인섭 외, 2014: 126-127).[1]

1 한편 변호사가 소송 수행이나 법률적 조언 외에 회사의 정관, 취업규칙, 계약서 등의 작성을

그런데 변호사와 의뢰인의 선임 관계는 민법상 위임계약과는 구별되는 몇 가지 특성을 가지고 있다.

첫째, 위임계약을 체결할 수 있는 위임인 자격이 법정되어 있다. 민사사건의 경우에는 사건의 당사자가 직접 위임인이 될 수 있고, 대리인을 통해 위임계약을 체결할 수도 있다. 그러나 형사사건에서 피의자, 피고인 및 그 법정대리인 · 배우자 · 직계친족 · 형제자매만이 위임계약을 체결할 수 있다(형사소송법 제30조 제2항). 그 밖의 사람은 변호사와 위임계약을 체결할 수 없고, 체결하더라도 그 계약은 무효이다.[2]

둘째, 민법상 위임계약은 사적 자치의 원칙이 관철되는 데 반해 변호사와 의뢰인의 계약 관계에는 공공성의 관점에서 다양한 제약이 있다. 예컨대, 변호사는 자신이 사건을 성실히 처리할 수 없는 경우에는 위임계약을 체결해서는 안 된다. 위임계약을 해지할 때에도 변호사는 의뢰인의 이익을 보호하는 조치를 취해야 한다(이상수, 2009: 119). 가장 중요한 특징은 민법뿐만 아니라 변호사법과 변호사윤리장전 등의 규율을 받고, 변호사의 의무 위반이 있는 경우 민법상의 불법행위 책임의 추궁에 그치는 것이 아니라 징계 책임도 함께 거론된다는 점이다(한인섭 외, 2014: 129).

이런 규율은 변호사 업무가 가지는 특성에 기인한다. 변호사는 고도의 전문직으로서 일반적으로 의뢰인보다 우월한 지위에 있고, 의뢰인의 입장에서는 변호사에 대한 신뢰를 전제로 위임계약을 체결하기 때문이다. 즉 위와 같은 규율을 통해 변호사가 자신의 우월적 지위를 남용하지 않고 의뢰인의 신뢰에 상응하는 실질적인 공정성을 담보하도록 하려는 것이다. 또한 변호사는 인권과 사회정의의 실현이라는 공적 임무를 지고 있기 때

맡게 되는 경우에는 도급계약과의 혼합계약으로서의 성격을 가지고, 사내 변호사의 경우에는 고용계약과의 혼합계약으로서의 성격을 가진다(전경운, 2004: 207).

2 대법원 1994. 10. 28. 선고 94모25 결정.

문에 가능한 한 법률서비스가 원활히 공급되도록 해야 하는 바, 이와 연관되어 여러 윤리적 의무를 부담하게 된다(이상수, 2009: 125).

2. 선임 관계의 성립

1) 성립 시점

일반적으로 변호사와 의뢰인의 선임 관계는 변호사와 의뢰인 간의 계약에 의해 성립한다. 그것은 사건과 관련하여 상담을 한 후 사건수임계약서를 쓰고 수임료를 주고받는 과정을 거치면서 형성된다(박휴상, 2013: 128).

사건 상담을 할 때 변호사는 의뢰인이 사건 위임 여부를 결정할 수 있도록 의뢰인으로부터 제공받은 정보를 기초로 사건의 전체적인 예상 진행과정, 수임료와 비용, 기타 필요한 사항을 설명한다(규약 제20조 제1항). 또한 변호사가 상대방 또는 상대방 대리인과 친족관계 등 특수한 관계에 있을 때에는 이를 미리 의뢰인에게 알린다(규약 제20조 제3항).

사건 수임을 위한 상담 과정에서 변호사는 의뢰인의 주장과 설명을 충실히 듣고 증거에 대해서도 일응 검토한 후 의뢰인에게 닥친 문제의 해결 방안을 찾아야 한다. 한 차례의 면담만으로 충실한 상담이 어렵다면 여유를 두고 검토해야 한다. 사건의 쟁점을 파악하고 해결 방안을 모색하는 과정은 의뢰인뿐만 아니라 변호사에게도 중요하다. 일단 수임한 후에는 변호사가 사임하는 데는 제약이 따르므로 그 수임의 승낙 여부를 신중하게 검토해야 하기 때문이다. 이렇게 사건의 쟁점과 난이도 등을 정확하게 이해하는 것은 보수액의 산정을 위해서도 필요하다.

상담 과정에서 변호사는 의뢰인이 기대하는 결과를 얻을 가망이 없거나 희박한 사건을 가능성이 높은 것처럼 설명하거나 장담하지 아니한다(규약 제20조 제2항). 다만, 이것이 성공 가능성이 높지 않은 사건을 수임해서는 안 된다는 뜻은 아니다. 가능성이 높지 않더라도 의뢰인이 선임을 희망하는 경우가 있기 때문이다. 예컨대 기존 판례가 자신에게 불리한 걸 알면서도 그 판례 법리의 변경을 주장하며 소송을 제기하는 경우가 있을 수 있다. 그리고 수임 당시에는 증거가 부족하나 재판 과정에서 증거 수집을 기대할 수 있는 경우도 있다. 이런 경우 변호사는 새로운 법리를 연구하고 증거 조사에 적극적으로 나섬으로써 의뢰인이 기대하는 결과를 얻도록 조력해야 한다(최진안, 2014: 108-109).

위임계약을 체결한 경우 그 계약에서 정한 시점부터, 이를 정하지 않은 경우에는 계약 체결 시점부터 변호사의 수임 업무가 개시된다. 위임계약의 성립 여부는 변호사의 책임 유무를 판단할 때 중요한 기준이다. 위임계약 체결 사실이 인정되면 변호사는 자신이 수행한 사무나 하지 않은 것에 관해 책임을 지기 때문이다.

위임계약의 체결 여부는 어떤 기준에 따라 판단할까? 변호사와 의뢰인 사이의 계약 관계는 일반적으로 유상의 위임계약이고, 변호사가 사건 또는 사무를 수임할 때에는 보수에 관한 약정서를 작성하는 것이 일반적이므로, 1차적 판단 기준은 관련 계약서의 존재 유무이다.

사건수임계약서와 같이 위임계약의 존재를 입증할 만한 서면이 없는 경우에는 무엇을 기준으로 삼아야 할까? 변호사와 의뢰인 사이의 계약관계가 원칙적으로 유상계약이라는 점을 고려할 때,[3] 이때에는 변호사가 일정한 금품을 받고 법률상담 등 사무를 수행했는지를 살펴봐야 한다. 만약 변호사가 대가 없이 일했다면, 그것을 법률관계에 기초한 직무 수행이라고

3 대법원 1993. 11. 12. 선고 93다36882 판결.

보기는 어렵다. 물론 이와 같은 판단 방식이 절대적인 것은 아니다. 변호사가 법률사무를 하게 된 경위와 의뢰인이 변호사에게 제공한 정보의 양과 질, 법률사무의 구체적 내용 등 제반 사정을 종합적으로 검토하여 위임계약 관계의 성립 여부를 판단해야 하기 때문이다.

정식으로 위임계약을 체결하지 않았다 하더라도, 변호사가 변호사법 등에 의해 일정한 의무를 부담하는 경우가 있다. 예컨대 변호사법 제26조에 의해 변호사는 직무상 알게 된 비밀을 공개해서는 안 되므로, 변호사는 잠재적 의뢰인과의 상담 과정에서 알게 된 정보를 누설해서는 안 된다. 이러한 변호사의 비밀유지의무에는 비밀의 이용 금지도 포함되므로, 변호사가 이 정보를 잠재적 의뢰인의 이익에 반하여 자신이나 제3자의 이익을 위해 이용하는 것도 금지된다(박휴상, 2013: 129; 한인섭 외, 2014: 143).

2) 수임활동의 제한

변호사가 법률시장에서 사적私的 용역 공급자로 일하는 이상 그 수임활동은 자유로워야 한다. 그런데 변호사법과 윤리규약 등에는 변호사의 수임활동(즉 위임계약의 청약 유인)에 대한 제한 규정이 있다. 이는 변호사 직무의 공공성과 품위, 수임활동을 자유롭게 허용할 경우 일어날 수 있는 부작용 등을 고려한 것이다.

예컨대 변호사는 법률사건이나 법률사무의 수임을 위하여 재판이나 수사 업무에 종사하는 공무원과의 연고緣故 등 사적인 관계를 드러내며 영향력을 미칠 수 있는 것으로 선전하여서는 안 되고, 같은 목적으로 법원·수사기관·교정기관 및 병원에 출입하거나 다른 사람을 파견하거나 출입 또는 주재하게 하는 것도 금지된다(법 제30조, 제35조). 그리고 재판기관 또는 수사기관의 소속 공무원이나 재판 또는 수사 업무에 종사하는 공무원이 그 기관에서 취급 중이거나 직무상 관련이 있는 법률사건 또는 법률사무의 수임에 관하여 당사자 및 관계인을 특정 변호사에게 소개하는 것도 금지된다(법 제36조, 제37조). 수임활동과 관련된 제한 규정은 7장에서 자세히 설명한다.

3) 변호사의 수임의무와 수임 거절

어떤 사건을 수임할 것인지는 변호사의 재량에 맡겨져 있다.[4] 변호사의 직무가 기본적 인권을 옹호하고 사회정의를 실현하는 공공성을 가지는 것임에도 불구하고 변호사에게는 의뢰인의 위임을 승낙해야 할 수임의무가 없다. 즉 변호사는 계약 체결의 자유를 갖는다(이상수, 2009: 124; 남효순, 2003: 308).

그런데 변호사가 기본적 인권의 옹호와 사회정의의 실현을 사명으로 하는 공공적 역할을 담당하고 있다는 점, 이를 위해 변호사에게 법률사무에 관한 독점권을 보장한다는 점 등을 고려할 때 변호사의 부당한 수임 거절은 시민의 사법 접근권을 제한하는 결과를 낳을 수 있다. 이 점에서 변호사는 수임해서는 안 될 적극적 이유가 없는 한, 의뢰인이 요청하는 업무를 수임할 도덕적 의무를 지닌다고 말할 수 있다(한인섭 외, 2014: 145). 특히 윤리규약 제16조 제1항 및 제2항에 의하면, 변호사는 의뢰인이나 사건의 내용이 사회 일반으로부터 비난을 받는다는 이유만으로 혹은 노약자, 장애인, 빈곤한 자, 무의탁자, 외국인, 소수자, 기타 사회적 약자라는 이유만으로 그 수임을 거절해서는 아니 된다.

4 의사 등 의료인의 경우에는 그렇지 않다. 예컨대 의료법 제15조 제1항은 "의료인은 진료나 조산 요청을 받으면 정당한 사유 없이 거부하지 못한다."고 규정하고 있다.

법률 등에 의해 변호사가 수임의무를 부담하는 경우가 있다. 변호사법 제27조 제2항은 "변호사는 법령에 따라 공공기관, 대한변호사협회 또는 소속 지방변호사회가 지정한 업무를 처리하여야 한다."고 규정하고, 윤리규약 제16조 제3항은 "변호사는 법원을 비롯한 국가기관 또는 대한변호사협회나 소속 지방변호사회로부터 국선변호인, 국선대리인, 당직변호사 등의 지정을 받거나 기타 임무의 위촉을 받은 때에는 이를 신속하고 성실하게 처리하고 다른 일반 사건과 차별하지 아니한다."고 규정하고 있다.[5]

변호사가 수임을 거절해야 하는 경우도 있다. 변호사는 변호사법과 윤리규약 등에서 정한 경우에는 수임을 거절해야 한다. 예컨대 변호사는 수임사건의 상대방이 위임하는 사건, 공무원 · 조정위원 또는 중재인으로서 직무상 취급하거나 취급하게 된 사건 등을 수임하여서는 아니 된다(법 제31조). 또한 위임의 목적 또는 사건처리의 방법이 현저하게 부당한 경우에는 당해 사건을 수임하지 아니한다(규약 제 21조).

자신이 의뢰인을 적절히 대리할 수 없다고 판단되는 경우에도 수임을 거절해야 한다. 변호나 대리 업무 등을 적절히 수행할 수 없는 사건을 함부로 수임하는 것은 변호사의 성실의무를 위반하는 것이기 때문이다. 다만 전문성이 떨어지거나 사전 지식이 부족한 경우라 하더라도, 다른 변호사의 조력을 받는다든지 스스로 연구와 노력을 한다는 것을 전제로 사건을 수임할 수는 있다. 또한 의뢰인이 파렴치범이라 하더라도 변호사는 그 사건을 수임해야 하지만, 그에 대한 개인적인 감정이 너무 나빠 성실한 변호를 할 수 없다고 판단되는 경우에는 수임을 거절해야 한다(최진안, 2014: 107; 한인섭 외, 2014: 145-146).

---

5 다만, 그 선임된 사건 또는 위촉된 사항이 이미 수임하고 있는 사건과 이해관계가 상반되는 등 정당한 사유가 있는 경우에는 그 취지를 알리고 이를 거절하여야 한다(규칙 제19조 제3항 단서).

4) 수임 장부의 작성, 선임서 등의 경유 및 제출

변호사는 수임에 관한 장부를 작성하고 보관하여야 한다. 그 장부에는 수임받은 순서에 따라 수임일, 수임액, 위임인 · 당사자 · 상대방의 성명과 주소, 수임한 법률사건이나 법률사무의 내용, 수임사건의 관할기관 · 사건번호 및 사건명, 처리 결과 등을 기재하여야 한다(법 제28조 제1항, 제2항, 시행령 제7조 제2항). 변호사는 법률사건 또는 법률사무에 관한 수임계약을 체결한 때부터 1개월 이내에 수임에 관한 장부를 작성하고, 그 작성일로부터 3년간 법률사무소에 보관하여야 한다(법 제28조 제3항, 시행령 제7조 제1항).

변호사는 매년 1월 말까지 전년도에 처리한 수임사건의 건수와 수임액을 소속 지방변호사회에 보고하여야 한다(법 제28조의2). 이 제도는 지방변호사회로 하여금 소속 변호사들의 사건 수임에 관하여 감독이 가능하도록 뒷받침함으로써 변호사 스스로가 구성원으로 된 자체 조직을 통하여 납세와 관련된 변호사의 행위에 대한 자기 통제를 할 수 있도록 하고, 변호사에 대한 사회적 신뢰를 형성하는 데 기여하기 위해 마련된 것이다.[6]

변호사가 재판이나 수사절차에서 대리인 또는 변호인으로서의 직무를 수행하기 위해서는 법원이나 수사기관에 변호인 선임서 또는 위임장 등을 제출해야 한다. 그렇지 않으면 재판에 계속 중인 사건과 수사 중인 형사사건(내사 중인 사건을 포함한다)에 대하여 변호하거나 대리할 수 없다(법 제29조의2). 이와 관련하여 윤리규약 제23조 제1항은 "전화, 문서, 방문 기타 어떠한 방법으로도 변론활동을 하지 아니한다"고 규정하고 있다.

선임서 또는 위임장의 제출 행위가 위임계약의 체결과 다르다는 점을 주의해야 한다. 예컨대 형사소송법상 변호인 선임의 효력은 위임계약의

---

6 헌법재판소 2009. 10. 29. 선고 2007헌마667 결정.

체결만으로는 발생하지 않고 변호인 선임서가 법원 또는 수사기관에 제출·접수된 때에 비로소 발생한다.[7] 형사소송법상 변호인의 선임이란 변호인 선임권자가 피고인 또는 피의자의 사건에 관해 변호사 또는 법무법인 등을 변호인으로 선임하고 그 사건을 담당하는 법원 또는 수사기관에 일정한 방식으로 신고하는 소송행위를 말한다. 그 전제가 되는 선임권자와 변호사 간의 위임계약 등 사법상의 행위는 여기서의 선임행위에 해당하지 않는다(법원행정처, 2008: 91). 따라서 형사소송법상 정당한 변호인으로 활동하려면 변호인 선임서를 제출해야 한다(배호근, 2007: 511-512).

변호사가 법률사건이나 법률사무에 관한 변호인 선임서 또는 위임장 등을 공공기관에 제출할 때에는 사전에 소속 지방변호사회를 경유하여야 한다. 사전에 경유할 수 없는 급박한 사정이 있는 경우에는 변호인 선임서나 위임장 등을 제출한 후 지체 없이 공공기관에 소속 지방변호사회의 경유 확인서를 제출하여야 한다(법 제29조, 규약 제23조 제2항).

3. 수임사무의 내용

1) 변호사의 일반적 직무

변호사법 제3조에 의하면, 변호사는 당사자나 그 밖의 관계인의 위임이나 국가·지방자치단체와 그 밖의 공공기관의 위촉 등에 의하여 소송에

7 "변호인선임신고서를 제출하지 아니한 변호인이 변호인 명의로 정식재판청구서만 제출하고, 형사소송법 제453조 제1항이 정하는 정식재판청구기간 경과 후에 비로소 변호인선임신고서를 제출한 경우, 변호인 명의로 제출한 위 정식재판청구서는 적법·유효한 정식재판청구로서의 효력이 없다 […] 할 것이고, […] 변호인선임신고서는 특별한 사정이 없는 한 원본을 의미한다"(대법원 2005. 1. 20. 자 2003모429 결정).

관한 행위 및 행정처분의 청구에 관한 대리행위와 일반 법률사무를 하는 것을 그 직무로 한다. 변호사법 제109조 제1호에서는 좀 더 구체적으로, ① 소송사건, 비송사건, 가사조정, 심판사건, ② 행정심판 또는 심사의 청구나 이의신청, 그 밖에 행정기관에 대한 불복신청사건, ③ 수사기관에서 취급 중인 수사사건, ④ 법령에 의하여 설치된 조사기관에서 취급 중인 조사사건, ⑤ 그 밖에 일반의 법률사건에 관하여 감정 · 대리 · 중재 · 화해 · 청탁 · 법률상담 또는 법률 관계 문서 작성, 그 밖의 법률사무를 취급하는 것으로 규정하고 있다.[8] 여기서 "법률사건"이란 법률상의 권리 · 의무에 관하여 다툼 또는 의문이 있거나 새로운 권리의무 관계의 발생에 관한 사건 일반을 뜻한다.[9] "법률사무"는 법률사건에 관하여 그 분쟁이나 논의의 해결을 위하여 행하여지는 것으로서,[10] 구체적으로는 감정 · 대리 · 중재 · 화해 · 청탁 · 법률상담 또는 법률관계 문서의 작성 및 당사자를 조력하는 기타의 방법 등이 있다(하명호, 2006: 371-372).

결국 변호사의 직무는 법률사건에 관한 법률사무를 행하는 것으로서, 법률상의 권리 · 의무에 관해 다툼 또는 의문이 있거나 새로운 권리의무 관계의 발생에 관한 사건 일반에 관하여, 그 분쟁이나 논의의 해결을 위해 법률상의 효과를 발생, 변경 또는 보전하는 사항을 감정 · 대리[11] · 중재 ·

8 판례와 통설은 변호사법 제3조에서 정한 변호사의 직무 범위와 제109조 제1호 소정의 비변호사의 취급 금지 업무 범위가 같다고 본다(민중기, 2000, 203-204; 하명호, 2006: 370).

9 대법원 1998. 8. 21. 선고 96도2340 판결, 2001. 8. 21. 선고 2001도1316 판결, 2001. 11. 27. 선고 2000도513 판결.

10 대법원 1995. 2. 14. 선고 93도3453 판결, 1998. 2. 24. 선고 97도2718 판결, 1999. 12. 24. 선고 99도771 판결.

11 여기서의 '대리'에는 본인의 위임을 받아 대리인의 이름으로 법률 사건을 취급하는 법률상의 대리뿐만 아니라, 법률적 지식을 이용하는 것이 필요한 행위를 본인을 대신하여 행하거나, 법률적 지식이 없거나 부족한 본인을 위하여 사실상 사건의 처리를 주도하면서 그 외부적인 형식만 본인이 직접 행하는 것처럼 하는 등으로 대리의 형식을 취하지 않고 실질적으로 대리가 행하여지는 것과 동일한 효과를 발생시키고자 하는 경우도 포함된다(대법원 2007. 6. 28.

화해 · 청탁 · 법률상담 또는 법률관계 문서의 작성 및 당사자를 조력할 수 있는 기타의 방법 등으로 처리하는 것이라 할 수 있다.[12] 변호사법 제109조 제1호가 보호하는, 변호사의 직무는 법률상 전문지식에 기하여 제공되는 소송 및 행정처분의 청구에 관한 대리행위와 기타 법적 서비스를 처리하는 것이고, 법률사건에 관한 일체의 사무를 취급하는 것을 의미하지는 않는다는 점을 주의할 필요가 있다. 변호사법 제109조 제1호가 금지하는 비변호사의 행위는 변호사라면 할 수 있는 법률사무에 한정된다.[13] 예컨대 위 제109조 제1호 소정의 '감정'은 법률상의 전문지식에 기하여 구체적인 사안에 관하여 판단을 내리는 행위를 뜻하므로, 아파트 관리 및 하자 보수를 목적으로 하는 회사가 아파트 하자 내역에 관한 하자보고서를 작성한 것은, 설령 그 하자보고서를 소송에 필요한 자료 제공의 일환으로 작성하였다 하여도 그것만으로는 변호사법 위반죄로 처벌할 수는 없다.[14] 나아가 변호사법 제109조 제1호는 실비변상을 넘는 경제적 이익을 받고 법률사무를 취급하는 것을 금지하는 것이므로, 무료 또는 단순히 실비변상만을 받

선고 2006도4356 판결, 2010. 2. 25. 선고 2009도13326 판결). 예컨대 법무사가 의뢰인으로부터 건당 일정한 수임료를 받고 개인파산 사건 등을 수임하여 사실상 그 사건의 처리를 주도하면서 사건의 신청 및 수행에 필요한 모든 절차를 실질적으로 대리하거나(대법원 2007. 6. 28. 선고 2006도4356 판결) 부동산중개업자가 부동산 경매 사건에서 일반인으로부터 경제적 이익을 받고 입찰 가격을 정해주고 입찰표를 작성해 주는 등 거의 모든 경매 과정에 관여하여 경매 부동산을 경락받도록 하는 행위(대법원 2001. 4. 13. 선고 2001도790 판결)는 변호사법 제109조 제1호 소정의 대리에 해당한다

12 대법원 1995. 2. 14. 선고 93도3453 판결, 1998. 8. 21. 선고 96도2340 판결, 2001. 11. 27. 선고 2000도513 판결, 2006. 5. 11. 선고 2003두14888 판결.

13 대법원 1998. 4. 12. 선고 86도5 판결, 1998. 8. 21. 선고 96도2340 판결, 2001. 11. 27. 선고 2000도513 판결, 2005. 5. 27. 선고 2004도6676 판결, 2006. 5. 11. 선고 2003두14888 판결, 2007. 6. 28. 선고 2006도4356 판결, 2008. 2. 28. 선고 2007도1039 판결, 2009. 4. 23. 선고 2007도3587 판결, 2009. 10. 15. 선고 2009도4482 판결, 2010. 7. 15. 선고 2010도2527 판결.

14 대법원 2007. 9. 6. 선고 2005도9521 판결.

고 법률사무를 취급한 행위는 처벌되지 않는다.[15]

〈대법원 2006. 5. 11. 선고 2003두14888 판결〉

변호사법 제3조에 의하면, 변호사의 직무는 소송에 관한 행위와 행정처분의 청구에 관한 대리행위 및 일반 법률사무로 나누어지고, 변호사법 제109조 제1호에서는 이를 좀 더 구체적으로 소송사건 · 비송사건 · 가사조정 또는 심판사건 · 행정심판 또는 심사의 청구나 이의신청 기타 행정기관에 대한 불복신청사건, 수사기관에서 취급 중인 수사사건 또는 법령에 의하여 설치된 조사기관에서 취급 중인 조사사건 기타 일반의 법률사건에 관하여 감정 · 대리 · 중재 · 화해 · 청탁 · 법률상담 또는 법률관계 문서 작성 기타 법률사무를 취급하는 것으로 규정하고 있는 바, 위 변호사법 각 규정의 취지에 의하면, 변호사의 직무는 법률사건에 관한 법률사무를 행하는 것으로서, 법률상의 권리 · 의무에 관하여 다툼 또는 의문이 있거나 새로운 권리의무 관계의 발생에 관한 사건 일반에 관하여, 그 분쟁이나 논의의 해결을 위하여 법률상의 효과를 발생, 변경 또는 보전하는 사항을 감정 · 대리 · 중재 · 화해 · 청탁 · 법률상담 또는 법률관계 문서 작성 및 당사자를 조력할 수 있는 기타의 방법 등으로 처리하는 것이라 할 수 있고 [···] 위와 같은 변호사의 직무는 법률상 전문지식에 기하여 제공되는 소송 및 행정처분의 청구에 관한 대리행위와 기타 법적 서비스를 처리하는 것이라고 하여야 할 것이며, 법률사건에 관한 일체의 사무를 취급하는 것을 의미하는 것은 아니라고 할 것이다.

변호사의 일반적 직무 범위와 관련하여, 변호사가 공인중개사 등록 신

15 대법원 1995. 2. 14. 선고 93도3453 판결, 1996. 5. 10. 선고 95도3120 판결.

청을 할 수 있는지가 문제된 적이 있다. 즉 개업 변호사인 A가 관할구청장에게 부동산중개사무소 개설 등록 신청을 하자, 위 구청장은 「공인중개사의 업무 및 부동산 거래신고에 관한 법률」의 취지에 비추어 부동산중개사무소의 등록은 위 법률상의 공인중개사 또는 법인이거나 다른 법률의 규정에 의해 부동산중개업을 할 수 있는 경우에만 가능하다는 것을 근거로 위 신청을 반려했고, 소송에서 그 반려처분의 적법성 여부가 문제되었다.

위 사건에서 A 변호사가 공인중개사나 법인이 아닌 것은 명백하므로, 결국 쟁점은 A 변호사가 변호사법에 기하여 부동산중개업을 할 수 있는지 여부였다. 그런데 변호사법상 변호사의 직무 범위는 어느 정도의 법률상 전문지식에 기하여 제공되는 소송 및 행정처분의 청구에 관한 대리행위와 법적 서비스에 관한 사무로 제한되는 바, 이 점에서 거래당사자의 행위를 사실상 보조하는 업무를 수행하는 데 그치는 「공인중개사의 업무 및 부동산 거래신고에 관한 법률」상의 중개행위와는 구별된다. 또한 변호사에게 부동산중개업이 허용된다고 한다면, 변호사 직무의 독립성을 해할 염려가 있을 뿐만 아니라 비밀유지의무, 이익충돌회피의무 등 변호사의 신분상·직무상 의무를 규정한 변호사법의 입법취지와 상충될 여지도 있다.[16] 따라서 변호사가 의뢰인으로부터 위임받은 법률사무를 처리할 때 부수되는 중개 업무 또는 중개와 관련된 사무를 수행하는 것은 가능하지만, 법률사무와는 전혀 관계없는 순수한 중개활동을 수행하는 것은 허용되지 않는다(하명호, 2006: 378).[17] 결국 위 구청장의 반려처분은 적법하다.

---

16 대법원 2006. 5. 11. 선고 2003두14888 판결.

17 한편 변호사는 세무사 자격을 가지며 변호사법 제3조에 따라 변호사의 직무로서 행하는 경우에 세무 대리 업무를 할 수 있지만, 세무사 자격시험에 합격하지 않은 변호사는, 원칙적으로, 세무사 자격을 가졌더라도 세무사등록부에 세무사로 등록할 수 없고 세무사란 명칭을 사용할 수 없다(헌법재판소 2008. 5. 29. 선고 2007헌마248 결정; 대법원 2012. 5. 24. 선고 2012두1105 판결).

2) 수임사건에서 변호사의 직무 범위

구체적인 법률사건에서 변호사가 해야 할 법률사무의 범위는 변호사와 의뢰인 사이의 위임계약에 의하여 정해진다. 변호사에게 이와 같은 위임의 범위를 넘어서서 의뢰인의 재산 등 권리의 옹호에 필요한 모든 조치를 취해야 할 일반적인 의무는 없다.[18]

수임사무의 내용을 정할 때 소송위임장은 그 기준이 되지 않는다. 소송위임장이란 민사소송법상 소송대리인의 권한을 증명하는 전형적 서면인바, 여기서의 소송위임(수권행위)은 소송대리권의 발생이라는 소송법상의 효과를 목적으로 하는 단독 소송행위로서 의뢰인과 변호사 사이의 사법상 위임계약과는 성격이 다르다(형사소송법상 선임행위에 대한 앞의 설명 참조). 의뢰인과 변호사 사이의 권리의무는 수권행위가 아닌 위임계약에 의해 발생하므로, 변호사가 처리의무를 부담하는 사무의 범위 역시 변호사와 의뢰인 사이의 위임계약에 의해 정해진다(법률사무 처리의무의 구체적 내용은 설명의 편의를 위해 소송 업무와 연결하여 9장에서 별도로 살펴본다).[19]

〈대법원 1997. 12. 12. 선고 95다20775 판결〉

통상 소송위임장이라는 것은 민사소송법 제81조 제1항에 따른 소송대리인의 권한을 증명하는 전형적인 서면이라고 할 것인데, 여기에서의 소송위임(수권행위)은 소송대리권의 발생이라는 소송법상의 효과를 목적으로 하는 단독 소송행위로서 그 기초관계인 의뢰인과 변호사 사이의 사법상의 위임계약과는 성격을 달리하는 것이고, 의뢰인과 변호사 사이의 권리의무는

18 대법원 2002. 11. 22. 선고 2002다9479 판결, 2004. 5. 14. 선고 2004도7354 판결.

19 대법원 1997. 12. 12. 선고 95다20775 판결.

수권행위가 아닌 위임계약에 의하여 발생하는 것이다. 민사소송법 제82조 제1항이 "소송대리인은 위임받은 사건에 관하여 반소, 참가, 강제집행, 가압류, 가처분에 관한 소송행위와 변제의 영수를 할 수 있다."고 규정하고, 제3항이 "변호사의 소송대리권은 제한하지 못한다."고 규정하고 있으나, 위 각 규정은 소송절차의 원활 · 확실을 도모하기 위하여 소송법상 소송대리권을 정형적 · 포괄적으로 법정한 것에 불과하고 변호사와 의뢰인 사이의 사법상의 위임계약의 내용까지 법정한 것은 아니므로, 본안소송을 수임한 변호사가 그 소송을 수행함에 있어 강제집행이나 보전처분에 관한 소송행위를 할 수 있는 소송대리권을 가진다고 하여 의뢰인에 대한 관계에서 당연히 그 권한에 상응한 위임계약상의 의무를 부담한다고 할 수는 없고, 변호사가 처리의무를 부담하는 사무의 범위는 변호사와 의뢰인 사이의 위임계약의 내용에 의하여 정하여진다고 할 것이다.

4. 성실의무

변호사는 의뢰인이 원하는 바를 이룰 수 있도록 성실하게 직무를 수행해야 한다. 이것을 흔히 변호인의 '성실의무'라고 한다. 성실의무와 관련하여 변호사법 제1조 제2항은 "변호사는 그 사명에 따라 성실히 직무를 수행 [⋯] 하여야 한다", 윤리강령 제2호는 "변호사는 성실 · 공정하게 직무를 수행 [⋯] 한다", 윤리규약 제13조 제1항은 "변호사는 의뢰인에게 항상 친절하고 성실하여야 한다", 제2항은 "변호사는 업무처리에 있어서 직업윤리의 범위 안에서 가능한 한 신속하게 의뢰인의 위임목적을 최대한 달성할 수 있도록 노력한다"라고 규정하고 있다.

성실의무는 윤리적 의무이자 법적 의무이다. 변호사가 무능력, 불성실,

태만 등으로 의뢰인에게 손해를 끼친 경우에는 그 손해를 배상해야 한다(박휴상, 2013: 169-170; 최진안, 2014: 116).

일반적으로 위임계약의 수임인은 위임의 본지에 따라 선량한 관리자의 주의의무(선관의무)를 다해야 한다(민법 제681조). 성실의무는 위임계약상 선관의무가 변호사의 법률 전문직으로서의 지위와 공공성에 의해 가중된 것이다(박휴상, 2013: 162; 이상수, 2009: 119). 법률사무를 위임받은 변호사는 그 수임사무를 수행할 때 전문적인 법률지식과 경험에 기초하여 성실하게 의뢰인의 권리를 옹호할 의무가 있다.[20] 변호사는 법률 전문가로서 전문적인 지식·기능에 상응하는 고도의 주의의무를 기울여 법률사무를 수행해야 한다. 변호사가 의뢰인에게 제공하는 법률 정보는 전문가로서의 변호사에 대한 의뢰인의 신뢰에 상응하는 정밀·정확한 것이어야 하고, 법적 조언은 당시의 객관적 법 상태에 비추어 합리적이고 납득할 수 있는 것이어야 한다(양창수, 2003: 327-329).

성실의무는 변호사가 부담하는 설명의무, 진실의무, 비밀유지의무, 이익충돌회피의무 등의 근거이다(조무제, 2010: 65). 성실의무는 변호사 업무의 각 영역에서 폭넓게 요구된다. 예컨대 ① 사건을 수임하면 신속히 착수하고 지체 없이 처리해야 하며, ② 필요에 따라 사건의 경과 등을 보고·협의하고, ③ 필요한 법령 등을 철저히 조사하여 의뢰인의 권리와 이익을 실현하도록 노력해야 한다. ④ 수임사무 종료 시에는 사건 처리의 상황 등에 관해 설명하고 예탁금 등을 반환해야 한다[21](성실의무의 구체적 내용은 설명의 편의를 위해 소송 업무와 연결하여 9장에서 별도로 살펴본다).[22]

---

20 대법원 2002. 11. 22. 선고 2002다9479 판결, 2004. 5. 14. 선고 2004다7354 판결.

21 서울고등법원 2005. 1. 4. 선고 2004나63424 판결(박휴상, 2013: 163에서 재인용).

22 변호사의 본질적 역할은 의뢰인의 대리인으로서의 역할이다. 변호사법은 대리행위를 변호사 직무의 근간으로 규정하고 있다(법 제3조). 이 점에서 소송 업무의 대리를 중심으로 변호사의 성실의무를 설명하는 것이 독자의 이해를 돕는 데 도움이 된다(이상수, 2009: 104).

성실의무는 변호사 윤리의 핵심이다. 시민들이 변호사를 찾는 이유는 그가 법률 전문가이기 때문이다. 국가는 엄격한 요건을 갖춘 사람에게만 제한적으로 변호사 자격을 부여함으로써 변호사가 제공하는 법률서비스의 질적 수준을 보장한다. 그런데 변호사 자격을 가지고 있다는 점이 곧바로 양질의 법률서비스의 제공과 연결되지는 않는다. 변호사가 수임사무를 성공적으로 처리하기 위해서는 단순히 법률과 판례를 아는 것 외에도 이들을 문제된 구체적 사안에 적용하여 해결할 수 있는 문제 해결 능력과 성실함이 필요하다(한인섭 외, 2014: 162).

법률 전문가로서 변호사가 직업 윤리적 책임을 완수하는 첫 번째 단계는 자신이 맡은 업무를 유능하게 수행하는 것이다. 의뢰인이 원하는 것은 '착한 변호사'가 아니라 '유능한 변호사'라는 점을 명심해야 한다. 우리가 질병을 치료하기 위해 병원에 가는 경우를 생각해 보면, 이는 쉽게 이해할 수 있다. 그때 우리가 찾는 의사는 착한 의사가 아니라 나 또는 내 가족의 병을 치료할 수 있는 능력과 지식, 의욕을 갖춘 의사이다.

따라서 변호사는 자신의 직업적 전문 지식을 함양하기 위해 항상 노력해야 한다. 이런 점을 고려하여 윤리규약 제2조 제4항은 "변호사는 법률전문직으로서 필요한 지식을 탐구하고 윤리와 교양을 높이기 위하여 노력한다"고 규정하고 있다. 이렇듯 변호사의 전문성과 윤리의식을 제고하기 위하여, 변호사법 제85조는 변호사에게 변호사협회가 실시하는 연수교육을 의무적으로 받을 것을 요구하고 있다. 변호사는 특별한 사유가 없는 한[23] 대한변협이나 지방변호사회 또는 그 지정 기관 · 단체가 실시하는 연수교

23 변호사법 제85조 제1항은 질병 등으로 인하여 정상적인 변호사 업무를 수행할 수 없는 경우, 휴업 등으로 인하여 연수교육을 받을 수 없는 정당한 사유가 있는 경우, 고령으로 인하여 연수교육을 받기에 적당하지 아니한 경우로서 대한변협이 정하는 경우 등은 연수교육을 받지 않을 수 있다고 규정하고 있다.

육에 참가해야 한다(법 제85조 제2항). 대한변협은 변호사가 법학 관련 학술대회에 참여한 경우에 연수교육을 받은 것으로 인정할 수 있다(법 제85조 제3항). 연수교육은 변호사 전원을 대상으로 한 일반연수와 희망하는 변호사를 대상으로 실시하는 특별연수로 구분되고, 일반연수는 매년 1회 이상 정기적으로 실시된다(변호사연수규칙 제3조, 제4조). 변호사는 법조윤리 과목 1시간을 포함하여 8시간 이상 연수교육을 받아야 한다(시행령 제17조의2).

한편, 변호사가 의뢰인이 요구하는 모든 업무를 성실하게 처리해야 하는 것은 아니다. 변호사는 의뢰인의 범죄행위, 기타 위법행위에 협조하지 아니한다. 직무 수행 중 의뢰인의 행위가 범죄행위, 기타 위법행위에 해당된다고 판단된 때에는 즉시 그에 대한 협조를 중단한다(규약 제11조 제1항). 또한 변호사는 범죄혐의가 희박한 사건의 고소, 고발 또는 진정 등을 종용하지 아니한다(규약 제11조 제2항).

5. 변호사와 의뢰인 간의 권한 배분

위임관계의 본질에 비추어 볼 때, 변호사나 의뢰인은 서로에게 종속되지 않는다. 변호사는 의뢰인의 요구와 지시에 따라야 하지만, 한편으로는 독립적인 지위에서 법률적 판단을 행한다. 변호사는 독립하여 자유롭게 직무를 행하는 자로서 업무 수행에 있어서 많은 재량을 가진다(법 제2조). 변호사는 의뢰인의 구체적 지시를 기다리지 않고 소송의 내용과 진행 상황에 따라 필요한 조치를 해야 하고 또 할 수 있어야 한다. 이러한 변호사의 재량권은 위임의 본지 또는 의뢰인의 이익이라는 관점에서 보아 적절하게 행사되어야 한다. 변호사는 위임인의 지시가 위임계약의 본지에 반하거나 지시 내용이 위임인에게 불리한 경우에는 그 사실을 알리고 변경해 줄 것을 요구할 수 있다(전경운, 2004: 217). 만일 통지를 할 수 없는 급박한 사정이 있는 때에는 의뢰인의 지시를 따르지 않고 위임의 취지에 적합하게 사무를 처리할 수 있다(남효순, 2003: 311).

변호사가 판단하는 의뢰인의 최대 이익과 의뢰인이 생각하는 그것이 다른 경우에는 누구의 판단에 따라야 할까? 즉 의뢰인의 지시가 위임의 취지에 적합하지 않거나 의뢰인에게 불리한 경우에도 변호사는 이를 따라야 할까? 혹은 변호사가 수임사무와 관련한 중요한 결정을 의뢰인과 상의 없이 단독으로 행할 수 있을까? 예컨대 소송 계속 중인 사건과 관련하여 변호사가 일방적으로 의뢰인을 대신해서 혹은 의뢰인의 의사에 반하여 화해의 합의를 할 수 있을까?

이와 관련해서는 변호사의 재량권을 중시하는 입장과 의뢰인의 자기 결정권을 중시하는 입장이 대립한다. 후자의 입장에 따를 경우, 변호사가 화해 등과 같이 소송상 중요한 결정을 의뢰인의 의사를 묻지 않거나 무시한 채 하는 것은 불법행위를 구성할 수 있다. 이에 관한 법령이나 판례는 없지만, 윤리규약에서는 다음과 같이 규정하고 있다. ① 변호사는 의뢰인의 구체적인 수권 없이 소 취하, 화해, 조정 등 사건을 종결시키는 소송행위를 하지 아니한다(규약 제15조). ② 변호사는 의뢰인의 요청이나 요구가 변호사의 품위를 손상시키거나 의뢰인의 이익에 배치된다고 인정하는 경우에는 그 이유를 설명하고 이에 따르지 않을 수 있다(규약 제28조 제2항). 이에 따르면, 사건 자체의 존속과 관련된 사항은 의뢰인의 의사에 따라야 하지만, 그 사건의 성공을 이루기 위해 필요한 수단과 방법과 관련해선 변호사에게 일정 범위의 재량권이 인정된다(최진안, 2014: 111).

6. 선임 관계의 해소

변호사와 의뢰인의 관계는 수임사무가 끝나면 해소된다. 그러나 경우에 따라서는 그 전에 변호사와 의뢰인 관계가 해소될 수 있다. 사망, 파산 등과 같은 법정 종료 사유 외에도 위임계약의 각 당사자는 언제든지 계약을 해소할 수 있기 때문이다(민법 제689조, 제690조 제1항; 한인섭 외, 2014: 154-155). 법률행위로 인한 변호사와 의뢰인 관계의 해소는 변호사와 의뢰인 간의 합의에 의한 것과 의뢰인의 단독행위인 해임, 변호사의 단독행위인 사임 등으로 구분할 수 있다.

첫째, 당사자들은 합의에 의해 자유롭게 위 관계를 해소할 수 있다. 이 경우에는 그 합의에 따라 수임사무 종결 후의 법률관계를 처리하면 된다.

둘째, 의뢰인이 변호사를 해임하는 것도 일반적으로 허용된다. 의뢰인은 변호사에게 해임 사유를 설명할 필요 없이 자유롭게 변호사를 해임할 수 있다.

셋째, 변호사도 원칙적으로 사임의 자유가 있지만, 변호사 선임 계약의 특성상 일정한 제약이 있다. 왜냐하면 변호사 선임 계약은 그 변호사에 대한 신뢰에 기초하여 체결된 경우가 많고 사임 즉시 대체 변호사를 찾는 것이 쉽지 않기 때문이다(박휴상, 2013: 152-153). 이런 점 때문에 사건을 수임한 이상 변호사는 의뢰인에게 중대한 손해를 입히지 않는다는 조건 하에서만 사임할 수 있다.[24]

의뢰인에게 손해가 생기는지와 상관없이 사임이 허용되는 경우도 있다. 예컨대 의뢰인이 약정한 보수를 지급하지 않은 경우, 의뢰인이 소송의 진

---

24 위임계약의 당사자 일방이 부득이한 사유 없이 상대방의 불리한 시기에 해지한 때에는 그 손해를 배상하여야 한다(민법 제689조 제2항).

행에 협조하지 않는 경우, 의뢰인과 변호사 사이의 신뢰관계가 더 이상 유지될 수 없는 경우 등이 그러하다. 나아가 이익충돌 상황이 발생하거나 변론을 계속하는 것이 불법행위를 구성하는 경우, 혹은 변호사의 입장에서 성실한 대리를 할 수 없는 사정이 발생한 때에 변호사는 사임해야 한다(박휴상, 2013: 154-157; 한인섭 외, 2014: 155).

어떤 이유로 사임하든, 변호사는 의뢰인에게 사임에 따른 부당한 손실을 끼치지 않도록 배려해야 한다. 통상 사전에 상당한 기간을 두어 사임을 통지하고, 그 시점 역시 의뢰인에게 중대한 손해가 발생하지 않도록 노력해야 한다. 의뢰인이 희망하는 경우에는 그 의뢰인이 다른 변호사의 조력을 얻는 데 필요한 조치를 취해야 한다(규약 제25조 제2항; 박휴상, 2013: 158; 한인섭 외, 2014: 155).

위임관계가 종료한 후에도 변호사는 의뢰인에 대해 비밀유지의무, 이익충돌회피의무 등 일정한 의무를 부담한다.

5장

변호사의 비밀유지의무

1. 총설

변호사의 비밀유지의무는 법적 의무이자 윤리적 의무이다. 변호사법 제26조는 "변호사 또는 변호사이었던 자는 그 직무상 알게 된 비밀을 누설하여서는 아니 된다. 다만, 법률에 특별한 규정이 있는 경우에는 그러하지 아니하다."라고,[1] 윤리규약 제18조 제1항은 "변호사는 직무상 알게 된 의뢰인의 비밀을 누설하거나 부당하게 이용하지 아니한다."라고 규정하고 있다. 형법 제317조는 변호사나 그 직무상 보조자 또는 그 직에 있던 자가 업

1 한편 변호사법 제89조의7은 "윤리협의회의 위원 · 간사 · 사무직원 또는 그 직에 있었던 자는 업무 처리 중 알게 된 비밀을 누설하여서는 아니 된다."고 규정하고 있다. 공직에서 퇴임한 변호사 및 특정변호사(변호사법시행령에서 정하는 수 이상의 사건을 수임한 변호사)의 사건 수임자료 및 처리 결과가 법조윤리협의회에 제출되는 경우가 있으므로, 이에 따른 비밀 누설을 막기 위해 비밀유지의무를 규정한 것이다.

무 처리 중 지득한 타인의 비밀을 누설하는 행위를 처벌하고 있다(정인진, 2008: 136-137).

민사소송법과 형사소송법은 증언이나 문서제출명령 혹은 압수 등과 관련하여 변호사의 비밀유지권을 규정하고 있다. 형사소송 및 민사소송에서 변호사는 직무상 알게 된 비밀에 대한 증언을 거부할 수 있으며 업무상 위탁을 받아 소지·보관한 것 중 비밀에 관한 것은 그 문서의 제출이나 압수를 거부할 수 있다(이상수, 2009: 157). 민사소송법 제315조 제1항 제1호에 의하면, 변호사나 변호사이었던 사람이 직무상 비밀에 속하는 사항에 대하여 신문을 받을 때 증언을 거부할 수 있다. 그리고 민사소송법 제344조 제1항 제3호는 문서제출의무와 관련하여 변호사 등의 직무상 비밀에 속하는 사항이 적혀 있고 비밀을 지킬 의무가 면제되지 아니한 문서에 대해서는 문서 제출을 거부할 수 있다고 규정하고 있다. 형사소송법 제149조에 의하면, 변호사 또는 변호사이었던 자는 본인의 승낙이 있거나 중대한 공익상 필요가 있는 경우를 제외하곤, 그 업무상 위탁을 받은 관계로 알게 된 사실로서 타인의 비밀에 관한 것은 증언을 거부할 수 있다. 같은 맥락에서 형사소송법 제112조는 변호사 등이 업무상 위탁을 받아 소지 또는 보관하는 물건으로 타인의 비밀에 관한 것은 압수를 거부할 수 있고, 그 타인의 승낙이 있거나 중대한 공익상 필요가 있는 때에는 예외로 한다고 규정하고 있다. 소송법상 증언거부권을 행사할 수 있음에도 변호사가 이를 행사하지 않고 의뢰인 등의 비밀에 관해 증언한다면, 그 행위는 윤리규약의 비밀유지의무를 위반한 것으로 취급된다(정인진, 2008: 137, 150).[2]

---

2 한편, 법원은 변호사의 비밀유지권에 관한 형사소송법 규정으로부터, 아직 수사나 공판 등 형사절차가 개시되지 아니하여 피의자 또는 피고인에 해당한다고 볼 수 없는 사람이 일상적 생활관계에서 변호사와 상담한 법률자문에 대하여도 변호인의 조력을 받을 권리의 내용으로서 그 비밀의 공개를 거부할 수 있는 의뢰인의 특권을 도출할 수는 없다고 판시한 바 있다(대법원 2012. 5. 17. 선고 2009도6788 전원합의체 판결).

의뢰인에 대한 관계에서도 변호사의 비밀유지권은 제한적이나마 존재한다. 원칙적으로 변호사는 의뢰인이 요구하면 당해 사건에 관한 모든 정보를 제공해야 한다. 그러나 이러한 정보 제공 의무는 직업윤리적 한계를 가진다. 예컨대 변호사가 수임사건에 관한 개인적인 인상을 메모한 것이나 직접 수집한 관련 사정에 관해 기록한 것 등은 의뢰인이 반드시 알아야 할 것은 아니다(박상근, 2003: 249).

2. 비밀유지의무의 근거

변호사는 수임사무의 처리 과정에서 남에게 알려질 경우 의뢰인에게 불리하거나 의뢰인을 곤경에 빠뜨릴 수 있는 정보를 얻게 된다. 그와 같은 정보는 의뢰인을 효과적으로 변호하고, 의뢰인에게 적절한 법률적 조언을 하기 위해 필요한 것이다. 대부분의 의뢰인은 변호사로부터 받아야 할 법률서비스가 무엇인지를 정확히 파악하지 못한 상태에서 법률사무소에 온다. 의뢰인이 처한 상황이 법률적으로 어떤 의미가 있는지, 어떻게 법률적으로 대응할지는 변호사와의 상담을 통해 비로소 분명해진다(이상수, 2009: 151). 변호사는 의뢰인에게 닥친 상황을 정확하고 폭넓게 알아야만 법적 조언을 할 수 있다. 따라서 의뢰인이 안심하고 주저 없이 변호사에게 모든 사실을 털어놓는 것은 변호사의 적절한 업무 처리를 위해 매우 중요한 전제 조건이다(정인진, 2008: 137-138).

변호사가 비밀을 지키는 것은 변호사와 의뢰인 사이에 신뢰관계를 구축하는 데 필수적 요소이다. 의뢰인이 변호사로부터 적절한 조력을 받기 위해서는 객관적으로 유리한 것뿐만 아니라 불리한 사실을 포함한 모든 정보를 변호사에게 제공해야 한다. 그 토대 위에서 변호사는 적절한 해결책을 찾을 수 있다. 의뢰인이 변호사를 신뢰하지 못해 민감한 정보를 털어놓지 않는다면, 변호사는 의뢰인이 처한 상황이나 문제를 정확히 파악할 수 없고 의뢰인을 위한 법적 조언이나 방안을 제공할 수 없게 된다. 이렇게 의뢰인이 모든 것을 털어놓기 위해서는 변호사에게 제공한 자신의 정보가 불리하게 사용되지 않으며 외부로 유출되지 않는다는 신뢰가 있어야 한다. 이 점에서 비밀유지의무는 의뢰인의 이익을 보호하기 위한 것이라고 말할 수 있다. 즉 시민들이 자신의 법률문제를 변호사의 도움을 받아 해결하도록 하기 위해 필수적인 장치가 비밀 보호이다(사법연수원, 2010: 326; 한인섭 외, 2014: 167).

변호사의 비밀유지의무는 진실에 기초한 변론을 가능하게 하는 제도적 보장책이며, 소송에서의 당사자주의 구조나 변론주의 등에 대한 보장책이다. 근대 사법 제도는 효과적인 변론 활동을 불가결한 요소로 삼아 성립했다. 효과적인 변론 활동을 위해서는 의뢰인의 변호사에 대한 신뢰가 필수적이고, 그 신뢰는 변호사가 비밀유지의무를 부담한다는 점과 국가로부터 독립하여 존재한다는 점에 의해 뒷받침된다. 예를 들어 소송의 한 당사자가 상대방 당사자의 변호사를 증인으로 신청하여 그 변호사와 상대방 사이에 오고 간 대화 내용을 증언으로 진술하도록 강제할 수 있다면, 현재의 소송 제도는 더 이상 유지되기 어려울 것이다(이상수, 2009: 72; 박상근, 2003: 249; 정인진, 2008: 137-138; 최진안, 2014: 134).

3. 비밀유지의무의 내용

변호사 또는 변호사이었던 자는 그 직무상 알게 된 비밀을 누설하거나 공개하여서는 안 된다(법 제26조, 규약 제18조 제1항). 법률사무소의 사무직원은 변호사법이나 윤리규약에서 정한 비밀유지의무는 없다. 다만 형사소송법 제317조의 업무상 비밀누설죄에서는 “변호사 […] 나 그 직무상 보조자”라고 규정하고 있어, 그 범위 내에서 변호사의 직무를 보조하는 직원이 비밀 누설을 한 경우 처벌될 수 있다(정인진, 2008: 148). 이러한 법률 규정과 상관없이 변호사는 사무직원을 채용할 때에 고용계약에 비밀유지의무를 명시하고 그 사실을 주지시켜야 한다(박상근, 2003: 250).

변호사가 지켜야 할 비밀이 무엇인지에 관해서는 변호사법이나 윤리규약에서 별도의 정의 규정을 두고 있지 않지만, 형법학의 논의를 빌려 비밀을 “일반적으로 알려져 있지 아니한 사실로서 이를 다른 사람에게 알리지 않는 것이 본인에게 이익이 되는 것”이라고 해석한다.

비밀이 성립하기 위한 요건과 관련하여 형법학에서는 본인이 주관적으로 비밀로 삼고자 하는 사실이면 족하다는 견해(주관설), 일반인이 객관적으로 비밀로 삼을 만하다고 보는 사실이어야 한다는 견해(객관설), 양자 모두를 비밀로 보아야 한다는 견해(소극적 절충설) 및 본인이 주관적으로 비밀로 삼고자 하는 사실로서 일반인도 객관적으로 비밀로 삼으려는 사실임을 요한다는 견해(적극적 절충설) 등이 대립한다. 변호사의 윤리적 의무로서의 비밀유지의무와 관련해서는 소극적 절충설이 타당하다(정형근, 2014: 343). 예컨대 의뢰인이 자신의 성적 취향에 관해 변호사에게 거리낌 없이 이야기하면서 특별히 이를 비밀로 삼고 싶지 않는다는 점을 분명히 했다고 하더라도, 변호사가 일반인의 관점에서 이를 공개하지 않는 것이 타당하다고 생각한다면 그 비밀을 지켜야 한다. 반대로 일반인의 관점에서 비밀이라고 볼 가치가 없더라도 의뢰인이 비밀로 해 줄 것을 요구한 사항이 있다면, 변호사는 이를 비밀로 취급해야 한다(정인진, 2008: 140-141).

비밀유지의무는 변호사가 직무상 알게 된 모든 것에 해당된다. 변호사가 누구로부터 어떻게 알게 되었는지는 상관없다. 의뢰인이나 제3자가 알려 준 것뿐만 아니라 변호사 스스로 알아낸 사실도 포함된다. 변호사가 직무 수행 중에 우연히 알게 된 사실도 마찬가지이다. 그러나 변호사가 직무상 알게 된 비밀이라 하더라도 자신의 수임사건과 관련이 없는 경우는 그렇지 않다.[3] 예를 들어 변호사가 법정에서 자신의 순서를 기다리다가 방청석에서 우연히 들은 사실에 대해서는 비밀유지의무가 없다. 공지의 사실 및 전혀 중요하지 않은 사실에 대해서도 비밀유지의무가 없다. 공지의 사실은 더 이상 보호될 수 없으며, 중요하지 않은 사실은 보호 가치가 없기 때문이다. 그러나 공지의 사실인지 여부나 중요성 여부가 분명하지 않은 경우에는 비밀유지의무가 있다(박상근, 2003: 250).

비밀유지의무의 인정 근거가 변호사와 의뢰인과의 신뢰관계를 위한 것이라는 점에 비추어 볼 때, 그에 의해 보호되는 비밀은 1차적으로 '의뢰인'의 비밀을 뜻한다(이상수, 2009: 160). 위임계약의 당사자와 수임사건의 본인이 다른 경우에는[4] 양자를 모두 의뢰인으로 취급해야 한다. 변호사가 고문계약이나 고용계약 등에 의해 계속적 법률사무의 제공을 약속한 사람이나 법인도 의뢰인에 포함된다. 따라서 사내 변호사가 단체나 법인의 위법행위를 알아 그 사실을 외부로 알리는 경우에는 비밀유지의무 위반 여부가 문제될 수 있다. 단순히 변호사와 법률상담을 한 사람에 대해서도 비밀유지의무를 부담할 수 있다. 즉 변호사가 고객과 사건 사무의 수임을 위한 상담을 했으나 위임계약을 체결하지 않은 경우, 그 과정에서 얻은 정보가 신뢰관계에 기한 의사소통 과정의 산물로 볼 수 있을 때에는 변호사에게

---

3 이에 대하여, 직무관련성의 경계가 모호하고 비밀유지의무가 의뢰인과 변호사 사이의 신뢰를 강화한다는 점을 고려한다면, 의뢰인으로부터 알게 된 것이라면 수임사건과 관계 없는 비밀도 널리 '직무상 알게 된 비밀'에 포함되어야 한다는 견해가 있다(이상수, 2009: 163).

4 예컨대 남편의 형사사건에 관해 그 처가 사건에 관한 위임계약을 체결한 경우, 차용금 채무의 주채무자를 상대로 한 대여금 청구사건에서 보증채무자가 소송의 당사자로 나서지 않으면서 위임계약을 체결한 경우이다.

비밀유지의무가 있다(정인진, 2008: 143).

비밀유지의무는 위임관계가 종료한 후에도 존속한다. 따라서 변호사는 새로운 사건을 수임함으로써 종전 의뢰인의 비밀이 노출되는 상황이 발생될 수 있는 경우에는 그 수임을 거절해야 한다. 이것은 이익충돌회피의무의 일종이기도 하다(정인진, 2008: 147).

비밀유지의무가 있는 경우 변호사는 비밀을 개시開示할 수 없다. 여기서의 개시는 불특정 다수의 제3자에 대한 것만을 뜻하는 것이 아니라, 특정인 또는 소수의 사람들에 대한 것도 포함한다(정인진, 2008: 147-148). 단지 비밀을 누설하거나 공개하는 것뿐만 아니라 이를 의뢰인의 이익에 반하여 부당하게 이용하는 것도 금지된다(규약 제18조 제1항).[5] 변호사가 공무를 수행하면서 알게 된 정부기관의 비밀을 업무처리에 이용하는 것도 금지된다(규약 제41조 제1항).

변호사는 직무와 관련하여 의뢰인과 의사교환을 한 내용이나 의뢰인으로부터 제출받은 문서 또는 물건을 외부에 공개하지 아니한다(규약 제18조 제2항). '의뢰인과 의사교환을 한 내용'에는 의뢰인과의 상담에서 들은 사실 또는 정보 등이, '의뢰인으로부터 제출받은 문서 또는 물건'에는 증거자료로서 의뢰인으로부터 받은 계약서 등이 해당할 것이다. 변호사는 직무를 수행하면서 작성한 서류, 메모, 기타 유사한 자료도 외부에 공개하지 아니한다(규약 제18조 제3항). 변호사가 직무 수행을 위해 작성한 소송서류, 의견서 등이 여기에 해당한다.

대한변협은 변호사의 법률 자문 등 관련 서류는 행정조사상의 일반적인 자료 제출 요구의 대상에서 제외된다고 회신한 바 있고,[6] 수임 경위 및 그

---

5 의뢰인의 동의가 없는 한, 의뢰인에게 불리하게 이용하지 않는 경우에도 그 비밀의 이용이 금지되어야 한다는 입장도 있다(박휴상, 2013: 184; 이상수, 2009: 166).

6 대한변협 2005. 5. 25. 법제 제1524호 질의회신.

수임 시 동행한 사람을 묻는 법원의 사실조회 요청과 관련해서도 그 내용이 변호사의 직무상 비밀에 속하는 사항이므로 변호사는 회신할 의무가 없다는 의견을 제시했다.[7]

4. 비밀유지의무의 면제

변호사의 비밀유지의무가 면제되는 경우가 있다. 변호사법 제26조 단서에 의하면, 법률에 특별한 규정이 있는 경우에는 비밀유지의무가 없다. 법률 규정이 없는 경우에도 윤리규약이나 해석 등에 의해 그 의무가 면제될 수 있다(박상근, 2003: 250).

첫째, 변호사가 의뢰인에게 들은 내용을 모두 비밀로 유지해야 한다면 의뢰인을 대리해 소송이나 협상을 하는 것은 사실상 불가능하다. 따라서 변호사가 의뢰인의 이익을 위해 하는 활동과 관련하여, 의뢰인으로부터 알게 된 정보를 사용하는 것은 허용된다. 변호사는 의뢰인의 업무를 처리하기 위해 같은 사무실의 동료 변호사나 사무직원에게 의뢰인의 비밀을 알려 줄 수 있다(한인섭 외, 2014: 170). 이 경우 해당 변호사 또는 사무직원은 그 비밀에 대해 앞에서 설명한 것처럼 비밀유지의무를 부담한다. 예컨대 법무법인 등의 구성원 변호사 및 소속 변호사는 정당한 이유가 없는 한 다른 변호사가 의뢰인과 관련하여 직무상 비밀유지의무를 부담하는 사항을 알게 된 경우에는, 이를 누설하거나 이용하지 아니한다. 이는 변호사가 해당 법무법인 등으로부터 퇴직한 경우에도 같다(규약 제47조).

둘째, 의뢰인이 변호사의 비밀유지의무를 면제시킬 수 있다. 형사소송

7 대한변협 2008. 2. 19. 법제 제477호 질의회신.

법 제149조 단서는 이를 '본인의 승낙이 있는 때', 윤리규약 제18조 제4항은 '의뢰인의 동의가 있는 경우'라고 표현하고 있다. 의뢰인의 비밀 공개에 대한 승낙은 의뢰인이 구체적으로 어떤 내용의 비밀을 공개하는지를 정확히 알고 정상적인 분별력과 판단력에 의해 이루어져야 한다(박상근, 2003: 251).

셋째, 의뢰인의 동의 없이 또는 의뢰인의 의사에 반하여 변호사가 비밀을 공개해야 할 경우도 있다. 가장 대표적인 것이 형사소송법 제149조 단서의 '중대한 공익상 필요'가 있는 때이다. 윤리규약 제18조 제4항도 공익상의 이유가 있으면 비밀을 공개할 수 있다고 규정하고 있다. 예컨대 현저히 중대한 범죄에 관한 정보가 여기에 해당한다(박상근, 2003: 251).

마지막으로, 변호사 자신의 권리를 옹호하기 위해 필요한 경우에는 비밀을 공개할 수 있다(규약 제18조 제4항). 의뢰인과의 선임 관계에서 발생한 변호사의 청구권을 확보하거나 반대로 의뢰인의 청구에 대해 방어하기 위한 경우, 또는 변호사가 자신이 연루된 사건에서 스스로를 지키기 위한 경우 등이 여기에 해당한다. 예컨대, 의뢰인이 변호사의 보수를 지급하지 않아서 변호사 보수 지급을 청구하는 소를 제기한 경우에 변호사는 보수청구권의 존재를 입증하기 위해 당해 수임사건에 관한 진술을 할 수 있다. 한편 제3자의 청구나 고소 · 고발의 경우에는 원칙적으로 변호사에게 비밀유지의무가 있다(박상근, 2003: 251).

변호사가 비밀유지의무가 면제되어 비밀을 개시하는 경우에도 상당성의 원칙은 지켜져야 한다. 따라서 그 경우 변호사는 최소한의 범위에서 이를 공개 또는 이용할 수 있다(규약 제18조 제4항). 예컨대 변호사는 약정한 보수를 받기 위해 불필요하게 중요한 비밀을 공개해서는 아니 된다(박상근, 2003: 251).

5. 형사 변호인의 비밀유지의무

앞에서 설명한 것처럼 비밀유지의무가 없다면, 의뢰인은 변호사를 신뢰할 수 없고 변호사는 의뢰인의 이익을 위해 가장 적절한 변호 수단을 찾아내기 어렵다. 이러한 요구는 형사 변호인의 경우 더욱 강하다. 형사 사건에서 다루는 정보는 민사소송의 경우에 비해 개인의 신상이나 프라이버시에 관련된 것이 많고 외부로 유출될 경우 명예훼손죄를 구성할 정도의 사실이기 때문이다. 이러한 이유로 형법은 변호사에 대해 업무상 비밀누설죄(제317조)를 두고 있고, 검찰 · 경찰 기타 범죄수사에 관한 직무를 행하는 자에 대해 피의사실공표죄(제126조)를 두고 있다(한인섭 외, 2014: 359).

형사 변호인과 관련하여 비밀유지의무가 문제되는 대표적 예는, 피고인 등이 현재 범죄를 진행하고 있거나 가까운 미래에 범할 계획이 있고 그 사실을 변호인이 알게 된 경우이다. 이것은 변호사의 비밀유지의무와 공익의무가 충돌하는 문제이다. 이때 변호사는 비교 형량의 관점에서 자신의 행동을 결정하여야 한다. 모든 사람에게 범죄를 예방해야 할 의무가 있는 것은 아니지만, 진실의무와 공익의무를 지는 변호사가 특정한 범죄 계획 등을 알게 된 경우에는 이를 막을 의무가 있다. 특히 비밀 유지의 대상이 이미 발생하여 돌이킬 수 없는 과거의 사건이 아니라 현재 진행되고 있거나 가까운 장래에 발생할 것이 분명한 경우에는, 비밀을 누설하는 행위를 함으로써 범죄를 예방할 수 있다는 점에서 변호사의 공익의무는 더 크게 고려되어야 한다(한인섭 외, 2014: 364-365).

한편, 개정 형사소송법은 증거개시 제도를 도입함으로써 피고인과 변호인의 증거에 대한 접근권을 강화했다. 즉 피고인 또는 변호인은 검사에게 공소제기된 사건에 관한 서류 또는 물건의 목록과 공소 사실의 인정 또는 양형에 영향을 미칠 수 있는 서류 또는 물건의 열람 · 등사 또는 서면의 교부를 신청할 수 있다(형사소송법 제266조의3 제1항 본문). 하지만 이에 따른 피해도 있을 수 있기 때문에 개시開示된 증거를 다른 목적으로 활용할 수 없도록 벌칙규정을 두고 있다. 즉 피고인 또는 변호인은 검사가 증거를 개시한 서면 및 서류 등의 사본을 당해 사건 또는 관련 소송의 준비에 사용할 목적이 아닌 다른 목적으로 다른 사람에게 교부 또는 제시해서는 안 되고(형사소송법 제266조의16 제1항), 이를 위반할 경우 형사처벌된다(같은 조 제2항). 따라서 형사사건 기록을 무단 유출하는 것은 비밀유지의무 위반에 그칠 뿐 아니라 형법상의 업무상 비밀누설죄 및 형사소송법상 기록부당목적교부죄에 해당할 수 있다(한인섭 외, 2014: 360).

그런데 형사사건 기록과 관련하여 사건 관계인의 프라이버시 보호에만 집착할 수는 없다. 형사소송에는 원칙적으로 공개재판주의가 적용되므로 누구나 재판 기록에 접근할 수 있어야 하고, 나아가 형사사건 기록에 대한 공공의 이익이 있을 수 있기 때문이다. 형사소송법은 이러한 공공성을 고려하여 형사기록 공개 제도를 두고 있다. 즉 형사소송법 제59조의2는 누구든지 권리구제 · 학술연구 또는 공익적 목적으로 재판이 확정된 사건의 소송기록을 보관하고 있는 검찰청에 그 소송기록의 열람 또는 등사를 신청할 수 있다고 규정하여 형사 기록의 공공성과 활용 가능성을 원칙적으로 인정하고 있다. 다만 이와 관련하여, 자신이 확인한 정보를 이용하여 공공의 질서 또는 선량한 풍속을 해하거나 피고인의 개선 및 갱생을 방해하거나 사건 관계인의 명예 또는 생활의 평온을 해하는 행위를 해서는 안 되는 의무가 부과된다. 그러므로 형사 변호인으로서도 권리구제 · 학술연구 또는 공익적 목적으로 확정재판의 기록을 이용할 수 있을 뿐이며 의뢰인의 비밀은 보호할 의무가 있다(한인섭 외, 2014 360-361).

6장

변호사의 이익충돌회피의무

1. 총설

이익충돌conflict of interests 상황이란 다른 의뢰인의 이익이나 변호사 자신의 이익 기타 이해관계 때문에 의뢰인을 위한 온전한 판단이 방해받는 상황을 의미한다. 이익충돌 상황에서 변호사는 의뢰인에 대한 성실한 직무 수행이 불가능하거나 어느 한쪽의 이익을 희생시키는 결정을 할 수밖에 없다. 변호사의 가장 중요한 임무가 의뢰인에 대한 성실의무라는 점에 비추어 볼 때, 이익충돌은 변호사 업무의 본질을 구현하지 못하게 하는 심각한 딜레마 상황이라고 할 수 있다(한인섭 외, 2014: 189). 변호사가 의뢰인에 대해 비밀유지의무를 진다는 점도 이익충돌회피의무의 발생 근거가 된다(사법연수원, 2010: 315). 나아가 변호사가 이익충돌 상황에서 기존 의뢰인의 이익을 훼손할 수 있는 사건을 수임하고 그에 관해 직무를 행하는 것은 먼저 그 변호사를 신뢰하여 상의를 하고 사건을 위임한 당사자 일방의 신뢰를 배반하고, 변호사의 품위를 실추시키는 것이다.[1] 그렇기 때문에 변호사법과 윤리규약은 이익충돌이 있는 경우 변호사의 사건 등의 수임을 금지하거나 제한한다.

그런데 이익충돌 상황에서 수임을 금지하는 것만이 최선은 아니라는 점을 주의해야 한다. 어떤 경우에는 이익충돌에도 불구하고 그 규제를 완화할 필요가 있다. 그 이유는 다음과 같다. ① 변호사가 많지 않은 지역에서 이익충돌 법리를 엄격하게 적용하면, 의뢰인은 적절한 변호사를 찾기 어렵게 된다. 전문 변호사가 많지 않은 분야에서도 같은 문제가 발생한다. ② 이익충돌의 법리를 엄격하게 적용하면 변호사의 전직이나 법률사무소 간의 통합이 곤란해지는 등 변호사의 경제적 자유가 제한될 수 있다. ③ 소송절차에서 이익충돌 법리를 엄격하게 적용하면, 상대방 변호사가 이 점을 무기로 삼아 부당하게 소송을 지연시킬 수 있다(이상수, 2009: 181; 한인섭 외, 2014: 192).

변호사법과 윤리규약은 이런 점들을 고려하여 이익충돌의무가 지나치게 엄격해지는 것을 막으면서 합리적인 수준에서 변호사에게 그 회피의무를 부과하고자 한다(한인섭 외, 2014: 192). 윤리규약 제22조 제3항이, 변호사가 의뢰인과 대립되는 상대방으로부터 사건의 수임을 위해 상담하였으나 수임에 이르지 아니하였거나 기타 그에 준하는 경우로서, 상대방의 이익이 침해되지 않는다고 합리적으로 여겨지는 경우에는,[2] 상담 등의 이유로 수

---

1 대법원 2003. 11. 28. 선고 2003다41791 판결.

2 최진안 교수는 이를 '예비적 위임관계' 단계로 설명한다. 그에 따르면, 예비적 위임관계는 변호사와 상대방 사이에 신뢰가 형성된 상담이 있은 때부터 수임 승낙 전의 단계까지를 의미한다. 이는 ① 의뢰인과 대립되는 상대방과 사건의 수임을 위해 상담하였을 것, ② 그러나 수임에 이르지 아니하였거나 기타 그에 준하는 경우일 것, ③ 의뢰인으로부터 수임 시 상대방의 이익이 침해된다고 합리적으로 여겨지는 경우일 것 등의 요건이 충족된 경우 성립한다. 예

임이 제한되지 아니한다고 규정한 것은 위와 같은 취지로 이해할 수 있다.

이익충돌 상황에 관한 기본 규정은 변호사법 제31조이다. 변호사법 제31조의 입법취지는 한편으로는 당사자의 이익 보호를, 다른 한편으로는 변호사의 직무 집행의 공정성 및 품위 · 신용의 유지를 목적으로 한다(김상준, 2004: 541). 위 제31조 외에도 변호사법과 윤리규약은 이익충돌 상황에서의 수임을 제한하거나 금지하는 여러 규정을 두고 있다.

2. 절대적 수임 금지사유

1) 수임사건의 상대방이 위임하는 동일 사건

가. 동일 사건의 의미

가장 전형적인 이익충돌 상황은 특정 변호사가 수임사건의 당사자 쌍방을 대리하는 경우이다. 예컨대 하나의 민사소송에서 원 · 피고를 동시에 대리하여 소송을 수행하는 경우이다.[3] 변호사법 제31조 제1항 제1호는 변호사가 "당사자 한쪽으로부터 상의를 받아 그 수임을 승낙한 사건의 상대방이 위임하는 사건"에 관한 직무를 수행하는 것을 금지하고 있다. 윤리규약 제22조 제1항 제2호도 "동일한 사건에 관하여 상대방을 대리하고 있는 경우"에 사건 수임을 금지하고 있다.

여기에서 당사자 한쪽으로부터 상의를 받아 그 수임을 승낙한 "사건"이

비적 위임관계에서 변호사는 가능한 한 신속하게 상담자에게 상담의 목적을 최대한 달성할 수 있도록 노력할 성실의무를 지고, 비밀유지의무 및 이익충돌회피의무를 부담한다(최진안, 2014: 85-87, 190).

3 대법원 1967. 1. 25. 선고 66두12 판결.

란 일반적으로 소송사건을 의미하나, 자문사건 중에서도 대립하는 당사자가 구체적으로 특정되고 구체적인 법률관계에 대해 일방 당사자에게 조력하겠다는 의사가 표시된 경우도 포함한다. "수임을 승낙한" 경우란 변호사가 특정 사건에 대해 일방 당사자인 의뢰인을 위해서 업무를 수행하겠다는 의사표시를 구체적으로 한 경우를 뜻한다.[4] 법률사무소의 사무직원이 수임을 승낙한 때에도 그 사무 처리의 외관에 따라서 변호사의 승낙이 있는 것으로 취급하는 경우가 있다.[5] 다만, 사건수임계약서나 위임장이 작성되지 아니하고 수임료의 지급도 없는 경우에는 특별한 사정이 없는 한 수임의 승낙이 있다고 보기는 어렵다.[6]

위 제1호에서는 단지 상대방이 위임하는 "사건"을 수임할 수 없다고 규정하고 있으나, 해석상 이는 수임사건과 '동일한 사건'으로 이해된다. 왜냐하면 위 제31조 제1항은 이익충돌 상황을 당사자 한쪽으로부터 상의를 받아 그 수임을 승낙한 사건의 상대방이 위임하는 사건(제1호)과 수임하고 있는 사건의 상대방이 위임하는 다른 사건(제2호)으로 나누어 규정하고 있는

---

4 "변호사법 질의회신", 2010. 7. 19자 대한변협신문.

5 의뢰인이었던 A의 소개로 찾아온 B에게 변호사 사무실 직원이 변호사에게 보고하지 않고 C를 피고소인 및 피고로 한 고소장 및 소장(청구이의)을 작성하여 주고 B로부터 식사비조로 20만 원을 받은 경우에 변호사가 C로부터 위 사건을 수임할 수 있는지에 대해 대한변협은 "의뢰인 B가 변호사 사무실에서 자신의 사건 내용에 관하여 변호사 사무실 직원과 상담한 점, 그리고 위 고소장 작성 과정에서 사무실 직원이 B로부터 지득한 정보가 수임하려는 사건의 상대방인 피고소인에게 노출되는 경우 고소인 B에게 불리하게 작용할 수 있다고 보이는 점, B가 사무실 직원과 본래부터 친분관계가 있었던 것이 아니고 오히려 변호사의 다른 의뢰인의 소개로 온 점, B가 고소장 작성의 대가로 변호사 사무실 직원에게 20만 원을 준 점 등에 비추어 보면, 비록 본 사안에서 사무실 직원의 고소장 작성행위를 당해 변호사가 인지하지 못했다고 하나 위 직원의 행위는 법적 책임의 측면에서 사용자인 변호사의 행위로 보아야 할 것이어서 변호사법 제31조 제1호 또는 변호사윤리규칙 제17조 제2항 쌍방대리 금지, 제18조 제2항 및 제4항의 수임 제한 규정에 저촉된다"고 회신했다(대한변협 2008. 2. 19. 법제 제475호 질의회신).

6 "변호사법 질의회신", 2010. 7. 19자 대한변협신문.

데, 제2호에서 '다른 사건'이라는 용어를 쓰는 것으로 비추어 볼 때 제1호 소정의 '사건'은 동일한 사건을 뜻한다고 해석할 수 있기 때문이다.

변호사의 입장에서 본다면, 제1호 사건은 어떤 경우에도 수임할 수 없고 제2호 사건은 위임인이 동의한 경우에는 수임할 수 있다(법 제31조 제1항). 따라서 사건의 동일성 여부를 판단하는 것은 이익충돌 상황에서 변호사의 수임 가능성을 따질 때 매우 중요한 쟁점이다. 아래에서는 제1호 사건의 의의와 범위에 관한 논점들을 살펴보겠다.

첫째, 동일한 사안에 관해 민·형사소송 등과 같이 서로 다른 종류의 소송들이 진행될 때 이를 동일 사건으로 파악할 수 있는지가 문제된다. 이와 관련하여 법원은 "사건이 동일한지의 여부는 그 기초가 된 분쟁의 실체가 동일한지의 여부에 의하여 결정되어야 하는 것이므로 상반되는 이익의 범위에 따라서 개별적으로 판단되어야 하는 것이고, 소송물이 동일한지 여부나 민사사건과 형사사건 사이와 같이 그 절차가 같은 성질의 것인지 여부는 관계가 없다"고 판시한 바 있다.[7] 즉 분쟁의 실체가 동일한지 여부를 판단할 때 소송물 또는 소송 종류의 동일성은 기준이 되지 않는다.

예를 들어 보자. 변호사법 제31조 제1항 제1호가 문제되는 상황으로, A가 일으킨 교통사고에 대한 형사사건의 변호인인 갑甲에게 그 사건의 피해자인 B가 찾아와서 위 교통사고와 관련하여 A를 상대로 제기한 손해배상 소송에서 자신을 대리해 달라고 부탁하는 경우를 생각할 수 있다. 그런데 이는 하나의 교통사고로 인해 발생한 형사소송과 민사소송으로서 분쟁의 실체가 동일하므로 변호사법 제31조 제1항 제1호의 사건이다. 따라서 변호사 갑甲은 A의 동의를 얻는다 하더라도 B의 사건을 수임할 수 없다.

둘째, 같은 사안에 관해 순차적으로 진행되는 다른 종류의 소송이 변호

7 대법원 2003. 11. 28. 선고 2003다41791 판결.

사법 제31조 제1항 제1호 소정의 동일 사건으로 파악할 수 있는지가 문제된다. 위 제1호가 같은 사건에 관해 쌍방을 이시異時에 대리하는 경우를 배제하는 것은 아니므로, 동일한 사안의 형사와 민사사건을 순차적으로 대리하는 것도 위 제1호에 위반되는 행위에 해당한다고 보아야 한다. 이렇게 해석하지 않으면, 변호사가 뒤의 사건을 수임할 생각에 앞의 사건을 사임하거나 사건을 빨리 종결시킨 후 뒤의 사건을 수임하는 것을 막을 수 없기 때문이다(김상준, 2004: 543; 박휴상, 2013: 254-255). 따라서 동일한 변호사가 민사사건에서 형사사건의 피해자에 해당하는 상대방 당사자를 위한 소송대리인으로서 직무를 수행하였다가 나중에 실질적으로 동일한 쟁점을 포함하고 있는 형사사건에서 피고인을 위한 변호인으로 선임되어 변호 활동을 하는 등의 직무를 수행하는 것은 금지된다.[8]

〈대법원 2003. 5. 30. 선고 2003다15556 판결〉

변호사법 제31조 제1호에서는 변호사는 당사자 일방으로부터 상의를 받아 그 수임을 승낙한 사건의 상대방이 위임하는 사건에 관하여는 그 직무를 행할 수 없다고 규정하고 있고, 위 규정의 입법취지 등에 비추어 볼 때 동일한 변호사가 형사사건에서 피고인을 위한 변호인으로 선임되어 변호활동을 하는 등 직무를 수행했다가 나중에 실질적으로 동일한 쟁점을 포함하고 있는 민사사건에서 위 형사사건의 피해자에 해당하는 상대방 당사자를 위한 소송대리인으로서 소송행위를 하는 등 직무를 수행하는 것 역시 마찬가지로 금지되는 것으로 볼 것이며(대법원 1962. 12. 27. 자 62두12 결정, 1968. 8. 1. 자 68두8 결정 등 참조), 이러한 규정은 같은 법 제57조의 규정에 의하여 법무법인에 관하여도 준용된다[.]

8 대법원 2009. 2. 26. 선고 2008도9812 판결.

〈대법원 2003. 11. 28. 선고 2003다41791 판결〉

변호사법 제31조 제1호에서 당사자의 일방으로부터 상의를 받아 그 수임을 승낙한 사건의 상대방이 위임하는 사건의 경우에 변호사의 직무행위를 금지하는 이유는, 변호사가 그와 같은 사건에 관하여 직무를 행하는 것은 먼저 그 변호사를 신뢰하여 상의를 하고 사건을 위임한 당사자 일방의 신뢰를 배반하게 되고, 변호사의 품위를 실추시키게 되는 것이므로 그와 같은 사건에 있어서는 변호사가 직무를 집행할 수 없도록 금지한 것이므로, 변호사법 제31조 제1호가 적용되기 위해서는 그 변호사가 관여한 사건이 일방 당사자와 그 상대방 사이에 있어서 동일하여야 하는데, 여기서 사건이 동일한지의 여부는 그 기초가 된 분쟁의 실체가 동일한지의 여부에 의하여 결정되어야 하는 것이므로 상반되는 이익의 범위에 따라서 개별적으로 판단되어야 하는 것이고, 소송물이 동일한지 여부나 민사사건과 형사사건 사이와 같이 그 절차가 같은 성질의 것인지 여부는 관계가 없다고 할 것이다.

나. 변호사법 제31조 제1항 제1호 위반 소송행위의 효력

변호사법 제31조 제1항 제1호를 위반한 채 이루어진 소송행위는 소송법상 어떻게 취급될까? 예컨대 앞의 예에서 이익충돌 상황에도 불구하고 손해배상 소송에서 A가 아무런 문제 제기도 하지 않은 채 판결에 이른 경우, 변호사 갑甲의 대리행위에 하자가 있다는 점이 상고 이유나 재심 사유에 해당할 수 있을까?

이와 관련해서는 무효설, 유효설, 추인설, 이의설 등 네 가지 견해가 대립한다.[9] 법원은 이익충돌로 인한 소송대리권의 흠결이 있다 하더라도 소

9 각 학설의 내용은 다음과 같다. 첫째, 변호사법의 위 조항은 공익적 규정이므로 이에 위반되

송 중에 적극적으로 이의를 제기하지 않는 한 소송 자체의 효력을 부인하는 근거가 되지 않는다고 보고 있다(이의설).[10] 여기서의 '이의'의 성격과 관련하여, 소송절차에 관한 이의권[11]의 일종으로 보아 즉시 이의를 하지 않으면 그 권리를 상실한다고 보는 견해가 있으나, 법원은 사실심 변론 종결 시까지 이의를 할 수 있는 것으로 본다. 변호사의 소송대리권의 흠결과 같은 사유는 그 성질상, 소송절차에 관한 이의의 대상으로 되는 절차상의 사소한 문제가 아니라, 오히려 변론 능력과 같은 중대한 소송요건에 가까운 것이다. 따라서 즉시 이의를 하지 않으면 그 권리를 바로 상실한다고 보는 것은 당사자의 보호라는 측면에서 부당하다. 이러한 당사자의 보호 측면과 소송절차의 안정성 등을 함께 고려할 때, 판례와 같이 사실심 변론 종결 시까지 그러한 이의를 할 수 있다고 보는 것이 타당하다(김상준, 2004: 548; 정동윤 · 유병현, 2005: 222-223).

이의가 이유 있어 당해 변호사의 소송 대리가 변호사법에 위반한 경우, 그 변호사는 당해 소송에 더 이상 관여할 수 없다. 그리고 기왕에 한 소송행위는 절대적으로 무효이고 달리 추인의 여지가 있는 것도 아니므로, 그러한 소송행위가 없었던 것과 동일한 효과가 발생한다.[12] 다만, 상대방 당

는 행위는 절대적으로 무효라는 견해이다(무효설). 둘째, 위 규정 위반은 그 변호사가 한 소송행위의 효력에 영향이 없고 단지 징계 문제로 처리된다는 견해가 있다(유효설). 셋째, 위 규정 위반은 무권대리행위에 해당하고 그 행위는 무효이지만 추인을 하면 유효로 된다는 견해가 있다(추인설). 넷째, 위 규정 위반의 소송행위는 원칙적으로 유효하나 이의가 있으면 무효라는 견해가 있다(이의설).

10 대법원 1969. 12. 30. 선고 69다1899 판결, 1990. 11. 23. 선고 90다4037, 4044 판결, 1995. 7. 28. 선고 94다44903 판결, 2003. 5. 30. 선고 2003다15556 판결.

11 민사소송법 제151조는 소송절차에 관한 이의권에 관해 "당사자는 소송절차에 관한 규정에 어긋난 것임을 알거나, 알 수 있었을 경우에 바로 이의를 제기하지 아니하면 그 권리를 잃는다. 다만, 그 권리가 포기할 수 없는 것인 때에는 그러하지 아니하다."고 규정하고 있다.

12 그 결과, 당사자로서는 절차상 각종의 불이익을 받게 되고, 이러한 불이익과 관련한 당사자 구제의 문제는 해당 당사자와 그 변호사 사이에서 별도로 해결할 수밖에 없다. 이때 당사자

사자가 그와 같은 사실을 알았거나 알 수 있었음에도 불구하고 사실심 변론 종결 시까지 아무런 이의를 제기하지 아니했다면 그 소송행위는 소송법상 완전한 효력이 생긴다.[13] 한편 형사 사건의 경우에는 피고인 스스로 해당 변호사를 사선 변호인으로 선임한 이상, 특별한 사정이 없는 한 그러한 위법으로 인해 변호인의 조력을 받을 피고인의 권리가 침해되었다거나 그 소송 절차가 무효로 된다고 볼 수는 없다.[14]

〈대법원 1995. 7. 28. 선고 94다44903 판결〉

원심에서 원고 소송복대리인으로서 변론기일에 출석하여 소송행위를 했던 변호사 안○○이 피고 소송복대리인으로도 출석하여 변론한 사실이 있음을 알 수 있으나, 그러한 경우라도 당사자가 그에 대하여 아무런 이의를 제기하지 아니하면 그 소송행위는 소송법상 완전한 효력이 생긴다[.]

2) 공무원 등으로 직무상 취급한 사건

변호사 자격을 가진 사람이 공무원으로 일하는 경우가 있다. 법관이나 검사 등이 대표적인 예이다. 이들은 공무원으로서의 직무를 그만 둔 후에는 변호사로서 업무를 수행하곤 한다. 이때 자신이 직무상 취급한 사건 등을 수임할 수 있는지가 문제된다.

가 의도적으로 변호사에게 접근하여 변호사법 제31조 위반행위를 자초한 것이라면, 그 당사자에게도 상당한 정도의 귀책사유가 있다고 볼 것이다(김상준, 2004: 547).

13 대법원 2003. 5. 30. 선고 2003다15556 판결.

14 대법원 2009. 2. 26. 선고 2008도9812 판결. 그러나 법원에 의해 선임되는 국선변호인의 경우에는, 수임 제한 규정에 위반한 국선변호인의 선정과 그에 의한 변호는 변호인의 조력을 받을 피고인 등의 권리가 법원에 의해 침해된 것으로서 위법하고 상고이유에 해당한다(대법원 2004. 11. 26. 선고 2004도5951 판결).

변호사법 제31조 제1항 제3호는 변호사가 "공무원 · 조정위원 또는 중재인으로서 직무상 취급하거나 취급하게 된 사건"에 관해, 윤리규약 제22조 제1항 제1호는 "과거 공무원 · 중재인 · 조정위원 등으로 직무를 수행하면서 취급 또는 취급하게 된 사건이거나, 공정증서 작성사무에 관여한 사건"에 관하여는 직무를 수행하거나 사건을 수임할 수 없다고 규정하고 있다. 그 취지는 변호사가 장래의 사건 수임을 위해 공직 중에 특정인을 배려할 위험성을 예방하고, 변호사가 공무원 · 중재인 · 조정위원 등으로 재직하면서 알게 된 상대방의 비밀 등을 이용하여 일하는 것을 막아 변호사 업무의 공공성 및 공무 집행의 순수성과 이에 대한 신뢰를 보호하기 위한 것이다(이상수, 2009: 205; 최진안, 2014: 210).[15]

위 규정의 규율 대상은 변호사이다. 따라서 법률사무소의 직원이 공무원, 조정위원 또는 중재인으로서 직무상 취급하거나 취급하게 될 사건은 수임 금지 사건에서 제외된다.[16]

여기서의 "공무원"에는 법관이나 검사 외에도 국가공무원법과 지방공무원법상 경력직 · 특수경력직 공무원이 포함된다. 선거관리위원회, 행정심판위원회, 교육위원회, 토지수용위원회, 중앙(지방)노동위원회 등 각 위원회의 상임 및 비상임위원도 여기에 해당한다(박휴상, 2013: 282).

"공무원 · 조정위원 또는 중재인으로서 직무상 취급하거나 취급하게 된 사건" 또는 "공정증서 작성사무에 관여한 사건"의 범위를 어떻게 정할 것인지에 대해서는 명문의 규정이 없다. 대한변협은 변호사법 제31조 제1항 제1호의 동일 사건에 관한 판례를[17] 원용하여, 수임하고자 하는 사건이 공직 당시에 취급한 직무 내용과 "그 기초가 된 분쟁의 실체가 동일한지의

15 대한변협 2005. 12. 8. 법제 제2765호 질의회신.

16 대한변협 2008. 1. 14. 법제 제52호 질의회신.

17 대법원 2003. 5. 30. 선고 2003다15556 판결, 2003. 11. 28. 선고 2003다41791 판결.

여부" 또는 "실질적으로 동일한 쟁점을 포함하고 있는지 여부"가 판단 기준이 된다고 해석한다.[18]

〈대한변협 2008. 4. 8. 법제 제1342호 질의회신〉

"공무원으로서 직무상 취급한 사건"에 있어서 "사건의 범위"에 관한 직접적인 대법원 판례는 찾을 수 […] 없지만, 변호사법 제31조 제1호와 관련하여, 1) 대법원 2003. 11. 28. 선고 2003다41791 판결에서는 […] 라고 판시했고, 2) 대법원 2003. 5. 30. 선고 2003다15556 판결에서는 […] 라고 판시했다. 물론 변호사법 제31조 제1호와 제3호의 입법 취지가 동일한 것은 아니라는 점에서, 위 대법원 판례의 판시 내용을 제3호에 적용하는 것이 타당한가 하는 점에 의문이 없는 것은 아니나, 제1호와 제3호가 같은 조문에 규정되어 있고, 변호사 업무의 공공성과 공정성을 구현하고 변호사에 대한 신뢰를 구축한다는 점에서 그 근본적인 입법취지는 같으므로 제1호의 "사건의 범위"에 관한 해석은 제3호에도 적용하는 것이 타당하다고 본다. 따라서 변호사법 제31조 제3호를 해석함에 있어서도 위 대법원 판례와 같이 "그 기초가 된 분쟁의 실체가 동일한지의 여부" 또는 "실질적으로 동일한 쟁점을 포함하고 있는지 여부"가 판단의 기준이 될 수 있다.

이러한 점에서 종전의 질의회신 선례 중에서 "동일한 소송물이어야 한다"는 선례는 수임 제한의 범위를 너무 축소한 해석이고, "변호사법 제31조 소정의 수임 제한 규정은 변호사 업무의 공공성과 공정성을 구현하기 위한 것으로서 수임하고자 하는 사건과 공직 당시의 직무가 추상적으로라도 연관되어 있으면 사건 수임이 금지된다"는 선례는 수임 제한의 범위를 너무 확장한 해석이라고 본다.

---

18 대한변협 2008. 4. 8. 법제 제1342호 질의회신.

[…] 이 사건의 경우 사안의 내용이 분명하지는 아니하나, 乙종중으로부터 토지를 매수했고, 위 매매와 관련하여 A가 乙종중을 상대로 제기한 소송이 소송사기로 된 형사사건에서 계약금의 조성 경위에 관하여 B가 증언을 했고, 甲이 매매계약을 포기하게 된 경위에 관하여 C가 증언을 했는데, 위 B, C에 대한 위증사건을 질의자가 판사로서 처리했고, 퇴직 후에 C가 乙종중과 A를 상대로 매수인 지위 승계를 이유로 제기한 소유권이전등기 청구사건의 소송대리를 할 수 있는가가 질의의 요지이다. 결국 위 위증사건은 乙종중으로부터 매매계약의 경위에 관한 내용이 문제로 되었고, 위증사건을 판단함에 있어서는 위증 사실의 내용뿐 아니라 매매계약의 전반에 관한 사실 심리와 판단이 필요하므로 위 매매계약과 기초적 사실이 동일하다고 아니할 수 없다. 한편, 질의자가 수임하고자 하는 사건은 C가 乙종중과 A를 상대로 매수인의 지위를 승계했다는 내용인 바(C가 승계했다는 자가 A인지 여부는 확실하지 아니하나, 질의의 요지로 보아 A로 보임), 최소한 위 사건에서 乙종중에 대한 청구는 위 매매계약을 청구원인으로 하고 있을 것이다. 그렇다면 위증사건과 질의자가 수임하려는 사건은 기초적 사실이 동일하다고 보이므로, 위 민사사건을 질의자가 수임할 수 없다고 판단된다.

3) 공직퇴임변호사의 종전 근무 기관이 처리하는 사건

법관, 검사, 군법무관(병역의무 이행만을 목적으로 한 군복무는 제외한다), 그 밖의 공무원직에 있다가 퇴직(재판연구원, 사법연수생과 병역의무를 이행하기 위하여 군인·공익법무관 등으로 근무한 자는 제외한다)하여 변호사 개업을 한 자(공직퇴임변호사)는 퇴직 전 1년부터 퇴직한 때까지 근무한 법원, 검찰청, 군사법원, 금융위원회, 공정거래위원회, 경찰관서 등 국가기관(대법원, 고등

법원, 지방법원 및 지방법원 지원과 그에 대응하여 설치된 대검찰청, 고등검찰청, 지방검찰청, 지방검찰청 지청은 각각 동일한 국가기관으로 본다)이 처리하는 사건을 퇴직한 날부터 1년 동안 수임할 수 없다. 다만, 국선변호 등 공익 목적의 수임과 사건 당사자가 민법상 친족인 경우의 수임은 그러하지 아니하다(법 제31조 제3항).

이는 한국 법조계의 고질적인 병폐인 전관예우를 막아 사법 제도에 대한 국민의 신뢰를 유지하기 위한 것이다.

이렇게 수임이 금지되는 것에는 ① 공직퇴임변호사가 법무법인 등의 담당변호사가 지정되는 경우, ② 공직퇴임변호사가 다른 변호사, 법무법인 등으로부터 명의를 빌려 사건을 실질적으로 처리하는 등 사실상 수임하는 경우, ③ 법무법인 등의 경우 사건수임계약서, 소송서류 및 변호사의견서 등에는 공직퇴임변호사가 담당변호사로 표시되지 않았으나 실질적으로는 사건의 수임이나 수행에 관여하여 수임료를 받는 경우 등이 포함된다(법 제31조 제4항).

4) 계쟁권리의 양수 금지

변호사법 제32조는 "변호사는 계쟁권리를 양수하여서는 아니 된다."고 규정하고 있다. 그 입법취지로는 변호사가 계쟁권리를 당사자로부터 양수함으로써 의뢰인과 변호사 사이의 신임관계가 훼손될 수 있다는 점, 당사자와 이해 상반되는 결과를 가져올 수 있다는 점, 변호사의 일반적 품위를 손상시킬 염려가 있다는 점 등을 들 수 있다.[19] 윤리규약 제34조 역시 변호사가 소송의 목적을 양수하는 것을 금지하고, 같은 취지에서 정당한

19 대법원 1985. 4. 9. 선고 83다카1775 판결; 대한변협 2006. 3. 3. 법제 제915호 질의회신.

보수 이외의 이익 분배를[20] 약정하지 아니한다고 규정하고 있다.

여기서 "계쟁권리"란 해당 소송 등에서 계쟁 중에 있는 권리, 즉 강학상 소송물을 뜻한다. 윤리규약 제34조 소정의 "소송의 목적" 역시 계쟁권리와 같은 개념이라고 볼 수 있다. 따라서 판결이 확정된 계쟁 목적물은 제외된다.[21] 예컨대 변호사가 주식반환청구권을 피보전권리로 한 주식처분금지가처분 사건을 수임하여 소송을 진행하던 중 그 주식을 양도받는 것은 계쟁권리의 양수로 볼 수 없지만, 주식반환청구권을 양도받는 것은 계쟁권리 또는 소송의 목적을 양수한 것에 해당한다. "양수"는 유상이든 무상이든, 그 계약 유형과 관계없이 모두 금지된다(정형근, 2014: 156; 최진안, 2014: 203).[22]

판례에 따르면, 위 규정은 계쟁권리의 양수행위를 금지하는 단속 규정에 불과하다. 따라서 설령 변호사가 이를 위반하여 계쟁권리를 양수하는 계약을 체결했더라도 그 사법상 효력은 유효하다.[23]

〈대법원 1985. 4. 9. 선고 83다카1775 판결〉

구 변호사법(1973.12.20 법률 제2654호) 제17조는 변호사는 계쟁권리를 양수할 수 없다고 규정하고 있는 바, 이는 변호사가 당사자로부터 계쟁권리를 양수하므로 인하여 당사자와 변호사 사이의 신임관계에 균열을 초래

---

20 이익 분배를 약정하는 예로는 법률문제가 복잡하게 얽힌 사건 또는 사업에 변호사가 개입하여 투자를 하고 그 사건이 해결되거나 성공하면 이익의 일정 비율 또는 특정한 금액만큼 보수를 받기로 약정하는 경우를 들 수 있다(김건호, 2013: 119).

21 대법원 1985. 4. 9. 선고 83다카1775 판결.

22 즉, 계쟁권리의 양수 금지 조항은 변호사가 법률사건을 수임하는 것이 아니라 사건 자체를 양수받아 자신이 그 사건 본인이 되는 것을 막기 위한 것이다. 이렇게 사건을 양수할 경우에 법률 전문가인 변호사가 법률적으로 무지한 사람의 이익을 뺏을 위험이 있기 때문이다(김건호, 2013: 118).

23 대법원 1985. 4. 9. 선고 83다카1775 판결.

하며 또는 당사자와 이해 상반하는 결과를 가져오는 등 변호사의 일반적 품위를 손상시킬 염려가 있으므로 이와 같은 행위를 단속하기 위하여 금지 규정을 둔 것에 불과하여 그 양수행위의 사법적 효력에는 아무 소장이 있을 수 없을 뿐만 아니라 계쟁권리라 함은 바로 계쟁 중에 있는 그 권리이며 이 사건에서와 같이 판결이 확정된 계쟁 목적물이었던 부동산은 계쟁권리라 할 수 없[다.]

5) 법무법인 등이 수임을 승낙한 사건

법무법인의 구성원 및 구성원 아닌 소속 변호사는 자기나 제3자의 계산으로 변호사의 업무를 수행할 수 없다(법 제52조 제1항). 즉 그 구성원 및 소속 변호사는 법무법인의 계산 아래 사건을 수임하는 등 변호사 업무를 수행하여야 한다.

또한 법무법인 등의 구성원이었거나 구성원 아닌 소속 변호사이었던 자는 법무법인의 소속 기간 중 그 법인이 상의를 받아 수임을 승낙한 사건에 관하여는 변호사의 업무를 수행할 수 없다(법 제52조 제2항, 제58조의16, 제58조의30). 변호사법 제31조 제1항 제1호에 대한 일반적 해석론에 비춰볼 때, 이는 절대적 수입 금지 사유로 볼 수 있다. 그런데 대한변협은 법무법인 등의 의사에 반하지 않는 경우에는 수임이 가능하고, 그렇지 않더라도 수임 제한은 당해 심급에 국한되므로 해당 변호사가 그 사건의 상소심 변론을 수임하는 것은 가능하다고 해석한다.[24] 대한변협은 변호사법 제52조 제2항의 입법취지를 법무법인 등과 그 구성원이었던 자 사이에 사건 수임을

24 대한변협 2007. 8. 23. 법제 제2163호 질의회신(최진안, 2014: 508에서 재인용), 대한변협 2010. 4. 7.자 질의회신("변호사법 질의회신", 2010. 7. 19.자 대한변협신문).

둘러싼 과당 경쟁을 방지하기 위한 것으로 보고 있다. 그러나 이러한 입법 취지와 대한변협의 제한적인 해석론을 고려하더라도, 의뢰인의 변호사 선택권을 침해하고 변호사의 직업 활동의 자유 또는 직장 이전의 자유를 침해한다는 점, 탈퇴한 변호사가 종전 법무법인 등의 사건을 수임함으로써 야기될 수 있는 윤리적 문제는 경업 금지 약정 등과 같은 다른 수단을 통해 대처할 수 있음에도 변호사의 직업의 자유를 일률적으로 과도하게 제한한다는 점에서(최진안, 2013: 59) 변호사법 제52조 제2항 등은 위헌적 소지가 있다.

〈대한변협 2010. 4. 7.자 질의회신〉

1. 질의의 내용

가. 법무법인에 속한 변호사가 재직기간 중에 담당하던 사건에 관하여 법무법인을 탈퇴하고 난 후에 의뢰인이 기존 법무법인과의 위임계약을 해지하고 탈퇴한 변호사 또는 그가 새로 소속한 법무법인에 사건을 의뢰하는 경우 이를 수임할 수 있는지 여부

나. 위와 같은 상황에서 의뢰인이 위 사건의 상소심을 의뢰하는 경우 이의 수임 여부 [생략]

3. 검토의견

가. 당해 심급에서의 수임 가능 여부

변호사에게 사건을 의뢰하는 의뢰인은 단지 수임 변호사로부터 용역을 제공받는 계약관계에 그치지 않고 인적 신뢰관계를 형성하게 됩니다. 일부 대형 법무법인(유한이나 법무조합 포함)을 제외한 대다수 법무법인의 경우에도 의뢰인은 법무법인이라는 조직체보다는 자신의 사건을 담당하는 특정 변호사와 위와 같은 신뢰관계를 형성하는 경우가 대부분입니다. 이런 경우에 사건을 담당하는 변호사가 법무법인을 탈퇴하거나 다른 법무법인으로

소속을 변경하는 경우 의뢰인은 종전에 사건을 수임했던 법무법인과의 위임계약을 해지하고 위 특정 변호사 또는 그가 속하게 되는 새로운 법무법인에 다시 의뢰하고자 할 것입니다. 경우에 따라서는 사건을 담당하던 변호사가 의뢰인과의 인적 신뢰관계를 이용하여 기존 법무법인과 체결한 소송위임계약의 해지를 종용하거나 사주할 가능성도 있습니다.

이러한 행태가 당사자들의 자유의사에 기하여 아무런 제한 없이 이루어질 경우 사건의 수임을 둘러싸고 변호사업계가 이전투구에 빠져들게 될 우려가 커지게 될 것이고, 당사자가 승소특별보수약정이 포함되어 있는 종전 법무법인과의 위임계약을 중도에 해지하는 경우에는 해지 이후에 당사자가 종전 법무법인에 지급하여야 할 보수액의 범위 등을 둘러싼 분쟁도 빈번하게 발생할 우려가 있습니다.

변호사법 제52조 제2항의 취지는 위와같이 사건 수임을 둘러싸고 변호사업계가 품위를 상실하게 되는 상황을 최대한 억제하여 변호사의 본래 사명인 기본적 인권을 옹호하고 사회정의를 실현함에 이바지하고자 함에 있다고 할 것입니다. 동 조항이 당사자의 위임계약의 자유 및 해당 변호사의 직업 수행의 자유를 제한하는 측면이 있음에도 불구하고 위와 같은 취지에서 기본권의 본질적 내용을 침해하는 정도에 이르지 아니하는 한은 유효하다고 할 것입니다. 위 법조가 종전 법무법인이 "수임했던" 사건을 수임 제한 대상으로 삼지 않고 "수임을 승낙한" 사건을 수임 제한 대상으로 삼고 있다는 점도 변호사에게 더 높은 수준의 직업윤리를 요구하는 취지로 이해될 수 있을 것입니다.

그러므로, 질의한 사안에서 변호사는 탈퇴 전 법무법인에 속한 전 법무법인에 속한 중에 그 법무법인이 의뢰인과 상의하여 수임을 승낙한 사건을 탈퇴 후에 수임하는 것은 허용되지 않는다고 하겠습니다.

나. 상소심의 수임 허용 여부

그러나, 위와 같은 수임 제한은 계약 체결의 자유 및 직업 수행의 자유를 제한하는 의무부과 규정이라는 점에서 그 제한은 목적 달성에 필요한 최소한도의 범위 이내에 그쳐야 합니다. 이러한 관점에서 위 "수임을 승낙한 사건"의 수임 제한 시기는 수임 승낙 당시의 심급에 계속 중일 때까지로 제한되고, 당해 심급에서 사건이 종결된 이후에는 수임에 제한을 받지 않는다고 해석해야 합니다. 이는 소송대리인 선임행위의 효력은 당해 심급까지만 미친다는 소송법의 입장과 같은 맥락입니다.

그러므로, 두 번째 질의인 위 변호사가 탈퇴 전에 속한 법무법인이 승낙을 수임한 사건의 당해 심급이 종결된 후에 그 사건의 상소심을 수임하는 것은 변호사법 제52조 제2항의 수임 제한 범위에 포함되지 않는다고 판단됩니다.

6) 윤리규약의 수임 금지사유

첫째, 변호사는 공정을 해할 우려가 있을 때에는, 겸직하고 있는 해당 정부기관의 사건을 수임하지 아니한다(규약 제42조). 앞에서 설명한 것처럼 변호사법 제31조 제1항 제3호에 의해 공무원으로서 직무상 취급하거나 취급하게 된 사건은 수임할 수 없다. 이 조항은 그런 경우가 아니더라도 공정을 해칠 우려가 있는 경우에 해당 정부기관의 사건 수임을 금지한 것이다(최진안, 2014: 219).

둘째, 변호사는 스스로 증인이 되어야 할 사건을 수임하지 아니한다. 다만, ① 명백한 사항들과 관련된 증언을 하는 경우, ② 사건과 관련하여 본인이 제공한 법률사무의 내용에 관한 증언을 하는 경우, ③ 사건을 수임하지 아니함으로써 오히려 의뢰인에게 불리한 영향을 미치는 경우 등에 해당할 때에는 그러하지 아니하다(규약 제54조 제1항). 변호사는 그가 속한 법무법인 등의 다른 변호사가 증언함으로써 의뢰인의 이익이 침해되거나 침해될 우려가 있을 경우에도 해당 사건에서 변호사로서의 직무를 수행하지 아니한다(규약 제54조 제2항).

위 윤리규약 제54조 제1항과 제2항은 변호사가 증인의 역할을 겸할 경우 반대 당사자의 이익을 해치거나 변호사와 의뢰인 사이에 이익충돌 상황이 발생하는 것을 막고, 공정한 재판과 적법절차를 실현하기 위한 규정이다(최진안, 2014: 221).

3. 상대적 수임 제한사유

1) 수임사건의 상대방이 위임하는 다른 사건

변호사법 제31조 제1항 제2호에 의하면, 변호사는 "수임하고 있는 사건의 상대방이 위임하는 다른 사건"에 대해서는 수임사건의 위임인이 동의한 때에는 그 직무를 수행할 수 있다. 의뢰인이 동의한 경우에 수임할 수 있다는 점에서 변호사법 제31조 제1항 제1호의 사건과 구별된다. 윤리규약 제22조 제1항 제3호 역시 "수임하고 있는 사건의 상대방이 위임하는 다른 사건"은 사건의 의뢰인이 양해할 때 수임할 수 있다고 규정하고 있다.

'수임하고 있는 사건의 상대방이 위임하는 다른 사건을 수임한다'는 것은 동일인에 대해 어떤 사건에서는 상대방으로 하고, 다른 사건에서는 의뢰인으로 하는 것을 의미한다. 그와 같은 사건의 수임은 변호사의 성실성을 의심스럽게 하여 의뢰인의 신뢰를 깨뜨리고, 나아가 변호사에 대한 사회적 신뢰를 손상시키기 때문에 원칙적으로 직무를 수행할 수 없도록 한 것이다(박휴상, 2013: 259).

여기서 "수임하고 있는 사건"이란 현재 수임하고 있는 사건을 말하고, 종료된 사건은 포함되지 않는다. 이 점에서 제1호의 "수임을 승낙한 사건"과는 표현에서도 구별된다. "다른 사건"이란 현재 의뢰를 받고 있는 사건과는 다른 사건, 즉 동일성이 없는 사건을 말한다(박휴상, 2013: 259).

이와 관련하여, 변호사가 수임사건의 의뢰인을 상대로 한 다른 사건을 수임하는 것이 가능한지가 문제된다. 종전에 대한변협은 현재 수임사건의 의뢰인을 상대로 한 다른 사건을 수임하는 경우도 변호사법 제31조 제1항 제2호에 해당한다고 보았다. 이 경우 수임 순서에서는 수임사건의 상대방이 위임하는 다른 사건에 해당하지 않는 것으로 보이지만, 실질적으로는 그로 인해 변호사법 제31조 제1항 제2호의 경우와 같은 결과를 초래하여 변호사와 의뢰인 사이의 신뢰를 해칠 우려가 있다고 보았기 때문이다.[25] 그러나 이후 대한변협은 입장을 변경하여 현재는 이를 허용하고 있다. 그 근거로서는 변호사법의 수임 제한 규정은 변론권을 제한하는 것이므로 엄격하게 해석해야 한다는 점, 이를 넓게 적용할 경우 특정 변호사나 법률사무소가 상대방의 대리인으로 선임될 수 없도록 악용할 소지가 있다는 점 등을 들고 있다.[26] 그러나 이렇게 수임을 허용할 경우 변호사와 의뢰인 사이의 신뢰관계가 훼손되는 결과가 초래된다는 것은 명백하고, 변호사법 제31조 제1항 제2호가 변호사의 수임을 절대적으로 금지하는 것이 아니라 의뢰인의 동의를 얻은 후에는 그 수임을 허용하고 있는 점 등에 비추어 볼 때, 현재 대한변협의 입장은 타당하지 않다.

---

25 대한변협 2004. 7. 30. 법제 1803호 질의회신.

26 대한변협 2007. 4. 9. 법제 제1270호 질의회신.

2) 윤리규약의 수임 제한사유

첫째, 변호사가 상대방 또는 상대방 대리인과 친족관계에 있는 경우 수임하고 있는 사건의 의뢰인이 양해하는 경우에만 수임할 수 있다(규약 제22조 제1항 제4호).

둘째, 변호사는 "동일 사건에서 둘 이상의 의뢰인의 이익이 서로 충돌하는 경우"에는 관계되는 의뢰인들이 모두 동의하고 의뢰인의 이익이 침해되지 않는다는 합리적인 사유가 있는 경우에만 수임할 수 있다(규약 제22조 제1항 제5호). 여기에 해당하는 경우로는 두 사람이 공범으로서 재판을 받고 있는데, 이들이 서로 상대방이 정범이며 자신은 종범에 불과하다고 주장하는 예를 들 수 있다. 이때 한 명의 변호사가 두 사람 모두의 변호를 맡게 되면 그 변호사는 한 쪽 피고인을 위해 다른 쪽 피고인을 희생시킬 수밖에 없게 되는 바, 이것은 '둘 이상의 의뢰인의 이익이 서로 충돌하는 경우'로서 의뢰인들의 동의와 합리적인 사유가 있어야만 변호사는 두 피고인을 함께 변호할 수 있다.

이익이 서로 충돌하지 않는 경우에는 동일 사건에서도 둘 이상의 당사자를 대리하거나 변론할 수 있다. 다소간의 이익충돌 가능성이 있더라도 당사자들이 분열하여 소송을 하는 것보다는 단일한 변호사에게 위임하여 당사자들이 공동 대응을 하는 것이 유리한 경우와 같이 '의뢰인의 이익이 침해되지 않는다는 합리적인 사유가 있는 경우'에도 관계되는 의뢰인들이 모두 동의한다면 수임할 수 있다(최진안, 2014: 199). 통상적으로 단일한 변호사가 다수 당사자를 대리(변호)하는 경우는 그들 사이에 이익충돌이 전혀 없는 경우보다는, 이익충돌 가능성이 잠재되어 있기는 하지만 변호사를 따로 선임하는 것보다는 단일한 변호사를 공동으로 선임하는 것이 더 유리하다고 당사자들이 판단한 경우가 대부분이다.

셋째, 변호사는 "현재 수임하고 있는 사건과 이해가 충돌하는 사건"도 관계되는 의뢰인들이 모두 동의하고 의뢰인의 이익이 서로 침해되지 않는다는 합리적인 사유가 있는 경우에만 수임할 수 있다(규약 제22조 제1항 제6호). 이것은 다른 수임 제한 규정에 의해 포섭되지 않는 이익충돌 상황이 있더라도, 이를 회피해야 한다는 원칙을 규정한 일반 조항이다(최진안, 2014: 201).

넷째, 변호사는 위임사무가 종료된 경우에도 종전 사건과 실질적으로 동일하거나 본질적으로 관련된 사건에서 대립되는 당사자로부터 사건을 수임하지 아니한다. 다만, 종전 사건과 실질적으로 동일하지 않고 종전 의뢰인이 양해한 경우에는 그러하지 아니하다(규약 제22조 제2항). 이 규정에 따라 종전 의뢰인의 양해가 있으면 수임할 수 있는 것은 "본질적으로 관련된 사건"인 바(실질적으로 동일한 사건은 변호사법 제31조 제1항 제1호에 의해 수임이 금지된다), 이는 동일한 사건으로 취급할 수는 없으나 두 사건의 법률적 쟁점이 논리적으로나 경험법칙상 전후 모순되거나 저촉되지 않아야 하는 관계에 있거나, 종전 사건과 이번 사건의 당사자 상호간에 권한이나 책임의 범위를 둘러싸고 이해관계가 대립되는 관계에 있는 경우를 뜻한다(이광수, 2014: 46).

윤리규약 제22조 제2항의 "대립되는 당사자"는 변호사법 제31조 제1항 제1호의 "상대방"보다 넓은 개념이다. 이와 관련하여 대한변협은 후자는 수임사건의 "상대방"이 위임하는 사건을 수임하는 것을 금지하는 것이고, 전자는 종전 사건과 동일하거나 본질적으로 관련된 사건에서 "대립되는 당사자"로부터 사건을 수임하는 경우까지 금지하는 것이며, 이때 "대립되는 당사자"는 위의 "상대방"보다 넓은 개념으로서 이해관계가 대립되는 경우를 모두 포함한다고 해석하고 있다.[27]

---

27 대한변협 홈페이지 "변호사법 질의회신" 515호, 2010. 4. 9. 등.(박휴상, 2013: 230에서 재인용)

예컨대 채권자 A가 주채무자 B, 연대채무자 C를 상대로 대여금 청구소송을 제기한 사건에서 변호사 갑甲은 C를 대리했는데, 위 사건은 B, C의 패소로 확정되었다. 한편 이 소송에서는 채무 성립 여부와 부담 비율 등에 다툼이 있어 B, C가 각기 다른 변호사를 선임했다. 그 후 연대채무자인 C가 채권자 A에게 채무변제를 한 다음, 주채무자 B를 상대로 구상금 청구 소송을 제기했다. 이 경우 변호사 갑이 종전 의뢰인인 C가 아니라 B의 의뢰를 받아 B의 소송대리인이 될 수 있는지가 문제된다. 이 문제를 해결할 수 있는 것이 윤리규약 제22조 제2항이다. 종전 사건에서 B는 C의 상대방은 아니지만 부담 비율 등에서 이해관계가 대립하기 때문이다. 따라서 변호사 갑은 C의 양해를 얻어야 한다(박휴상, 2013: 230-231).

3) 동의 · 양해의 방법

위임인으로부터 동의(양해)를 얻는다는 것은 어떤 의미일까? 단지 수임사건의 상대방이 다른 사건을 맡기려고 한다는 사실을 통보하고 동의를 얻는 것으로 충분할까? 이를 긍정한다면, 의뢰인이 동의의 법률적 효력이나 의미를 정확히 이해하지 못한 채 자신의 동의권을 행사하는 경우에도 동의는 유효한 것으로 보게 된다. 그러나 이러한 결론은 변호사의 성실의무(설명의무)에 저촉된다. 따라서 의뢰인으로부터 동의를 얻기 위해서는 변호사가 동의 여부를 결정하는 데 필요한 정보를 그에게 제공하고, 동의권의 법률적 효력에 대한 설명도 함께 해야 한다(박휴상, 2013: 259). 그리고 이후의 법률관계를 명확히 하기 위해서 그 동의는 서면에 의하는 것이 적절하다.[28]

28 대한변협 2004. 3. 20. 법제 제864호 질의회신.

선정당사자가 선정되어 있는 경우 동의를 선정당사자로부터 받아야 하는지, 아니면 선정자로부터 받아야 하는지가 문제된 적이 있다. 즉, 여러 명의 선정자가 선정한 선정당사자가 어떤 변호사를 원고 소송대리인으로 선임하여 피고와의 소송이 진행 중인 상황에서 그 변호사가 피고로부터 다른 사건을 수임할 때 변호사법 제31조 제1항 단서에 의한 동의의 대상이 누구인지가 문제되었다. 대한변협의 질의회신에 의하면, 선정당사자 선정행위의 법률적 성질은 선정자가 자기의 권리에 관해 관리처분권을 부여하는 사법상의 행위가 아니라 단순히 소송수행권만을 부여하는 소송행위에 불과하고, 선정당사자가 특정 소송에서의 소송수행권을 받았다면 그 권한은 당해 소송에 한정된다. 따라서 위 동의는 특정 소송에서의 선정당사자의 권한 범위를 넘어서는 일이므로, 변호사는 선정당사자가 아닌 이익충돌이 발생할 수 있는 선정자 전원의 동의를 얻어야 한다.[29]

4. 단체 · 법인 또는 정부의 대리와 이익충돌

변호사가 법인 · 단체 등으로부터 법률사무를 수임하는 경우, 그 의뢰인은 법인 또는 단체 그 자체이다. 따라서 기업의 주주, 법인의 구성원 등에 대해 변호사는 변호사와 의뢰인 관계로부터 도출되는 각종 윤리적 의무를 부담하지 않는다(한인섭 외, 2014: 293). 예컨대 A 기업의 상무이사인 갑甲이 운전하던 승용차가 을乙과 충돌했고, 그 사고로 인해 을은 사망했다. 을의 상속인들이 갑을 상대로 손해배상 소송을 제기하려고 할 경우 A 기업의 고문 변호사가 상속인들로부터 사건을 위임받을 수 있을까? 이 경우 변호

29 대한변협 2008. 2. 19. 법제 제471호 질의회신.

사의 의뢰인은 A 기업이고 그 기업의 구성원은 아니다. 따라서 위 변호사는 갑 상무이사를 상대로 한 소송을 수임할 수 있다(한인섭 외, 2014: 307).

비법인사단의 정관상 임원이 그 비법인사단의 일부 구성원으로부터 직무집행정지 가처분 신청을 당한 경우, 그 비법인사단과 법률자문계약을 체결하고 법률자문을 해온 변호사가 임원 측의 소송대리를 맡는 것도 가능하다. 비법인사단과 그 사단을 구성하는 개개의 구성원은 각각 별개의 존재로 취급하여야 하고, 그 비법인사단의 기관이라 할 수 있는 임원의 직무에 관한 사항은 곧 그 비법인사단의 직무에 관한 사항이라고 해석되므로, 비법인사단의 임원에 대한 소송을 비법인사단의 자문 변호사가 수임한다고 하더라도 변호사법에 저촉되지 않기 때문이다. 다만, 해당 사건의 수임행위가 비법인사단의 구성원 전체 내지 적어도 과반수 이상의 의사에 반하거나 본질상 비법인사단의 이익에 반하는 행위를 저지른 임원에 대한 책임 추궁 또는 그와 같은 이익 침해 결과의 발생을 예방하기 위한 조치의 성격을 갖는 사건에서 임원 측을 수임하는 경우라면, 이는 비법인사단과의 자문계약의 본지에 반하므로 허용될 수 없다.[30]

기업 업무를 대리하는 변호사(사내 변호사를 포함한다)는 기업 내 위법행위를 감시할 의무가 있다. 변호사는 기업 자체의 대리인으로서 기업에 대한 성실의무를 부담하므로, 그 연장선상에서 기업 내 위법행위를 감시할 의무가 부과되는 것이다. 또한 이는 기업 구성원과 기업 사이의 이익충돌 가능성에 기반한 것이다. 대표이사를 비롯한 기업 임원들은 경영 사항에 대해 결정하고 이를 집행함으로써 회사의 이익을 추구한다. 이러한 경영 판단은 변호사가 간섭할 부분은 아니다. 그러나 기업 경영자가 위법행위를 하기로 결정하거나 실제 행하는 것은 이와는 다른 차원의 문제이다. 기

30 대한변협 2006. 9. 1. 법제 제2232호 질의회신.

업은 법질서 내에 존재하며 경영자는 위법행위를 해서는 안 되기 때문이다(한인섭 외, 2014: 296).

기업 내 위법행위로 인해 회사에 상당한 손실이 발생할 것으로 예상되면, 변호사는 그 위법행위를 시정하거나 중지시켜야 한다. 이 경우 변호사가 가장 먼저 할 수 있는 조치는 위법행위를 한 사람에게 직접 위법행위의 시정 또는 중지를 요구하는 것이다. 만약 그 요구에도 불구하고 시정 조치가 이루어지지 않는다면, 위법행위를 시정 · 중지시킬 수 있는 권한을 가진 상급자에게 보고해야 한다. 그리고 그 조치가 충분하지 않으면 기업의 최상부에 이를 때까지 보고하는 것이 필요하다(한인섭 외, 2014: 298).

변호사가 기업의 최고경영자에게까지 중대한 위법행위에 대해 보고했음에도 불구하고 아무런 조치가 취해지지 않는 경우에는 어떻게 해야 할까? 변호사법이나 윤리규약은 이에 관해 아무런 규정도 두고 있지 않다. 가능한 1차적 대응 방안은 변호사가 사임하거나 침묵하는 것이다. 변호사의 비밀유지의무를 고려할 때 이러한 방안들이 어느 정도 타당성을 지니고 있다고 볼 수 있다. 그러나 위와 같은 경우에는 변호사가 위법행위에 관한 사실을 외부에 공개할 수 있다고 보아야 한다. 그렇지 않으면, 변호사는 의뢰인인 기업에 심각한 손상을 초래하는 위법행위가 일어나고 있거나 일어날 수 있다는 점을 알면서도 이를 막을 수 있는 수단을 포기하는 결과를 초래하기 때문이다. 이런 경우까지 변호사의 비밀유지의무를 엄격하게 요구하면, 위법행위를 하기로 결심한 경영자는 주주들의 희생 하에 변호사를 교체해 가면서 위법행위를 계속하려 할 수 있다. 또한 앞에서 살펴본 바와 같이 의뢰인의 비밀은 보호되지만, 공익상 이유가 있는 경우에는 공개가 허용된다(규약 제8조 제4항). 다만, 이 경우에는 그 비밀을 공개할 만큼 심각한 공익의 침해가 있는지가 쟁점이 될 것이다(한인섭 외, 2014: 298-302).

한편, 정부나 지방자치단체를 대리하는 변호사의 경우에도 기업 변호사와 마찬가지로 의뢰인이 누구인지가 문제된다. 예컨대 기획재정부를 위해 일하는 변호사가 국세청을 상대로 한 행정소송에서 원고를 대리할 수 있을까? 만약 그 변호사의 의뢰인을 정부 전체라고 본다면 그 소송을 대리할 수 없다. 그렇지 않고 그 변호사의 의뢰인을 기획재정부에 한정한다면 해당 소송을 대리할 수 있을 것이다(한인섭 외, 2014: 315). 아래 대한변협의 입장에 따른다면, 위 변호사는 행정소송을 대리할 수 있다.

서울시와 안양시는 별도의 지방자치단체이므로, 서울시의 고문 변호사가 안양시를 상대로 한 행정소송에서 원고를 대리하려고 하는 것은 특별한 사정이 없는 한 가능하다. 그렇다면 서울시 고문 변호사가 서울시 산하 구청을 상대로 한 소송을 수임할 수는 있을까? 대한변협의 질의회신에 의하면, 해당 변호사가 체결한 고문계약이 구청을 상대로 한 사건의 수임을 제한하지 않고 있고 위 변호사가 사전에 해당 사건에 관해 자문을 제공한 사실이 없다면, 위 변호사가 구청을 상대로 한 사건을 수임하는 것은 변호사법을 위반했다고 보기 어렵다고 한다.[31]

---

31 "ⅰ) 고양시의 고문 변호사라고 하더라도 고양시 내에 있는 모든 행정기관의 고문 변호사라고 보기 어려운 점, ⅱ) 설사 고문의 범위가 고양시 내의 구청 업무에 미친다고 하더라도 해당 사건에 대해서 고문 변호사로서 고양시 또는 구청에 자문을 제공하지 아니했다면 실질적인 이해충돌은 없는 점, ⅲ) 변호사법 제31조 각 호에 해당하지 아니하고 달리 수임을 제한할 근거 규정을 찾기 어려운 점 등의 사정을 고려할 때, 위 변호사와 고양시와의 고문계약상 위 사건의 수임이 저촉되지 않고, 위 변호사가 사전에 고양시에 대하여 위 사건에 관하여 자문을 제공한 사실이 없다면, 위 변호사가 위 사건을 수임하는 것이 변호사법에 위반된다고 보기 어렵다고 보이므로, 고양시 일산서구청장을 상대로 한 행정소송을 제기하는 당사자의 소송대리는 가능하다고 판단됩니다."("변호사법 관련 회원 질의 · 회신", 『인권과 정의』 2008년 1월호, 대한변호사협회, 2008, 267면).

5. 금지 · 제한되는 행위 등

이익충돌 상황에서 금지되는 행위는 외부에 드러나는 대리행위뿐만 아니라 조언 등 변호사의 모든 직무로서 일체의 법적 · 사실적 활동을 포함한다. 변호사의 행위가 실제로 자신의 의뢰인에게 불이익을 주었는지 여부는 문제되지 않는다(박상근, 2013: 253).

한편, 변호사가 사건을 수임한 이후에 둘 이상의 의뢰인 사이에 이해의 대립이 발생한 경우에는 어떻게 해야 할까? 이 경우 변호사는 의뢰인들에게 이를 알리고 적절한 방법을 강구해야 한다(규약 제27조). 따라서 변호사는 의뢰인의 동의를 얻거나 뒤에 수임한 사건 또는 모든 사건을 사임하는 등 이익충돌 상황을 해소할 수 있는 적절한 조치를 취해야 한다. 구 윤리규칙 제18조 제3항은 수임 후 이익충돌 상황임을 알게 된 경우 뒤에 수임한 사건을 사임해야 한다고 규정하고 있었는데, 이에 대해서는 어느 한 의뢰인의 사건을 사임한다고 하여 이익충돌 상황이 해결될 수 없는 경우가 있으므로, 관계되는 모든 의뢰인의 동의가 없는 한 이익충돌 상황이 발생한 모든 사건을 사임하는 것이 타당하다는 비판이 있었다. 이익충돌 상황이 사후에 발견된 경우에 변호사는 이미 모든 의뢰인으로부터 비밀을 획득한 상태에서는 사후적 치유가 불가능하기 때문이다(최진안, 2014: 249-250). 윤리규약 제27조는 이런 비판을 감안하여 개정된 것이다.

6. 공동법률사무소의 경우

이익충돌회피의무와 관련하여 법무법인 등은 하나의 변호사로 취급된다(법 제57조, 제58조의16, 제58조의30). 예컨대 법무법인 및 그 소속 변호사들이 A에 대해 기소된 형사사건의 변호인 및 업무 담당변호사로 선임 및 지정된 경우, 해당 법무법인과 변호사들이 그 형사사건의 피해자에 해당하는 보험회사가 A를 상대로 제기한 민사소송에서 보험회사를 위한 소송대리인으로서 직무를 수행하는 것은 금지된다. 위 법무법인이 해산된 이후 변호사 개인의 지위에서 그와 같은 민사사건의 소송행위를 하는 것도 마찬가지이다.[32]

법무법인 · 법무법인(유한) · 법무조합이 아니지만, 변호사 2명 이상이 사건의 수임 · 처리나 그 밖의 변호사 업무 수행 시 통일된 형태를 갖추고 수익을 분배하거나 비용을 분담하는 형태로 운영되는 법률사무소도, 변호사법 제31조 제1항 제1호와 제2호와 관련해서는 하나의 변호사로 본다(법 제31조 제2항). 예컨대 두 명의 변호사가 공동으로 손익을 분배하는 형태로 사무실을 운영하고, 대외적으로도 "법률사무소 OO 변호사 갑, 을"이라고 병기하여 같은 사무실임을 표방하고 있는 경우가 여기에 해당한다.[33]

〈대법원 2003. 5. 30. 선고 2003다15556 판결〉

[변호사법 제31조 제1항 제1호는] 같은 법 제57조의 규정에 의하여 법무법인에 관하여도 준용된다고 할 것이므로, 법무법인의 구성원 변호사가 형사사건의 변호인으로 선임된 그 법무법인의 업무담당 변호사로 지정되어 그 직무를 수행한 바 있었음에도, 그 이후 제기된 같은 쟁점의 민사사건에서 이번에는 위 형사사건의 피해자 측에 해당하는 상대방 당사자를 위한 소송대리인으로서 직무를 수행하는 것도 금지되는 것임은 물론이고, 위 법무법인이 해산된 이후라도 변호사 개인의 지위에서 그와 같은 민사사건을

32 대법원 2003. 5. 30. 선고 2003다15556 판결.

33 대한변협 2005. 8. 2. 법제 제2001호 질의회신.

수임하는 것 역시 마찬가지로 금지되는 것이라고 풀이할 것이며, 비록 민사사건에서 직접적으로 업무를 담당한 변호사가 먼저 진행된 형사사건에서 피고인을 위한 직접적인 변론에 관여를 한 바 없었다고 하더라도 달리 볼 것은 아니라고 할 것이니, 이러한 행위들은 모두 변호사법 제31조 제1호의 수임제한 규정을 위반한 것이라고 할 것이다.

기록에 의하면, 원고는 2001. 9. 14. 이 사건 소를 제기하면서 그 소송대리인으로 소외 1 법무법인(업무담당 변호사 소외 2, 소외 3)을 선임하여, 소외 2 변호사로 하여금 소송행위를 대리하게 했고, 위 법무법인이 해산된 이후 원고는 위 소외 2 변호사 개인을 소송대리인으로 선임하여 위 변호사로 하여금 원고를 위한 소송행위를 하게 한 사실, 한편 피고 1은 원고의 이 사건 면책 주장과 동일한 쟁점인, '이 사건 화재에 터잡아 관련 증빙을 조작하여 원고에 대하여 과다한 보험금을 청구하려고 한 행위'에 관하여 보험사기 미수죄로 수사기관에서 구속될 무렵 형사 변호인으로 이 사건의 제1심 원고 소송대리인과 같은 소외 1 법무법인(업무담당 변호사 소외 2, 소외 3)을 선임한 바 있었고, 그 이후 같은 죄명으로 기소되어 진행된 제1심 형사사건인 천안지원 2000고단1751 사건의 공판 과정에서 업무담당 변호사 소외 3으로 하여금 그 제1심 판결이 선고될 때인 2000. 11. 29.까지 위 피고를 위한 변론을 하는 등 직무를 수행하도록 했던 사실을 각 인정할 수 있는 바, 위 인정 사실에 의하면 위 법무법인의 구성원 변호사들이 이 사건 피고 1에 대하여 기소된 같은 쟁점의 보험사기미수 형사사건의 변호인으로 선임된 위 법무법인의 업무담당 변호사로 지정되어 그중 변호사 소외 3이 직무를 수행한 바 있었음에도, 다시 위 법무법인이 이 사건에서 위 형사사건의 피해자 측에 해당하는 원고 보험회사를 위한 소송대리인으로 선임되어 제1심에 관여하여 직무를 수행했고 이어 위 법무법인이 해산된 이후 변호사 소외 2가 변호사 개인의 지위에서 원심에서 같은 민사사건을 수임하여 그 변론

과정에 관여한 것은 모두 변호사법 제31조 제1호의 수임제한 규정을 위반한 것이라고 할 것이며, 비록 이 사건에서 직접적으로 소송 업무를 담당한 변호사 소외 2가 위 형사사건에서 피고인을 위한 직접적인 변론에 관여를 한 바 없었다고 하더라도 달리 볼 것은 아니라고 할 것이다.

7장

사건의 유치와 변호사업무 광고

1. 총설

앞에서 설명한 바와 같이 변호사법 등은 변호사의 수임활동에 관한 제한 규정을 두고 있다. 이러한 수임활동 제한 규정을 간단하게 요약하면, 변호사가 브로커 등을 통해 사건 또는 의뢰인을 유치solicitation하는 것은 원칙적으로 금지되나, 광고advertisement를 통해 사건 또는 의뢰인을 유치하는 것은 비교적 자유롭게 허용된다고 말할 수 있다. 아래에서는 이를 편의상 '사건의 유치'와 '변호사업무 광고'로 나누어 설명한다.

첫째, 사건의 유치라 함은 변호사와 그 사무직원, 제3자가 당사자 또는 그 밖의 관계인과 접촉하여 법률사건이나 법률사무를 특정 변호사가 수임할 수 있도록 소개 · 알선, 유인하거나 권유하는 행위를 뜻한다(최진안, 2014: 338).

흔히 의뢰인들은 변호사에 관한 정확한 정보를 얻기 어렵기 때문에 다른 사람의 추천 · 소개 등에 의해 변호사를 선택하곤 한다. 그런데 이러한 추천 · 소개 등이 대가 지급과 연결될 경우 법률시장의 수임 구조를 왜곡시키고 의뢰인들이 변호사에게 지급하는 보수액을 높이며, 변호사들이 본연의 직무 수행을 소홀히 하는 결과를 초래한다. 이런 점 때문에 변호사법과 윤리규약은 사건의 유상有償 유치행위를 엄격하게 금지하고 있다. 유상 유치행위의 대표적인 예는 변호사가 사건 브로커 등을 통해 사건을 수임하는 경우이다(최진안, 2014: 340).

변호사법 등은 변호사의 품위를 손상시키는 사건의 유치행위도 금지하고 있다. 예컨대 윤리규약 제19조 제1항은 "변호사는 변호사로서의 명예와 품위에 어긋나는 방법으로 예상 의뢰인과 접촉하거나 부당하게 소송을 부추기지 아니한다", 제2항은 "변호사는 사무직원이나 제3자가 사건유치를 목적으로 제1항의 행위를 하지 않도록 주의한다"라고 규정하고 있다. 또한 재판이나 수사기관에 종사하는 자 또는 그 업무를 담당하는 자가 특정 변호사에게 사건을 유치해 주는 행위를 엄격하게 금지한다. 이는 그들이 사건 브로커가 되는 결과가 초래되기 때문이기도 하지만, 가장 중요한 이유는 그로 인해 국가의 사법작용에 대한 시민의 신뢰가 훼손될 수 있기 때문이다(최진안, 2014: 340).

둘째, 변호사업무 광고는 전면적으로 금지되었다가 허용되는 쪽으로 그 규제 방식이 변해 왔다. 과거에는 변호사업무 광고에 부정적인 시각이 지배적이었다. 변호사는 공공성을 지닌 법률 전문직인데, 변호사업무 광고는 변호사의 품위를 해치고 변호사 또는 사법에 대한 신뢰를 실추시킬 염려가 있기 때문이었다. 그 밖에도 허위 또는 의뢰인을 오도하는 광고가 등장할 수 있다거나, 광고 비용으로 인해 변호사 보수의 고액화가 초래된다거나 불필요한 소송이 남발될 수 있다는 점 등이 논거로 제시되었다. 그러나 이러한 부정적 시각은 다음과 같은 두 가지 측면에서 비판받았다. ① 변호사업무 광고를 제한하는 것은 변호사의 직업 수행의 자유 또는 표현의 자유를 침해하는 것이라는 점, ② 시민의 변호사 선택권을 보장하기 위해서는 변호사업무 광고를 통해 충분한 정보를 제공할 필요가 있다는 점이다. 나아가 브로커에 의한 법률시장의 교란을 막고 법률시장의 개방에 대비해서 변호사들의 경쟁력을 강화하기 위해 필요하다는 여론이 일어나면서, 2000년 개정 변호사법 제23조 및 이에 따라 2001년 개정된 대한변협의 「변호사업무광고규정」에 의해 변호사업무 광고는 자유화의 길로 들어서게 되었다(강희원, 2005: 53; 오종근, 2007: 7).

변호사업무 광고에 대한 규제는 단순히 광고에 관한 기술적 문제를 넘어서는 쟁점이다. 즉 변호사가 광고에서 사용할 수 있는 내용과 방법을 넓게 인정할 것인지, 혹은 과거처럼 규제를 강화해야 하는지는 변호사 직무의 본질에 관한 생각과 직접적으로 연결되어 있다. 법조윤리의 다른 문제들과 마찬가지로, 변호사직의 공공성을 강조하는 입장과 영리적 측면을 강조하는 견해 사이에서 확연한 입장 차이가 드러나는 것이 변호사 광고의 규제 영역이다. 한편, 법률 소비자가 좀 더 정확하고 다양한 사법 정보에 접근할 수 있는 권리 측면에서 변호사 광고 문제를 바라보는 시각도 있다(한인섭 외, 2014: 233).

2. 사건의 유치행위

1) 변호사 아닌 자의 사건의 유상有償 유치행위의 금지

변호사법 제34조 제1항에 의하면, 누구든지 법률사건이나 법률사무의 수임에 관해 사전에 금품 · 향응 또는 그 밖의 이익을 받거나 받기로 약속하고 당사자 또는 그 밖의 관계인을 특정한 변호사나 그 사무직원에게 소개 · 알선 또는 유인하는 행위를 해서는 안 된다. 당사자 또는 그 밖의 관계인을 특정한 변호사나 그 사무직원에게 소개 · 알선 또는 유인한 후 그 대가로 금품 · 향응 또는 그 밖의 이익을 받거나 요구하는 것도 마찬가지이다. 위 규정의 입법 목적은 변호사에게 사건을 알선해 주고 금품을 수수하는 법조 주변의 부조리를 척결하여 법조계의 투명성과 도덕성을 보장하기 위한 것이다.[1]

위 조항의 적용 대상이 되는 "누구든지"에는 법률사무소의 사무직원도 포함된다. 예컨대 사무직원이 법원 · 경찰서 · 구치소 · 병원 등을 돌아다니면서 사건을 수임해 와서 그 실적에 따라 변호사로부터 알선료를 받는 경우에 위 조항이 적용된다.[2] 수수되는 금품 등이 그 소개의 대가로 인정되는 이상, 소개된 사무직원이 반드시 금품 등이 수수될 때까지 사무직원으로서의 지위를 유지하고 있어야 하는 것도 아니다.[3]

〈대법원 2009. 5. 14. 선고 2008도4377 판결〉

구 변호사법(2005. 1. 27. 법률 제7357호로 개정되기 전의 것) 제34조 제1항은 '누구든지 법률사건 또는 법률사무의 수임에 관하여 사전에 금품 · 향응 기타 이익을 받거나 받을 것을 약속하고 당사자 기타 관계인을 특정 변호사 또는 그 사무직원에게 소개 · 알선 또는 유인하거나, 법률사건 또는 법률사무의 수임에 관하여 당사자 기타 관계인을 특정 변호사 또는 그 사무직원에게 소개 · 알선 또는 유인한 후 그 대가로 금품 · 향응 기타 이익을

1 헌법재판소 2005. 11. 24. 선고 2004헌바83 결정.

2 헌법재판소 2005. 11. 24. 선고 2004헌바83 결정.

3 대법원 2009. 5. 14. 선고 2008도4377 판결.

받거나 이를 요구하여서는 아니 된다'라고 규정하고 있는 바, 위 조항 후단의 위반행위가 성립하기 위하여는 금품 등을 받을 고의를 가지고 법률사건 등을 변호사 또는 그 사무직원에게 소개하는 등의 행위를 한 후 그 대가로 금품 등을 받거나 요구하면 되는 것이고, 위 조항 전단의 위반행위와 달리 반드시 사전에 소개료 등에 관한 약정이 있어야 하는 것은 아니다 [⋯]. 또한, 위 조항의 위반행위가 될 수 있으려면 법률사건 등을 실제 특정 변호사의 사무직원인 자에게 소개하는 경우여야 할 것이지만, 이후 수수되는 금품 등이 그 소개의 대가로 인정되는 이상, 소개된 사무직원이 반드시 금품 등이 수수될 때까지 사무직원으로서의 지위를 유지하고 있어야 한다고 할 수는 없다.

위 조항은 유상으로 사건을 소개 · 알선 또는 유인하는 행위를 금지한다. 무상으로 사건을 유치하는 것은 위 규율 대상에서 제외된다.[4] 소개 · 알선 또는 유인하는 행위가 있었다면, 현실적으로 위임계약 등이 성립하지 않아도 무방하다. 비변호사가 법률사건의 대리를 다른 비변호사에게 알선하는 경우는 물론 변호사에게 알선하는 경우도 이에 해당하고, 그 대가로서의 금품 등을 알선을 의뢰하는 자뿐만 아니라 그 상대방 또는 쌍방으로부터 받거나 받을 것을 약속한 경우도 포함한다. 이러한 금품 등의 지급에 관한 약속은 방법에 제한이 없고 명시적이어야 하는 것도 아니다. 예컨대, 경찰관 등이 특정 변호사에게 법률 사건 · 사무의 수임을 알선하면 해당 변호사가 그 대가로 변호사 수임료 중 착수금의 일정 비율에 해당하는 돈을 소개 사례비로 지급하는 관행이 있는 상황에서, 변호사와 그 사무직원이 소개인들이 그 관행에 따라 당연히 소개의 대가를 기대하고 있다는 점

4 재판 · 수사기관의 공무원 또는 그 직무 취급자는 그렇지 않다.

을 알면서 그러한 관행에 편승하여 사례비를 제공하고 법률 사건 · 사무의 수임을 알선받았다면, 금품 등의 지급에 관한 묵시적 약속이 있다고 본다.[5]

2) 변호사의 사건 유치행위 등의 제한

가. 연고 관계 등의 선전 및 사건 유치 목적의 출입 등의 금지

변호사와 그 사무직원은 법률사건이나 법률사무의 수임을 위하여 재판이나 수사업무에 종사하는 공무원과의 연고 등 사적인 관계를 드러내며 영향력을 미칠 수 있는 것으로 선전해서는 아니 된다(법 제30조, 규약 제20조 제4항).

변호사나 그 사무직원은 법률사건이나 법률사무를 유상으로 유치할 목적으로 법원 · 수사기관 · 교정기관 및 병원에 출입하거나 다른 사람을 파견하거나 출입 또는 주재하게 하여서는 아니 된다(법 제35조, 규약 제39조).

나. 대가 제공 및 비변호사와의 동업 금지

변호사법 제34조 제2항에 의하면, 변호사나 그 사무직원은 법률사건이나 법률사무의 수임에 관하여 소개 · 알선 또는 유인의 대가로 금품 · 향응 또는 그 밖의 이익을 제공하거나 제공하기로 약속하여서는 아니 된다. 전형적인 예는 변호사가 브로커를 통해 사건을 수임한 후 대가를 지급하는 것이지만, 그 밖에도 자신의 사무직원에게 사건 수임에 대한 대가를 지급하는 것도 위 제34조 제2항에 의해 금지된다.[6]

그리고 변호사법 제34조 제3항에 의하면, 변호사나 그 사무직원은 제

---

5 대법원 2002. 3. 15. 선고 2001도970 판결.

6 대법원 2007. 9. 6. 선고 2005도2492 판결.

109조 제1호, 제111조[7] 또는 제112조 제1호에[8] 규정된 자로부터 법률사건이나 법률사무의 수임을 알선받거나 이러한 자에게 자기의 명의를 이용하게 하여서는 아니 된다. 이는 변호사가 브로커를 통해 사건 수임을 할 수 없도록 하고, 브로커가 변호사 또는 법률사무소의 명의로 사건 유치활동을 하지 못하도록 하기 위한 것이다.

윤리규약 제9조 역시 변호사가 사건의 알선을 업으로 하는 자로부터 사건의 소개를 받거나, 이러한 자를 이용하거나, 이러한 자에게 자기의 명의를 이용하게 하는 일체의 행위를 하지 아니하고, 어떠한 경우를 막론하고 사건의 소개 · 알선 또는 유인과 관련하여 소개비, 기타 이와 유사한 금품이나 이익을 제공하지 아니한다고 규정하고 있다. 같은 취지에서 윤리규약 제8조는, 변호사는 사건의 유치를 주된 임무로 하는 사무직원을 채용하지 아니하고 사무직원에게 사건 유치에 대한 대가를 지급하지 아니한다고 규정하고 있다.

변호사가 외국변호사를 고용하여 법률자문 업무를 수행하게 하는 것은 가능하지만, 사무실 용지에 변호사와 외국변호사의 명칭을 병기함으로써 외국변호사가 변호사(한국 변호사)와 동등한 자격으로 업무의 주체로 인식될 가능성이 있다면, 이는 변호사법 제34조 제3항에 위반된다.[9]

---

7 법 제111조(벌칙) ① 공무원이 취급하는 사건 또는 사무에 관하여 청탁 또는 알선을 한다는 명목으로 금품 · 향응, 그 밖의 이익을 받거나 받을 것을 약속한 자 또는 제3자에게 이를 공여하게 하거나 공여하게 할 것을 약속한 자는 5년 이하의 징역 또는 1천만 원 이하의 벌금에 처한다. 이 경우 벌금과 징역은 병과할 수 있다.
② 다른 법률에 따라 형법 제129조부터 제132조까지의 규정에 따른 벌칙을 적용할 때에 공무원으로 보는 자는 제1항의 공무원으로 본다.

8 법 제112조(벌칙) 다음 각 호의 어느 하나에 해당하는 자는 3년 이하의 징역 또는 2천만원 이하의 벌금에 처한다. 이 경우 벌금과 징역은 병과할 수 있다.
1. 타인의 권리를 양수하거나 양수를 가장하여 소송 · 조정 또는 화해, 그 밖의 방법으로 그 권리를 실행함을 업業으로 한 자

9 대한변협 2005. 8. 2. 법제 제1995호 질의회신.

〈대법원 1978. 5. 23. 선고 78도609 판결〉

원심이 제1심 판결 이유를 인용하여 거시한 여러 증거 특히 검사 작성의 참고인 김○렬에 대한 진술조서 등을 종합하면 공소외인이 비록 명목은 피고인의 사무원으로 되어 있으나 그 법률사무소의 운영 실태에 있어서는 위 공소외인이 국가배상사건만을 전담하되 위 공소외인이 자기 계산 하에 또는 피고인의 지휘 감독을 받음이 없이 독자적으로 사건을 처리하고 피고인에게는 이 사건 소위 배상결정액의 10%를 명의대여료로 지급했음을 인정할 수 있으니 원심이 위와 같은 견해 아래 피고인의 소위를 변호사법 제17조 제4항에 이른바 "명의를 이용하게 한" 것으로 판시한 것이라고 인정되는 이 건에서는 원심 판결에 소론 심리 미진과 변호사 명의 이용의 법리 오해의 위법이 있다 할 수 없으므로 논지 이유 없다.

다. 비변호사의 변호사 고용 및 보수 분배의 금지

변호사법에 의하면, 변호사 아닌 자는 변호사를 고용하여 법률사무소를 개설·운영하여서는 아니 된다(법 제34조 제4항). 그리고 변호사가 아니면 할 수 없는 업무를 통하여 보수나 그 밖의 이익을 분배받을 수도 없다(법 제34조 제5항). 윤리규약 제34조 제1항도 변호사가 변호사 아닌 자와 공동의 사업으로 사건을 수임하거나 보수를 분배하는 행위를 금지하고 있다.

외국법자문사나 외국법자문법률사무소 역시 변호사 등과 동업, 업무제휴, 포괄적 협력관계의 설정, 사건의 공동 수임, 그 밖의 어떠한 방식으로든 사건을 공동으로 처리하고 그로 인한 보수나 수익을 분배할 수 없다(외국법자문사법 제34조 제2항). 다만, 외국법자문법률사무소가 사전에 대한변협에 공동 사건 처리 등을 위한 등록을 한 경우에는 법률사무소, 법무법인 등과 국내법 사무와 외국법 사무가 혼재된 법률사건을 사안별 개별 계약에 따라 공동으로 처리하고 그로부터 얻게 되는 수익을 분배할 수 있다(외국법자문사법 제34조의2 제1항, 규약 제34조 제1항 단서).

이러한 규정들은 변호사의 독립성을 유지하기 위한 것이다. 만약 비변호사가 변호사를 고용하거나 변호사와 수익을 공유 또는 분할한다면, 변호사가 아닌 자는 변호사의 법률적 판단에 대해 이해관계를 가지기 때문에 그 직무에 개입하려고 할 것인 바, 이를 예방하기 위한 것이다(이상수, 2009: 251-252).

변호사법 제109조는 위 규정을 위반한 자를 형사처벌하도록 규정하고 있다.[10] 위 변호사법 규정은 강행법규로서 설령 변호사가 변호사 아닌 자와 보수 분배의 약정을 했더라도 그것은 사법상 무효이다.[11]

보수 분배 금지 규정과 관련해서는 여러 어려운 문제가 일어난다. 왜냐하면 변호사가 자신의 업무 영역을 확대하기 위해서는 다른 직역 전문가와의 업무 제휴가 필요하고, 또한 사건 수임에 공헌한 자에 대해 적절하게 보상하거나 인터넷 등을 통한 새로운 사건 유치 수단을 개발하는 것이 필요하기 때문이다. 따라서 이를 엄격하게 제한할 경우에는 변호사의 직업

10 다만, 변호사는 그 처벌 대상이 아니다. "변호사법 제109조 제2호, 제34조 제4항은 변호사 아닌 자가 변호사를 고용하여 법률사무소를 개설·운영하는 행위를 처벌하도록 규정하고 있으므로, 변호사 아닌 자에게 고용된 변호사에 대하여 위 법조항을 바로 적용하여 처벌할 수 없음은 명백하고, 다만 형법 총칙상의 공범 규정의 적용 가능성이 문제된다고 할 것이다. 그런데 변호사 아닌 자가 변호사를 고용하여 법률사무소를 개설·운영하는 행위에 있어서는 변호사 아닌 자는 변호사를 고용하고 변호사는 변호사 아닌 자에게 고용된다는 서로 대향적對向的인 행위의 존재가 반드시 필요하고, 나아가 변호사 아닌 자에게 고용된 변호사가 고용의 취지에 따라 법률사무소의 개설·운영에 어느 정도 관여할 것도 당연히 예상되는 바, 이와 같이 변호사가 변호사 아닌 자에게 고용되어 법률사무소의 개설·운영에 관여하는 행위는 위 범죄가 성립하는 데 당연히 예상될 뿐만 아니라 범죄의 성립에 없어서는 아니 되는 것인데도 이를 처벌하는 규정이 없는 이상, 그 입법취지에 비추어 볼 때 변호사 아닌 자에게 고용되어 법률사무소의 개설·운영에 관여한 변호사의 행위가 일반적인 형법 총칙상의 공모, 교사 또는 방조에 해당된다고 하더라도 변호사를 변호사 아닌 자의 공범으로서 처벌할 수는 없다고 할 것이다."(대법원 2004. 10. 28. 선고 2004도3994 판결).

11 춘천지방법원 2007. 6. 22. 선고 2006가합319 판결.

활동의 자유를 지나치게 침해하는 것이 될 수 있다. 아래에서는 이 문제를 유형별로 나눠 살펴본다.

첫째, 대한변협은 원칙적으로 변호사가 다른 직역 전문가와 동업하는 행위는 금지된다고 해석하고 있다. 따라서 변호사가 변리사 또는 세무사 · 공인회계사 등과 공동사업자로 등록하고 특허변리 업무 및 세무회계 업무를 처리하고 그로부터 얻은 수익을 분배하는 것은 변호사법 제34조 제5항을 위반한 것이다.[12]

둘째, 대한변협은 변호사가 법률사무소의 사무직원들에게 수임료 중 일부를 성과급으로 지급할 수 있는지에 대해서도 부정적이다. 변호사가 사무직원에게 성과급을 지급하는 것 자체는 문제되지 않으나, 형식상으로만 성과금의 명목으로 지급되고 실질적으로는 변호사에게 고용된 것이 아니라 변호사와 그 사무직원 사이의 이익 분배에 해당한다면 변호사법 제34조 제5항을 위반한 것이라고 보았다.[13]

셋째, 변호사가 인터넷 업체를 통해 사건 유치 활동을 하는 것은 사안을 나눠 취급한다. 대한변협은 변호사와 업체 사이의 금품 수수 관계의 실질을 따져 그것이 순수한 의미의 광고비로서의 실질을 가지는 경우에만 허용하고,[14] 변호사가 인터넷 업체에 지급하는 비용을 사건 수임의 성과와 연동시켜 지급하는 것은 금지하고 있다.

예컨대 인터넷 업체가 법률상담 페이지를 만들어 변호사의 웹 사이트에 링크해 두는 것은 법률사건의 알선에 해당하고, 변호사가 인터넷 업체에 법률상담료의 일부를 운영비용의 명목으로 지급하기로 약정했다면, 이

---

12 대한변협 2005. 5. 2. 법제 제1342호 질의회신.

13 대한변협 2007. 12. 14. 법제 제2907호 질의회신.

14 대한변협 2007. 6. 4. 법제 제1682호 질의회신. 대한변협은 "인터넷 사이트를 이용한 대가로 객관적으로 합리적이라고 평가되는 소정의 사용료를 지급하는 것은 아무런 문제가 없다"고 설명한 바 있다(대한변협 2007. 6. 4. 법제1684호 질의회신).

는 알선이나 소개의 대가로서의 성격을 띠므로 보수를 분배하는 경우에 해당한다고 보았다.[15] 도메인 등록 회사가 자사 홈페이지의 도메인 등록창에 "상표권 검색"이라는 창을 만들어 놓고 여기에서 검색된 상표에 대해 등록 신청을 받으면서 "○○○특허법률사무소"가 상표 출원을 대행함을 약관으로 공지하여 그 동의를 받고, 위 사무소 변리사를 수임인으로 한 위임장을 받으며 그 명의 계좌로 수임료 및 비용을 송금하도록 한 경우도 마찬가지이다. 대한변협은 이런 업무 형태는 변호사가 도메인 회사의 홈페이지를 이용하여 변호사업무 광고를 하는 정도를 넘어 상호 동업한다고 평가될 여지가 있고, 그렇지 않다 하더라도 도메인 회사가 변호사를 위하여 사건을 유치 또는 알선하는 행위를 하고 있는 것으로 보인다고 회신했다.[16]

〈춘천지방법원 2007. 6. 22. 선고 2006가합319 판결〉

(1) 변호사법 제34조 제5항은 "변호사가 아닌 자는 변호사가 아니면 할 수 없는 업무를 통하여 얻은 보수 기타 이익을 분배받아서는 아니 된다."라고 규정하고 있고, 위 법 제109조 제2호에서는 제34조 제5항을 위반한 자에 대해 형사처벌을 하도록 되어 있다.

변호사법 제34조 제5항은 강력한 처벌 규정을 동반하는 강행법규로 되어 있는 점, 위의 규정을 위반하여 변호사가 아닌 자가 변호사가 아니면 할 수 없는 업무에 대하여 보수를 받기로 약정한 경우 그 사법상 효력이 유효하다고 한다면, 강행 규정인 변호사법 제109조 제1호 내지 제111조의 입법 취지를 잠탈하는 결과를 초래하게 되는 점, 변호사법 제34조 위반행위는

15 대한변협 2004. 5. 7. 법제 제1335호 질의회신.

16 대한변협 2007. 6. 4. 법제 제1682호 질의회신.

변호사 자격을 가진 자만이 법률사무를 취급할 수 있다는 사회질서에 반하고 변호사법의 입법 목적을 중대하게 침해하는 결과를 초래하게 되는 점 등을 고려할 때, 변호사법 제34조 제5항에 위반된 약정은 그 사법상 효력 역시 무효라고 보아야 할 것이다.

(2) 살피건대, 갑 제2호증의 1(확약서)를 보면, 이 사건 약정의 내용은 원고가 피고들의 소유권이전등기 소송에 적극 협조하여 피고들이 재판에서 승소할 경우 원고에게 이 사건 부동산 중 토지에 대하여 1/4 지분을 분배하고, 피고 1은 변호사비용 및 소송비용 등을 원고로부터 차용하여 사용한 다음 소송에서 승소하면 위 차용금을 변제하고, 만약 소송에서 패소한 경우 피고 1은 원고에게 아무런 이행 책임을 지지 않는 것을 내용으로 하고 있으며, 원고 스스로도 재판에 필요한 증거자료를 수집, 제출하는 역할을 수행했고, 이 사건 부동산의 임차인에게 내용증명 우편서류를 작성하여 보내는 등 법률관계 문서 작성을 하는 등 소송을 주관하여 진행했다고 진술하고 있는 것으로 볼 때, 위와 같은 약정은 원고의 비용과 노력으로 소송을 수행하고, 그 성패에 따라 비용과 노력의 대가를 받는 것을 내용으로 하고 있는 것으로 이는 변호사가 아닌 원고가 변호사가 아니면 할 수 없는 업무인 소송 수행을 대리하고 그에 대하여 보수를 받기로 약정한 경우에 해당한다 할 것이고, 위와 같은 약정은 강행법규인 변호사법 제34조 제5항에 위배된 것으로 무효라 할 것이다.

3) 재판 · 수사기관 공무원 및 직무 취급자의 사건 유치행위의 금지

재판 · 수사기관 소속 공무원 또는 재판 · 수사 업무에 종사하는 자는 대가 유무를 불문하고 사건 유치행위를 할 수 없다.

첫째, 재판기관이나 수사기관의 소속 공무원은 대통령령으로 정하는 자기가 근무하는 기관[17]에서 취급 중인 법률사건이나 법률사무의 수임에 관하여 당사자 또는 그 밖의 관계인을 특정한 변호사나 그 사무직원에게 소개·알선 또는 유인하여서는 아니 된다. 다만, 사건 당사자나 사무 당사자가 민법 제767조에 따른 친족인 경우에는 그러하지 아니하다(법 제36조).

둘째, 재판이나 수사 업무에 종사하는 공무원은 직무상 관련이 있는 법률사건 또는 법률사무의 수임에 관하여 당사자 또는 그 밖의 관계인을 특정한 변호사나 그 사무직원에게 소개·알선 또는 유인하여서는 아니 된다. 친족의 경우도 마찬가지이다. 여기서 "직무상 관련"이란 ① 재판이나 수사 업무에 종사하는 공무원이 직무상 취급하고 있거나 취급한 경우 또는 ② ①의 공무원이 취급하고 있거나 취급한 사건에 관하여 그 공무원을 지휘·감독하는 경우 중 어느 하나에 해당하는 경우를 말한다(법 제37조).

윤리규약 제40조 역시 같은 취지에서 "변호사는 법원, 수사기관 등의 공무원으로부터 해당기관의 사건을 소개받지 아니한다"고 규정하고 있다.

위 규정에서 말하는 '소개·알선'이라 함은 법률사건 또는 법률사무의 당사자 등과 특정한 변호사 또는 그 사무직원 사이에서 서로 상대방을 알게 하는 등의 방법으로 그 법률사건 또는 법률사무에 관한 위임계약의 체결을 주선, 중재하거나 편의를 도모하는 행위를 말한다. 어떠한 행위가 위 규정의 소개·알선에 해당하는지는 대상 법률사건 또는 법률사무에 관한 공무원의 직무 내용과 성격, 공무원이 그 행위에 이르게 된 동기, 경위와

---

17 시행령 제8조에 의하면, 법 제36조 본문의 "대통령령이 정하는 자기가 근무하는 기관"이라 함은 해당 공무원이 실제 근무하는 다음의 기관 또는 시설을 말한다. ① 재판기관 : 헌법재판소, 대법원, 고등법원, 특허법원, 지방법원, 가정법원, 행정법원, 지방법원 및 가정법원의 지원, 가정지원, 시·군법원, 고등군사법원과 보통군사법원 ② 수사기관 : 대검찰청, 고등검찰청, 지방검찰청, 지방검찰청 지청, 경찰청, 지방경찰청 및 경찰서, 국민안전처와 지방해양경비안전관서, 「사법경찰관리의 직무를 행할 자와 그 직무범위에 관한 법률」 제3조부터 제5조까지, 제6조의2, 제7조, 제7조의2 및 제8조에 따른 해당 소속기관 또는 시설, 「군사법원법」 제36조 제2항에 따른 고등검찰부와 보통검찰부.

행위의 내용, 공무원과 당사자 또는 변호사와의 관계, 공무원과 당사자 또는 변호사 사이의 사건에 관한 의사연락의 방법과 내용, 실제 사건 수임의 여부와 경위 등 관련 사정을 종합적으로 고려하여 판단한다.[18]

법원은, 지방법원 파산부 재판장이 담당 회생사건의 채무자인 A, B 회사의 관리인들을 소집하여 '○○건설 측 구 경영진에게 회사 부실에 관한 손해배상책임을 물어야 하므로 △△변호사를 찾아가 상담해 보라'는 취지로 말하고, 그 후 위 관리인들이 △△변호사를 방문하여 위와 같은 경위로 방문하게 되었음을 고지하고 채권회수 방안에 대하여 상담한 다음 △△변호사와의 변호사 선임 약정에 관한 사건위임계약허가를 신청하자 이에 관하여 허가 결정을 내린 사건에서 위 행위가 변호사법 제37조의 구성요건에 해당한다고 판시했다.[19]

3. 변호사업무 광고

1) 일반론

앞에서 설명한 바와 같이 과거에는 변호사 광고를 변호사의 품위와 관련된 문제로 바라봤다. 즉 변호사가 자신을 일반 시민에게 알리는 행위는 전문직으로서의 품위를 손상시킨다는 것이다. 그러나 변호사 광고는 단순한 품위 손상의 문제가 아니다. 그것은 법률시장 참여자인 변호사가 자신을 수요자인 시민들에게 알리는 수단이고, 시민들이 광고를 통해 변호사에

18 대법원 2013. 1. 31. 선고 2012도2409 판결.

19 대법원 2013. 1. 31. 선고 2012도2409 판결.

대한 정확한 정보를 얻을 수 있도록 함으로써 시민의 사법 접근권을 확보하는 통로가 되기 때문이다(한인섭 외, 2014: 237).

변호사법에 의하면, 변호사가 자신의 업무를 광고하고 이를 통해 사건을 유치하는 것은 원칙적으로 허용된다. 즉 변호사 · 법무법인 · 법무법인(유한) · 법무조합(이하 이 장에서는 "변호사 등"이라 한다) 등은 자기 또는 그 구성원의 학력, 경력, 주요 취급 업무, 업무 실적, 그 밖에 그 업무의 홍보에 필요한 사항을 신문 · 잡지 · 방송 · 컴퓨터통신 등의 매체를 이용하여 광고할 수 있다(법 제23조 제1항). 다만 허위 광고, 허위 자격의 선전, 변호사의 품위를 손상시키는 광고, 변호사의 공공성이나 공정한 수임절차를 해치거나 소비자에게 피해를 줄 우려가 있는 광고 등과 같이 변호사법 제23조 제2항에서 정한 광고는 하여서는 아니 된다. 변호사법은 광고에 관한 세부 규율을 대한변협이 정하도록 규정하고 있다(법 제23조 제4항). 이에 따라 만들어진 것이 대한변협의 「변호사업무광고규정」이다. 현행 「변호사업무광고규정」(이하 "광고규정"이라 한다) 역시 변호사 등의 광고를 원칙적으로 자유롭게 허용한다.

광고규정 제2조는 광고를 "변호사가 고객 또는 의뢰인의 유치 및 유지를 주된 목적으로 하여 [···] 일체의 방법으로 정보를 제공하는 것"이라고 정의하고 있다. 그리고 제3조는 "변호사는 변호사(구성원 포함) 및 그 업무에 대한 정보와 자료를 제공함으로써 변호사 선택에 도움을 주고, 공정한 경쟁에 의하여 고객을 유치하기 위하여 광고를 할 수 있다."고 규정하고 있다. 이것은 변호사 광고를 허용하는 취지가 고객을 확보한다는 마케팅 측면만이 아니라, 시민의 변호사 선택에 도움을 주기 위한 것임을 천명한 것이다.

위에서 살펴본 바와 같이 변호사법 및 광고규정에 의하면, 법규상의 제한 사유에 해당하지 않는 한 원칙적으로 어떠한 내용이나 방식에 의한 광

〈변호사업무 광고의 예(例)로서 변호사 영입 광고〉

저희 법무법인 이법위인은 노동법 전문가인 김이법 변호사(변호사시험 1회, 고용노동부 근무)를 영입한 데 이어 이번에 M&A 등 기업법률 전문가인 박이로 변호사(변호사시험 2회)를 구성원 변호사로 영입하였습니다.

이를 계기로 저희 법무법인 이법위인은 송무뿐만 아니라 노동, M&A 등 기업법무 분야에서도 최고의 법률서비스를 제공할 것을 약속드립니다.

법무법인 이법위인
대표변호사 이서은

* 사무소: 서울 마포구 공덕동 11 이화빌딩 4층(www.ewhalaw.com)
* 전 화: 02-3277-0000 / 팩스: 02-3277-1111

고도 가능하다. 변호사 광고의 심사를 위해 대한변협과 각 지방변호사회에 설치되는 광고심사위원회는 광고규정 위반행위에 대한 사후적 심사 및 자발적인 질의에 대해 회신하기 위한 기구일 뿐이다. 따라서 광고를 하기 전에 반드시 사전적으로 광고심사위원회의 심사를 거쳐야 하는 것은 아니다.[20]

한편, 변호사는 대한변협에서 자격등록 신청이 수리되기 전이나 소속 지방변호사회에서 입회 신청이 허가되기 전에 미리 변호사 업무에 관한 광고행위를 하여서는 아니 된다(광고규정 제6조).

광고규정 위반행위가 있을 경우 지방변호사회장은 당해 변호사에 대하

20 대한변협 2007. 12. 21. 법제 제2950호 질의회신.

여 광고심사위원회의 의결을 거쳐 경고하거나 위반행위의 중지 또는 시정을 위하여 필요한 요구 기타 필요한 조치를 하고, 이를 대한변협에 보고하여야 한다. 단, 이러한 조치를 하기 전에 해당 변호사에게 변명의 기회를 주어야 한다. 변호사가 이 요구에 불구하고 즉시 시정 조치를 취하지 않을 경우, 지방변호사회장의 명의로 시정 조치 요구 사실 및 그 이유의 요지를 공표할 수 있고, 그 비용은 해당 변호사가 부담한다. 대한변협 회장은 지방변호사회장이 소속 변호사의 광고규정 위반행위가 있음에도 위 조치를 취하지 않을 경우 대한변협 광고심사위원회의 의결을 거쳐 위와 같은 조치 및 기타 필요한 조치를 취할 수 있다(광고규정 제12조).

2) 광고 주체

변호사법 제23조 제1항과 광고규정 제2조 등에 의하면, 변호사업무 광고의 주체는 변호사 등으로 한정된다. 따라서 이들 외의 자는 변호사업무 광고를 할 수 없다. 광고 주체로서의 변호사는 국내에서 변호사 자격을 갖춘 사람에 한정되고, 외국에서 변호사 자격을 얻은 자는 포함되지 않는다.[21]

변호사는 광고 속에 자신의 성명 또는 명칭을 표시하고, 공동으로 광고할 때에는 대표자의 성명 또는 명칭을 표시하여야 한다(광고규정 제10조).

---

21 "변호사법 관련 질의 · 회신", 『인권과 정의』 2007년 8월호, 대한변호사협회, 2007, 155면(최진안, 2014: 316에서 재인용).

3) 광고 목적

변호사업무 광고는 고객 또는 의뢰인의 유치 및 유지를 위한 것이다(광고규정 제2조). 따라서 법무법인이 성악가의 개인 독창회 개최를 후원하면서 그 팸플릿 뒷면 중 후원자들의 명단에 법무법인의 명칭 · 전화번호 등을 등재하도록 한 것은, 고객 또는 의뢰인의 유치 및 유지를 주된 목적으로 하여 한 것이 아니라 음악회의 후원이 주목적이므로 변호사업무 광고에 해당하지 않는다.[22]

4) 광고 방법

변호사법 제23조 제1항에 의하면, 변호사 등은 신문 · 잡지 · 방송 · 컴퓨터통신 등의 매체를 이용하여 광고할 수 있다.

광고규정 제2조 제1호부터 제5호까지는 광고 방법으로 ① 변호사 사무소 간판 등의 설치, ② 국내외의 신문[23] · 잡지 등의 정기 또는 부정기 간행물, 단행본, 화상 및 음성기록물, 일반전화번호부 및 비즈니스 디렉토리, 공중파, 케이블, DMB 기타 각종 방송, 유 · 무선통신, 인터넷, 컴퓨터통신 등 각종 매체의 이용, ③ 인사장, 연하장, 달력, 명함, 봉투, 서식, 편지지 기타의 사무용지 등의 유인물 또는 복사물의 배포, ④ 안내책자, 사외용의 사무소보, 기념품, 안내편지, 관광안내지도, 개업연, 기타의 연회, 협찬, ⑤ 법률상담, 설명회, 세미나 등을 열거하고 있다. 광고규정 제2조가 광고 방법으로서 "아래에 열거된 방식을 포함한 일체의 방법으로 정보를 제공하는

22 대한변협 2005. 12. 8. 법제2771호 질의회신.

23 대한변협은 "교차로"와 같은 무가無價 생활정보지도 신문에 포함된다고 본다(대한변협 2006. 1. 24. 법제 제156호 질의회신).

것"이라고 규정한 점에 비추어 볼 때, 광고규정 제2조 제1호부터 제5호까지 열거된 방법은 예시에 불과하다. 따라서 열거되지 아니한 광고 방법도, 광고규정 등에서 금지하는 것이 아닌 한, 허용된다.[24]

광고규정 제5조는 변호사의 품위 또는 신용을 훼손할 우려가 있는 광고 방법을 제한하고 있다. 위 제5조에 의해 제한되는 변호사업무 광고는 불특정 다수인에게 무차별적으로 광고물 또는 광고 내용을 전달하는 것, 운송수단의 내·외부에 광고를 함으로써 불쾌감·혐오감을 불러일으키거나 그 광고 방법이 유치한 것, 광고 전단의 살포 및 노상 비치와 같이 광고물이 노상路上에 방기되거나 쉽게 훼손되는 현상을 가져오는 것들이다.[25] 광고규정 제5조에 의해 제한되는 광고 방법은 아래와 같다.

첫째, 변호사는 현재 및 과거의 의뢰인(법인 기타 단체인 경우, 담당 임·직원 포함), 친구, 친족 및 이에 준하는 사람 이외의 사람을 방문하거나 전화를 거는 방법으로 광고를 하여서는 안 된다. 다만, 상대방의 동의나 요청이 있는 경우에는 예외로 한다(광고규정 제5조 제1항). 그리고 불특정 다수인에게 팩스, 우편,[26] 전자우편 또는 문자 메시지 등을 보내거나 이에 준하는 방법을 이용하여 광고를 하여서는 안 된다. 다만, 소속 지방변호사회의 허가를 받은 경우에는 그러하지 아니하다(광고규정 제5조 제2항).[27]

---

24 대한변협 2006. 1. 24. 법제 제156호 질의회신.

25 대한변협 2008. 5. 13. 법제 제1618호 질의회신.

26 불특정 다수인의 우편함에 법률사무소의 안내장을 투여하는 행위도 여기에 포함된다(대한변협 2006. 10. 19. 법제 제2416호 질의회신).

27 변호사가 본인이 소속한 법무법인의 명의로 「수신: 아파트관리사무소 소장, 참조 : 아파트 입주자대표회의 회장, 아파트 부녀회장」이라고 기재한 후 「재산세부과처분취소소송 안내문 등」이라는 제목으로 "본 법무법인에서는 공동주택(아파트) 재산세부과처분을 취소하고 과다하게 납부한 재산세액을 환급받기 위한 소송을 준비 중에 있습니다. 이와 관련하여 별첨과 같은 자료를 첨부하오니 검토하시고 연락 주시면 성의껏 답변하여 드리겠습니다"라는 내용과 함께 재산세취소소송 안내문, 선정당사자 선정서, 사건위임계약서 등의 서류를 첨부하여 아파트 단지별로 서신을 보내는 등 특정 사건과 관련하여 불특정한 다수인에게 당해 사건의

둘째, 변호사는 광고이면서도 광고가 아닌 것처럼 가장하는 방법으로 광고를 하여서는 안 된다(광고규정 제5조 제3항). 그리고 광고 대상자에게 의례적인 범위를 넘는 금품 기타의 이익을 공여하거나 공여할 것을 약속하는 방법으로 광고하여서는 안 되고, 제3자가 광고규정에 위반하여 변호사 업무에 관한 정보를 전달하거나 표시행위를 함에 대하여 금품 기타 이익을 공여하거나 공여를 약속하여서도 안 된다(광고규정 제5조 제4항, 제5항).

예컨대 변호사가 개인적인 친분이 있는 보험설계사의 명함 뒷면에 "법률상담/○○○변호사/전화번호○○○"라는 내용을 기재하여 보험설계사의 고객들에게 자연스럽게 알리는 것은 그 보험설계사를 통하여 광고가 아닌 것처럼 가장하여 명함을 배포하는 것으로서 광고규정에 위반된다.[28] 그리고 월간지에서 회원사인 특정 법무법인의 공정거래 전문팀을 기사 형식으로 소개하는 것이 그 업무를 취급하는 법무법인에 대한 정보를 소비자에게 공개하여 알리는 차원이라면 문제될 것이 없으나, 월간지 발행인 측이 해당 법무법인으로부터 협찬금 기타 어떤 명목으로든 금품을 수수하면, 이것 역시 광고이면서도 광고가 아닌 것처럼 가장하는 방법에 해당하여 광고규정에 위반되는 것으로 볼 수 있다.[29]

셋째, 그 밖에도 변호사는 ① 자동차, 전동차, 기차, 선박, 비행기 기타 운송 수단의 내·외부에 광고물을 비치, 부착, 게시하는 행위, ② 현수막을 설치하거나 애드벌룬, 도로상의 시설 등에 광고물을 비치, 부착, 게시하는 행위, ③ 광고 전단, 명함 기타 광고물을 신문 기타 다른 매체에 끼워 배포하거나, 공공장소에서 불특정 다수에게 나누어 주거나, 차량, 비행기 등을

의뢰를 권유하는 내용의 광고를 하고, 불특정 다수인에게 우편물을 보내는 방법으로 광고를 하는 것은 징계사유에 해당한다(대한변협 2005. 8. 22. 결정, 징계 제2004-53호).

28 대한변협 2005. 11. 23. 법제 제2681호 질의회신.

29 대한변협 2006. 5. 12. 법제 제1531호 질의회신.

이용하여 살포하거나 불특정 다수인에게 제공하기 위하여 옥내나 가로상에 비치하는 행위, ④ 확성기, 샌드위치맨, 어깨띠 등을 사용하여 광고하는 행위, ⑤ 기타 이에 준하는 변호사의 품위를 손상시키는 공고 방법으로서 별도의 세부 기준이 정하는 광고 등의 방법으로 광고할 수 없다(광고규정 제5조 제6항).

넷째, 변호사가 다른 목적을 위한 광고를 하는 경우에는 변호사 업무에 관한 광고와 동시에 또는 연결하여 할 수 없다(광고규정 제5조 제7항).

변호사는 광고를 한 경우 그 광고물 또는 사본, 사진 등 당해 광고물에 갈음하는 기록과 광고 일시 · 장소 · 송부처 등의 광고 방법 등 당해 광고에 관련한 기록을 광고 종료 시부터 3년간 보관하여야 한다(광고규정 제11조).

〈대한변협 2008. 5. 13. 법제 제1618호 질의회신〉

1. 질의의 요지

아파트 관리사사무소가 지정한 아파트의 각 동 1층 로비 게시판에 A4 크기의 광고물로서, 질의서에 첨부된 것과 같은 내용의 법률서비스 제공에 대한 광고를 하는 것이 허용되는지 여부 [생략]

3. 검토 의견

가. 광고 방법 및 그 허부에 관하여

변호사업무광고규정 제5조(광고 방법 등에 대한 제한)의 전반적인 규정 취지는, 변호사의 품위 또는 신용을 훼손할 우려 여부를 기준으로 광고 방법을 제한하고 있습니다. 즉 광고 방법의 제한 기준은, 불특정 다수인에게 무차별적으로 광고물 또는 광고 내용을 전달하거나, 운송 수단의 내외부에 광고를 하는 등으로 광고로 인한 불쾌감, 혐오감을 일으키거나, 또는 광고 방법이 유치하고, 광고물 자체가 노상 등에 방기되거나 쉽게 훼손되는 현상을 가져오는 광고 전단 살포 및 노상 비치 등을 제한하는 것입니다.

질의 사안의 경우, 아파트 관리사무소의 검인 하에 지정된 게시판에 1주일 정도의 제한된 기간 동안 광고물을 부착 게시하는 것으로서, 변호사업무광고규정 제5조(광고 방법 등에 대한 제한) 규정에 어긋나지 아니하는, 즉 변호사의 품위 또는 신용을 훼손할 우려가 없는 적정한 광고 방법으로 사료됩니다.

나. 광고 내용 및 그 허부에 관하여

질의 사안의 경우, 그 광고 내용 역시 법무법인의 종합법률서비스를 고객들의 가까운 곳에서 제공한다는 것으로 법무법인의 장소와 연락처 정도를 알리는 단순한 광고 내용으로서, 변호사업무광고규정 제4조(광고 내용에 대한 제한) 규정을 벗어나지 아니하며, 변호사의 품위 또는 신용을 훼손할 우려가 없는 광고 내용으로 판단됩니다.

한편, 한국에서 인터넷은 중요한 광고 방법 중 하나이다. 인터넷 광고와 관련하여 광고규정 제19조는 "인터넷, 컴퓨터, 방송, 유 · 무선통신 등을 이용한 광고에 대하여 이 규정에 정해진 원칙을 기초로 하여 별도의 세부 기준을 정할 수 있고, 그 밖에 이 규정의 시행에 필요한 세부 기준을 정할 수 있다."고 규정하고 있다. 이에 따라 제정한 것이 「인터넷등을이용한변호사업무광고기준」이다.

위 기준에 따르면, 예컨대 법무법인이 인터넷 홈페이지, 블로그, 카페 등에 특정 사건의 수임에 관한 안내문을 게재하여 놓은 상태에서 인터넷 이용자가 스스로 필요에 의해서 홈페이지 등에 접근하여 이를 열람하는 것은 허용된다. 다만 이 경우에도 그 홈페이지 등을 운영하는 변호사나 그 사용인 등이 불특정 다수인에게 이메일, 문자 메시지 등을 보내거나 이에 준하는 방법을 이용하여 광고를 하거나 위 홈페이지 등에 접근하도록 유도

하는 것은 광고규정에 위반될 소지가 있다는 점에 유의해야 한다.[30]

〈인터넷등을이용한변호사업무 광고기준의 주요 내용〉

제2조(인터넷등의 정의) 이 규정에서 인터넷 등이라 함은 다음 각 호와 같다.

1. 인터넷 웹사이트 상에 개설된 홈페이지, 웹페이지, 게시판, 대화방, 카페, 블로그, 이메일, 웹메일 기타 이에 준하는 매체물

2. 컴퓨터, PDA, 휴대전화, 무선통신 등 전송매체 및 공중파, 케이블, DMB 등 방송매체 등을 통하여 문자, 사진, 음향, 동영상 등을 전달할 수 있는 매체물

제3조(인터넷등 광고기준) ① 인터넷 등을 이용하여 홈페이지의 링크 및 키워드 검색 등을 통한 변호사의 인터넷 홈페이지를 소개하는 방식에 의한 광고는 허용된다.

② 변호사는 제3자가 운영하는 인터넷 등에 이용자로 가입하고, 제3자는 변호사를 통하여 일반 법률 소비자에게 무료로 법률상담을 하는 경우, 제3자로 하여금 변호사나 일반 법률 소비자로부터 법률상담과 관련하여 회비, 사용료, 수고비, 리베이트 등 명목 여하를 불문하고 금품 기타 이익을 받게 하거나 약속하도록 하여서는 아니 된다.

제4조(하나의 웹사이트를 이용한 광고) ① 변호사는 인터넷 등 하나의 웹사이트에 다른 변호사와 공동으로 업무나 경력 등에 대한 광고를 할 수 있다.

② 변호사는 제1항의 광고를 함에 있어서 그 내용이나 방법이 법률 소비자로 하여금 실제와 달리 공동 근무 또는 업무 제휴 등을 하고 있는 것으로 오인, 혼동을 줄 수 있도록 하여서는 아니 된다.

③ 변호사는 인터넷 포털업체 기타 제3자가 운영하는 인터넷 등이 제2

30 대한변협 2008. 9. 23. 법제 제2305호 질의회신.

항의 오인, 혼동 등을 불러일으킬 수 있는 경우 회원 가입 기타의 행위에 협조하여서는 아니 된다.

5) 광고 내용

변호사법 제23조 제1항에 의하면, 변호사 등이 광고할 수 있는 내용은 "자기 또는 그 구성원의 학력, 경력, 주요 취급 업무, 업무 실적, 그 밖에 그 업무의 홍보에 필요한 사항"이다. 광고규정 제2조 역시 광고를 "자기 또는 그 구성원이나 그 업무에 관하여 […] 정보를 제공하는 것"이라고 정의하고 있다.

변호사업무 광고의 내용과 관련해서는 변호사법 제23조 제2항과 광고규정 제4조 등이 규율하고 있다. 위 규정에 의하면, 변호사는 직접 또는 타인을 통해 아래와 같은 광고를 할 수 없다. 이러한 제한 규정에 해당하지 않으면 원칙적으로 어떠한 내용의 광고도 가능하다.[31]

첫째, 변호사는 변호사의 업무에 관한 거짓된 내용 즉 객관적 사실에 부합하지 아니하거나 허위의 내용을 표시한 광고, 객관적 사실을 과장하거나 사실의 일부를 누락하는 등으로 소비자를 오도하거나 소비자에게 오해를 불러일으킬 우려가 있는 내용의 광고 등을 할 수 없고(법 제23조 제2항 제1호, 제3호 및 광고규정 제4조 제1호, 제2호), 국제변호사 기타 법적 근거가 없는 자격이나 명칭을 표방하는 내용의 광고를 할 수 없다(법 제23조 제2항 제2호, 광고규정 제4조 제6호).

변호사가 보험업계에 종사하는 FC(Financial Consultant) 및 공인회계사 또는 세무사와 함께 각자의 사진, 성명, 학력, 약력, 사무소 주소 및 연락처

31 대한변협 2007. 6. 4. 법제 제1702호 질의회신.

를 게재한 브로셔 형태의 유인물을 제작하여 각자의 사무실에 내방하거나 상담을 하는 고객에게 배포하는 것과 관련하여, 대한변협은 이러한 형태의 광고는 그 의도가 변호사 아닌 다른 업종에 종사하는 전문가들과 동업으로(또는 협력하여) 사건을 처리해 준다는 인상을 주려는 것으로 보이고, 이를 본 고객의 입장에서도 변호사 아닌 다른 업종에 종사하는 전문가들과 함께 사건을 처리해 준다는 의미로 오해할 여지가 충분히 있을 수 있으므로, 광고규정 제4조 제2호에 해당할 여지가 상당하다고 회신했다.[32]

둘째, 변호사는 승소율·석방률, 기타 고객으로 하여금 업무 수행 결과에 대하여 부당한 기대를 가지도록 하는 내용의 광고, 다른 변호사를 비방하거나 다른 변호사나 그 업무의 내용을 자신의 입장에서 비교하는 내용의 광고 등을 할 수 없다(법 제23조 제2항 제4호, 제5호 및 광고규정 제4조 제3호, 제4호).

셋째, 변호사는 특정 사건과 관련하여 당사자나 이해관계인(당사자나 이해관계인으로 예상되는 자 포함)에 대하여 그 요청이나 동의 없이 방문, 전화, 팩스, 우편, 전자우편, 문자 메시지 송부 기타 이에 준하는 방식으로 접촉하여 당해 사건의 의뢰를 권유하는 내용의 광고를 할 수 없다. 다만, 소속 지방변호사회의 허가를 받은 경우에는 그러하지 아니하다(광고규정 제4조 제5호).

넷째, 변호사는 부정한 방법을 제시하는 등 변호사의 품위 또는 신용을 훼손할 우려가 있는 내용의 광고를 할 수 없다(법 제23조 제2항 제6호 및 광고규정 제4조 제6호).

다섯째, 변호사는 과거에 취급했거나 관여한 사건이나 현재 수임 중인 사건 또는 의뢰인(고문 포함)을 표시하는 내용의 광고를 할 수 없다(광고규정 제4조 제8호 본문). 이러한 광고는 의뢰인에 대한 정보 및 사생활 등이 누설

32 대한변협 2007. 12. 21. 법제 제2950호 질의회신.

되어 변호사의 비밀유지의무를 위반하는 결과에 이를 수 있기 때문이다. 따라서 의뢰인이 동의하거나, 당해 사건이 널리 일반에 알려져 있거나 의뢰인이 특정되지 않는 경우 등 의뢰인의 이익을 해칠 우려가 없는 경우에는 위 광고 방법이 허용된다(광고규정 제4조 제8호 단서).

일반적으로 의뢰인을 비실명 처리하는 등의 방법으로 그 의뢰인을 알 수 없게 하여 광고를 하는 것은 광고규정 제4조 제8호의 단서에 따라 허용되는 광고라 할 수 있다. 다만, 의뢰인을 비실명 처리하는 것만으로는 의뢰인을 알 수 없게 하기에 충분하지 않고 광고 내용이 의뢰인의 이익을 해할 수 있는 경우에는 결과적으로 광고규정에 위반될 수도 있다. 예컨대 광고 내용 중에 구체적인 사건번호를 기재하는 것은, 해당 사건에 대한 판결문이 첨부되는 경우에는 비록 비실명 처리를 한다 하더라도 판결문의 내용을 통해 그 소송 당사자를 특정할 수 있고, 판결문이 첨부되지 않더라도 검색 등을 통해 제3자가 구체적인 사건의 내용을 알 수 있으므로, 의뢰인의 동의를 받는 등 광고규정 제4조 제8호 단서의 예외에 해당하지 않는 한, 광고규정 제4조 제8호 본문에 따라 허용되지 않는다.[33]

여섯째, 변호사는 그 밖에 광고의 방법 또는 내용이 변호사의 공공성이나 공정한 수임 질서를 해치거나 소비자에게 피해를 줄 우려가 있는 것으로서 기타 법령 및 대한변협의 회칙이나 규정에 위반하는 내용의 광고를 할 수 없다(법 제23조 제2항 제7호 및 광고규정 제4조 제9호).

한편, 변호사는 유료 또는 무료 법률상담에 관한 사항을 광고할 수 있고, 법률상담 방식에 의한 광고도 할 수 있다(광고규정 제8조 제1항). 이 경우 변호사는 ① 변호사 아닌 자가 법률상담의 대가의 전부 또는 일부를 직접 또는 간접적으로 갖는 경우, ② 변호사 또는 법률상담의 대상자가 법률상담

33 대한변협 2007. 12. 21. 법제 제2948호 질의회신.

연결 또는 알선과 관련하여 대가(알선료, 중개료, 회비, 가입비, 기타 명칭 불문)를 지급하는 경우(간행물, 인터넷, 케이블티브이를 포함한 유료 광고 매체를 사용하는 경우에 변호사가 통상적인 사용료 또는 광고료를 지급하는 경우는 포함하지 아니한다), ③ 제3자의 영리를 위한 사업의 일환으로 운영되는 법률상담에 참여하는 경우, ④ 기타 법령 및 대한변협의 회칙이나 규정에 위반되는 행위를 목적 또는 수단으로 하여 행하는 경우 등에는 법률상담과 관련한 광고를 하거나 하게 허용하여서는 아니 된다(광고규정 제8조 제2항).

〈대한변협 2007. 11. 19. 법제 제2719호 질의회신〉

1. 질문의 요지

지역신문 광고지에 가. "개인회생, 파산 전문가에게 상담받으세요!", 나. "사건 수임 후 불인가 시 수임료 전액 환불", 다. "충북 접수 1위, 확정자 1위"라고 게재한 광고 내용이 광고규정 등에 위반되는지 여부

2. "개인회생, 파산 전문가에게 상담받으세요!"의 광고 내용에 관하여

가. 변호사와 법무사만이 개인회생, 파산사건 업무를 대리 및 처리할 수 있고 바로 밑에 ○○○ 법률사무소라고 기재되어 있으므로, 이 광고의 주체는 ○○○ 법률사무소로 보이므로 위 전문가는 변호사로 보이고 개인회생, 파산 전문가라고 광고하여 개인 회생, 파산 업무에 관하여 전문이라는 용어를 사용하고 있습니다.

나. 변호사업무광고규정 제7조 제3항은 변호사는 자신이나 자신의 업무에 대하여 "최고", "유일", "전문" 기타 이와 유사한 용어를 사용하여 광고할 수 없다고 되어 있으므로 개인회생, 파산 전문가는 위 규정에 위배되어 사용할 수 없는 것으로 사료됩니다.

3. "사건 수임 후 불인가 시 수임료 전액 환불"의 광고 내용에 대하여

가. 변호사업무광고규정 제4조 제1호 내지 제9호의 광고 내용 제한에 직

접으로 위배된다고 보이지는 않습니다.

나. 변호사윤리장전 제2조(기본 윤리) 제3항에 '변호사는 직무의 내외를 불문하고 품위를 해하거나 공공복리에 반하는 행위를 하여서는 아니 된다.' 라고 규정하고 있고, 제37조(보수의 부당경쟁 규제)에 '변호사는 사건의 유치를 위하여 상담료, 고문료, 감정료 기타 보수 등에 관하여 다른 변호사와 부당하게 경쟁하여서는 아니 된다.'라고 규정하고 있는 바, 불인가 시 수임료 전액 환불의 광고는 사건 유치를 위하여 다른 변호사와 부당하게 경쟁하는 한 방법이라고 보여지고, 불인가 시 수임료 전액 환불이라는 조건부 선임으로 변호사로서의 품위를 해할 우려가 있다고 보이므로 변호사윤리장전 제2조, 제37조에 위배되므로 이러한 내용의 광고를 할 수 없습니다.

4. "충북 접수 1위, 확정자 1위"의 광고 내용에 대하여

변호사업무광고규정 제4조 제3호는 승소율, 석방률 기타 고객으로 하여금 업무 수행 결과에 대하여 부당한 기대를 가지도록 하는 내용의 광고는 금지되어 있습니다. 따라서 개인회생, 파산 충북 접수 1위, 확정자 1위는 승소율로 볼 수도 있고 또한 기타 고객으로 하여금 업무 수행 결과에 대하여 부당한 기대를 가지도록 하는 내용의 광고에 해당하므로, 위 규정 제4조 제3호에 해당되어 이러한 내용의 광고를 할 수 없습니다.

6) 주요 취급 분야 등의 광고 및 전문 분야의 등록

변호사업무 광고에서 변호사의 활동과 관련하여 객관적인 사실을 알리는 것은 일반적으로 허용되지만, 변호사 활동의 질적 수준과 관련된 사항을 광고하는 것은 제한된다.[34] 변호사 활동의 질은 주관적 평가에 기초한

34 예컨대 광고규정 제7조는 변호사가 자신의 업무에 대해 "최고", "유일" 기타 이와 유사한 용

것이므로 그에 관한 광고는 소비자를 오도할 수 있고, 이는 변호사에 대한 신뢰를 훼손하는 결과를 초래하기 때문이다(오종근, 2007: 9).

그런데 법률사건의 의뢰인이라면 누구나 자신의 사건에 관해 전문성을 갖춘 변호사를 원한다. 소비자의 입장에서는 자신이 안고 있는 법률문제를 어떤 변호사가 가장 적절하게 처리할 수 있는지에 대한 정보를 얻고자 하는 욕구가 강하다. 현대 사회에서는 다양한 법률문제가 발생하는데, 어느 한 변호사가 모든 법률문제에 정통하기를 기대하는 것은 불가능하기 때문이다. 변호사의 입장에서도 특정한 법 분야에 대해 특별한 전문지식과 실무 경험을 갖추었음에도 자신을 전문 변호사로 표시하는 것이 금지된다면, 이는 한편으로 해당 변호사의 직업 행사의 자유 내지 표현의 자유를 침해하는 것이며, 다른 한편으로는 법률서비스 정보에 대한 일반인의 접근권을 침해하는 것이다. 따라서 어떤 변호사가 특정 분야의 법률문제에 대해 전문적 지식과 경험을 가진 경우나 특정한 분야의 법률문제를 중점적으로 다루고 있는 경우, 이에 대한 광고를 허용하는 것은 소비자나 변호사 모두에게 필요하다. 전자의 경우에는 '○○법 전문 변호사'라는 형식으로, 후자의 경우에는 '주요 취급 분야'라는 형식으로 광고를 하게 된다(오종근, 2007: 9-10; 오종근, 2010: 260).

전문 분야를 표시하는 광고는 주요 취급 분야를 표시하는 광고와 구별된다. 전문 분야의 표시는 그 평가가 주관적인데 비해 주요 취급 분야의 표시는 일정한 기준에 따른 객관적 평가에 기초한다는 점에 차이가 있다. 즉, 전문 분야를 표시하는 광고는 주요 취급 분야를 표시하는 광고에 비해 더 전문화된 능력을 전제로 한다. 그런데 그 변호사에게 해당 분야에 관한 특별한 능력이 있다는 점을 증명할 만한 객관적 지표가 없는데도 그러한 광

어를 사용하여 광고하는 것을 금지하고 있다.

고를 허용한다면, 그것은 허위 광고에 해당하거나 소비자의 합리적 판단을 방해하는 광고를 용인하는 결과를 초래할 수 있다(오종근, 2007: 10; 오종근, 2010: 260).

이러한 점을 고려하여 변호사법은 아래와 같이 변호사가 자신의 주요 취급 업무 등을 광고하는 것을 원칙적으로 허용하면서도, 전문 분야의 광고에 관해서는 등록 제도를 따로 마련하고 있다.

첫째, 변호사는 주로 취급하는 업무를 광고할 수 있다. 이때 변호사는 주요 취급 업무, 주로 취급하는 분야, 주요 취급 분야, 전문 등과 같은 용어를 사용할 수 있다(광고규정 제7조 제1항). 다만, "전문" 표시는 「변호사 전문 분야 등록에 관한 규정」에 따라 대한변협에 전문 분야 등록을 한 변호사만이 사용할 수 있다(광고규정 제7조 제1항).

둘째, 변호사는 자신이나 자신의 업무에 대해 '최고', '유일'과 같은 용어를 사용하여 광고할 수는 없다(광고규정 제7조 제3항). '최고', '유일'과 같은 용어는 업무의 질에 대한 것으로서 광고하는 변호사의 주관적 평가에 따른 것이므로 검증할 수 없는 표현이다. 이러한 용어는 고객을 오도할 수 있는 것으로서 변호사 직무의 공공성에 비추어 볼 때 허용할 수 없다(오종근, 2007: 20).

8장

변호사의 보수

1. 총설

변호사의 보수는 변호사가 제공하는 법률서비스의 대가이다(오종근, 2004: 77). 변호사는 의사, 성직자와 함께 전통적으로 전문직profession의 하나로 여겨졌다. 본래 전문직의 활동은 무상행위가 원칙이었다. 이는 전문직에 종사하는 자들이 경제적으로 여유가 있는 계층이라는 것도 배경으로 작용했다. 그러나 오늘날에는 변호사, 의사에 대해서는 적정한 보수가 시인되고 있다(오종근, 2004: 77).

변호사 보수는 시장에서 거래되는 용역(법률서비스)의 대가로 지급되는 것임에도 불구하고, 수요 공급의 원칙에 의해 결정되지 않는다는 점에 그 특징이 있다. 변호사만이 법률서비스를 제공할 수 있는데, 그 변호사 자격의 취득은 엄격히 제한되어 있어, 즉 공급 측면이 엄격히 제한되어 있어 수

요와 공급의 균형에 의한 가격 결정이 곤란한 것이다. 또한 전통적으로 변호사업무 광고에는 많은 제약이 있고, 그로 인해 법률서비스에 대한 가격 즉 보수액에 관한 정보를 일반인이 얻기 어렵다. 이처럼 일반적인 경제 원칙에 의해 결정될 수 없다는 점은 변호사 보수에 대한 규제를 검토할 때 중요하게 고려된다(오종근, 2004: 77-78).

법조윤리와 관련된 쟁점 중에서 이상과 현실이 가장 심하게 불일치하는 부분 중 하나가 보수에 관한 것이다. 변호사는 공무원이 아니고 의뢰인으로부터 업무의 대가를 받아 생계를 유지하는 사인私人이다(전경운, 2004: 203). 현실적으로 변호사는 보수를 얻어야만 자신의 경제활동을 지속할 수 있다. 이와 함께 변호사는 인권 옹호와 사회정의 실현이라는 사명을 지고 있다. 변호사 제도는 법치국가의 중요한 토대이기도 하다. 즉, 변호사 직무는 공공적 성격을 띠고 있다. 그런데 변호사 보수가 지나치게 높을 경우 그것은 무자력자가 변호사의 도움을 받을 기회를 박탈함으로써 시민의 사법제도 접근 기회를 제한하는 결과를 초래할 수 있다.

변호사를 선임한 경험이 있는 많은 이들은 변호사의 보수가 지나치게 높다는 불만을 표시한다. 변호사들은 고도의 지적 서비스를 제공한 것에 대한 합당한 보수라고 주장하지만, 의뢰인들은 이를 쉽게 납득하지 못한다. 변호사의 높은 보수에 관한 의문은 최근에 생겨난 문제가 아니다. 이는 변호사 제도가 생겨난 이후 수세기 동안 그리고 현재에도 여전히 논의되고 있는 쟁점 중 하나이다.

로스쿨 학생들이 장차 변호사로 활동하게 되면 보수와 관련된 문제를 가장 많이 고민하게 될 것이다. 이와 관련하여 어떠한 기준이 있다고 말하기는 어렵다. 일반적으로, 자신이 일하는 법률사무소에 보수에 관한 기준이 있으면 그에 따르고 그것이 없는 경우에는 판례, 윤리규약 및 관행 등에 맞춰 보수를 책정한다. 이때 변호사 보수라는 것이 자신이 제공하는 용역의 대가일 뿐만 아니라 시민의 권리 행사와 관련되어 있다는 점을 유념해야 한다. 따라서 경제적 여력이 없는 자가 선임을 희망할 경우 무조건 사무소의 기준이나 관행을 내세울 것이 아니라, 법률구조의 방식으로 수임할 수는 없는지, 보수의 분할 납부 등을 통해 의뢰인의 부담을 분산시킬 수는 없는지, 착수금을 받지 않는 대신 성공보수를 조금 높게 책정함으로써 의뢰인의 초기 부담을 덜어 줄 수는 없는지 등을 고민할 필요가 있다. 또한 현금 이외에 신용카드를 통해 보수를 지급받는 것에 대해 거부감이 없어야 한다.

변호사법은 변호사 보수에 대해 일반적 규제 조항을 두고 있지는 않다. 원칙적으로 보수의 결정은 계약의 영역에 맡겨져 있는 것이다. 다만, 판례 등에 의해 일정한 제한 규범이 형성되어 있다. 그리고 윤리규약은 제3장 제3절 "보수"에서 그와 관련한 기준을 정하고 있다. 여기에서 대한변협은, 변호사는 직무의 공공성과 전문성에 비추어 부당하게 과다한 보수를 약정하지 아니한다고 규정하고(규약 제31조 제1항), 이 취지에 입각하여 변호사 보수에 관한 여러 제한 규정을 두고 있다.

2. 변호사 보수의 종류

변호사 보수는 보수 산정 방식에 따라 시간기준보수, 가액기준보수, 정액보수 등으로 분류할 수 있으며, 변호사가 제공하는 법률서비스의 내용에 따라 사건보수, 사무보수, 실비변상 등으로 분류할 수 있다. 이와 관련하여 대한변협 회칙 제44조 제1항은 "변호사는 그 직무에 관하여 사무보수, 사건보수 및 실비변상을 받을 수 있다.", 제2항은 "사무보수는 상담료, 감정료, 문서작성료 및 고문료로, 사건보수는 그 사건의 종류에 따라 착수금과 성공보수로, 실비변상은 수임사무 및 사건의 처리비용과 여비 등으로 나눌 수 있다."고 규정하고 있다. 아래에서는 변호사 보수를 그 산정 방식과 서비스 내용에 따라 나눠 설명한다(오종근, 2004: 78-81).

1) 보수 산정 방식에 따른 분류

첫째, 시간기준보수는 변호사 등이 해당 사건을 처리하기 위해 소비한 시간에 시간당 보수액을 곱하여 산정한다. 시간기준보수는 상담, 감정, 문서 작성 등 일정한 사무 처리에 대한 보수 방식으로 주로 이용된다. 최근에는 기업이 의뢰하는 소송사건에서도 이용되고 있다.

둘째, 가액기준보수는 수임한 사건 · 사무의 경제적 가치에 대한 일정 비율을 보수로 산정하는 방식이다. 비율 산정의 기초가 되는 경제적 가치로는 대상물(소송물)의 경제적 가액이나 승소 금액 또는 의뢰인이 현실적으로 취득한 금액 등을 들 수 있다. 가액기준보수의 경우 기준이 되는 가액이 소액인 때는 변호사가 들인 노력에 비해 보수가 과소하게 되고, 역으로 기준이 되는 가액이 다액인 때는 보수가 과다해질 수 있다. 따라서 가액기준보수에서는 사건 · 사무의 경제적 가치가 증대될수록 비율을 낮추는 방식(역진제)이 일반적으로 활용된다.

셋째, 정액보수는 형사사건처럼 시간기준보수나 가액기준보수로 보수 약정을 하기 곤란한 경우에 특정한 금액을 변호사 보수로 약정하는 방식이다. 한편 상담료, 감정료, 문서 감정료 등과 같은 사무보수는 일정한 금액의 정액보수에 소요되는 시간을 기준으로 한 시간기준보수를 추가하는 형태의 혼합형 보수 약정이 일반적이다.

2) 서비스 내용에 따른 분류

첫째, 사건보수는 후술하는 사무보수에 대응하는 것이다. 변호사가 수임사무를 처리한 결과에 있어서 성공과 실패가 있는 법률사무의 처리에 대한 보수를 말한다. 사건보수는 소송뿐만 아니라 화해나 계약의 교섭과 같이 소송을 전제로 하지는 않지만 대립 당사자가 있을 때 혹은 일의 성과가 중요한 사무 처리에 관해 정하는 경우도 있다. 사건보수는 사건 및 심급마다 1건으로 하여 정하는 것이 일반적이다. 사건보수는 가액기준보수 방식으로 약정하는 것이 원칙적인 모습이지만, 기준이 되는 가액을 정할 수 없는 형사사건에서는 정액보수가 일반적이다.

사건보수는 착수금과 성공보수로 나눌 수 있다(대한변협 회칙 제44조 제2항). 착수금은 사건 처리의 결과와 관계없이 지급되는 보수로서 일반적으로 사건 수임 시에 지급된다. 성공보수는 사건을 성공적으로 처리하는 것을 조건으로 지급되는 보수로서 사건이 종료한 후에 지급되는 것이 일반적이다. 성공보수 약정은 수임사건의 결과에 따라 일정 금액을 받거나 그 경제적 가액의 일정 비율을 받기로 약정한다(착수금과 성공보수에 관하여는 뒤에서 좀 더 자세히 설명한다).[1]

---

1 형사사건에서 피고소인의 기소 또는 구속 등을 이유로 성공보수를 받을 수 있는지가 문제된 적이 있다. 대한변협은 다음과 같이 설명하며 고소 · 고발 사건의 성공보수 약정이 가능하다고 회신했다. "고소 · 고발사건의 대리 업무를 수임한 변호사는 형사소송법 등에 정해진 절차에 따라 고소 · 고발사건의 혐의가 충분하다는 점과 경우에 따라서는 이로 인한 피해가 중하다는 점 등 그 정상에 관한 사항까지 입증하는 것이 본연의 임무입니다. 이 경우 보수를 어떻게 책정할 것인지는 위임인과 변호사의 약정에 따른 문제이며, 가령 착수금과 성공보수 방식으로 약정하더라도 그것이 변호사법이나 윤리강령에 위반되는 것은 아닙니다. 그리고 성공보수약정에서 피고소인이 기소 또는 구속된 경우를 성공보수의 지급 조건으로 약정하는 것도 가능합니다. 한편, 질의하신 사안에서 약정된 보수액의 적정성 여부는 위임사건의 내용, 변호사가 처리한(처리하여야 하는) 업무의 양, 업무의 난이도, 수임인이 가지는 이해관계의 정도 등 제반 사정에 따라 판단되어야 할 것인 바, 질의에 제시된 자료

둘째, 사무보수란 위임 사무 처리의 결과에 있어서 성공과 실패가 의미를 갖지 않는 법률사무의 처리에 대한 보수를 말한다. 사무보수에는 상담료, 감정료, 문서 작성료, 고문료 등이 있다(대한변협 회칙 제44조 제2항).

셋째, 실비변상은 수임사무 및 사건을 처리하는 데 소요되는 비용 및 여비를 말한다(대한변협 회칙 제44조 제2항). 이 점에서 실비변상은 엄격한 의미에서의 보수는 아니며, 일반적으로 변호사 보수와는 별도로 지급된다. '수임사무 및 사건의 처리 비용'에는 도면 · 모형 · 사진 등 제작비, 인지대, 송달료, 복사료, 우편료, 통신료, 기타 사무 · 사건을 처리할 때 소요되는 비용이 포함된다. '여비'는 변호사 또는 사무원이 사무의 처리를 위해 출장을 갈 때 소요되는 실비로서 교통비, 숙박료, 일당 등을 의미한다.

3. 변호사 보수의 결정

1) 유상계약으로서의 변호사 선임 계약

변호사 선임 계약은 일반적으로 위임계약으로서의 성격을 지닌다. 민법상 위임계약은 무상계약이 원칙이지만, 변호사 선임 계약을 할 때에는 보수 지급 약정을 하는 것이 일반적이다(오종근, 2004: 82). 그리고 그 보수는 수임인인 변호사와 위임인인 의뢰인의 자유로운 합의에 의해 결정하는 것이 원칙이다.[2]

한편, 선정당사자가 선정자로부터 별도의 수권 없이 변호사 보수에 관

만으로는 보수의 과다 여부를 판단하기 곤란합니다."(대한변협 2008. 4. 8. 법제 제1345호 질의회신).

2 대법원 2009. 7. 9. 선고 2009다21249 판결.

한 약정을 하였다면, 선정자들이 이를 추인하는 등의 특별한 사정이 없는 한 선정자에 대하여 효력이 없다. 또한 보수와 관련해 부제소합의를 하거나 소송에서 소취하 합의를 했지만, 이와 관련하여 선정자들로부터 별도로 위임받은 바가 없는 경우에도 마찬가지다. 변호사인 소송대리인과 사이에 체결하는 보수 약정은 소송 위임에 필수적으로 수반되어야 하는 것은 아니므로 선정당사자가 그 자격에 기한 독자적인 권한으로 행할 수 있는 소송 수행에 필요한 사법상의 행위라고 할 수 없기 때문이다.[3]

변호사 선임 계약을 체결하면서 보수 약정을 하지 않은 경우에 변호사에게 보수청구권을 인정할 수 있는지가 문제된다. 판례에 의하면, 의뢰인이 변호사에게 사건의 처리를 위임할 때 그 보수 지급 및 액수에 관하여 명시적인 약정을 하지 않았다 하더라도, 무보수로 한다는 등 특별한 사정이 없는 한, 응분의 보수를 지급할 묵시의 약정이 있는 것으로 본다.[4] 소송의 위임뿐만 아니라 법률상담, 계약서 작성 등과 같은 법률사무를 위임한 경우에도 마찬가지라고 해석해야 한다(오종근, 2004: 82).

변호사가 소송 대리를 위임받은 후 소송 제기 전에 행한 사전 사무를 통해 위임 목적을 달성함으로써 결국 소송 제기를 할 필요가 없게 된 경우, 설령 의뢰인과 변호사 사이에 소송 외의 방법에 의한 사무 처리에 관한 보수 약정이 없더라도, 의뢰인은 변호사에게 일정한 보수를 지급해야 한다.[5]

〈대법원 1982. 9. 14. 선고 82다125, 82다카284 판결〉

민사사건의 소송대리사무를 위임받은 변호사가 소송 제기 전에 상대방

3 대법원 2010. 5. 13. 선고 2009다105246 판결.

4 대법원 1975. 5. 25. 선고 75다1637 판결, 1993. 3. 12. 선고 92다42941 판결, 1995. 12. 5. 선고 94다50229 판결.

5 대법원 1982. 9. 14. 선고 82다125 판결.

에 채무 이행을 최고하고 형사고소를 제기하는 등의 사무를 처리함으로써 사건위임인과 상대방 사이에 재판외 화해가 성립되어 결과적으로 소송 제기를 할 필요가 없게 된 경우에, 사건 본인과 변호사 사이에 위와 같은 소제기에 의하지 아니한 사무 처리에 관하여 명시적인 보수의 약정을 한 바 없다고 하여도 특단의 사정이 없는 한 사건위임인은 변호사에게 위 사무 처리에 들인 노력에 상당한 보수를 지급할 의무가 있다.]

2) 보수 약정의 방식

변호사 보수는 의뢰인과 변호사 사이의 계약에 의해 정해진다(대한변협 회칙 제44조 제3항). 변호사 보수는 의뢰인뿐만 아니라 변호사에게도 매우 민감하고 중요한 사항이다. 따라서 그 약정 시 보수의 지급 방식을 분명하게 해 두어야 한다. 즉, 변호사는 사건을 수임할 경우에는 수임할 사건의 범위, 보수, 보수 지급 방법, 보수에 포함되지 않는 비용 등을 명확히 정하여 약정하고, 가급적 서면으로 수임계약을 체결한다. 다만, 법률자문이나 서류의 준비, 기타 합리적인 이유가 있는 경우에는 그러하지 아니하다(규약 제32조).

보수에 관한 분쟁은 최초 사건수임계약서를 작성하거나 그를 위한 상담을 할 때, 보수에 관한 내용을 충분히 설명하지 않아 일어나는 경우가 많다. 이런 점 때문에 윤리규약은 보수에 관한 사항은 가급적 서면으로 약정할 것을 권고하는 것이다. 그 밖에도 변호사가 사무 처리 과정에서 자신의 직무를 성실히 수행하고 의뢰인의 의문점에 대해 충분히 설명하고 대응한다면, 보수에 관한 분쟁이 일어나는 것을 예방할 수 있다. 즉 변호사가 다른 사람으로부터 서비스를 제공받고 불만스러울 때와 마찬가지로, 의뢰인 역시 변호사가 제공하는 법률서비스에 만족하지 못하거나 그 내용을 정확하게 이해하지 못할 때 보수(가격)에 관한 불만을 가지게 된다는 점을 이해해야 한다(박휴상, 2013: 341).

3) 보수액의 결정 요소

판례 및 윤리규약 제31조 제2항에 따르면, 변호사 보수는 사건 수임의 경위, 사건의 경과와 난이도, 소요되는 노력의 정도와 시간, 변호사의 경험과 능력, 소송물 가액, 승소로 인해 당사자가 얻는 구체적 이익(당사자의 이해관계), 의뢰인과 변호사 간의 관계 등 여러 사정을 고려하여 합리적으로 결정해야 한다.[6] 일반적으로 민사 · 행정사건에서는 소송물 가액 또는 승소로 인해 당사자가 얻는 경제적 이익이, 형사사건 또는 사무보수에서는 사건의 경과와 난이도, 소요되는 노력의 정도와 시간 등이 보수액을 정할 때 중요한 고려 요소가 된다.

변호사는 담당 공무원에 대한 접대 등의 명목으로 보수를 정하여서는 안 되며, 그와 연관된 명목의 금품을 요구하지 아니한다(규약 제33조 제3항). 변호사가 판사 · 검사, 그 밖에 재판 · 수사기관의 공무원에게 제공하거나 그 공무원과 교제한다는 명목으로 금품이나 그 밖의 이익을 받거나 받기로 한 행위 및 그러한 명목의 비용을 변호사 선임료 · 성공사례금에 명시적으로 포함시키는 행위가 있는 경우 5년 이하의 징역 또는 3천만 원 이하의 벌금에 처해진다(법 제110조).[7] 또한 공무원이 취급하는 사건 또는 사무에 관하여 청탁 또는 알선을 한다는 명목으로 금품 · 향응 및 그 밖의 이익

6 대법원 1995. 12. 5. 선고 94다50229 판결.

7 이 처벌 규정은 2000년 변호사법이 전문 개정되면서 신설된 조항이다. 당시 이른바 대전 법조 비리사건에 이어 의정부 법조 비리사건이 터지면서 재판기관, 수사기관 종사자들과 변호사 사이의 유착관계를 근절하는 대책의 하나로 마련되었다(배호근, 2007: 508).

을 받거나 받을 것을 약속한 행위, 제3자에게 이를 공여하게 하거나 공여하게 할 것을 약속한 행위 역시 5년 이하의 징역 또는 1천만 원 이하의 벌금에 처해진다(법 제111조 제1호).

위 변호사법 제110조에서 "교제"라 함은 변호사가 수임사건의 해결을 위해 접대나 향응은 물론 사적인 연고 관계나 친분 관계를 이용하는 등 공공성을 지닌 법률 전문직으로서의 정상적 활동이라고 보기 어려운 방법으로 해당 공무원과 직·간접적으로 접촉하는 것을 뜻한다. 변호사가 받은 금품 등이 정당한 변호 활동에 대한 대가나 보수가 아니라 교제 명목으로 받은 것에 해당하는지는 해당 금품 등의 수수 경위와 액수, 변호사 선임계 제출 여부, 구체적인 활동 내역 등 제반 사정을 종합하여 판단한다.[8] 제111조의 경우에는 변호사가 사건의 해결을 위한 접대나 향응, 뇌물의 제공 등 이른바 공공성을 지닌 법률 전문직으로서의 정상적인 활동이라고 보기 어려운 방법을 내세워 의뢰인의 청탁 취지를 공무원에게 전달하거나 의뢰인을 대신하여 스스로 공무원에게 청탁을 하는 행위 등을 한다는 명목으로 금품 등을 받거나 받을 것을 약속하는 등, 금품 등의 수수의 명목이 변호사의 지위 및 직무 범위와 무관하다고 평가할 수 있는 경우에 한하여 그 위반죄가 성립한다고 해석한다.[9]

4) 보수액의 조정

대한변협 회칙 제44조 제3항은 변호사의 보수는 위임인과의 계약에 의해 정한다고 하면서도, "보수는 사회통념에 비추어 현저하게 부당한 것이

8 대법원 2006. 11. 23. 선고 2005도3255 판결.

9 대법원 2007. 6. 28. 선고 2002도3600 판결, 2010. 10. 14. 선고 2010도387 판결.

어서는 아니 된다"고 규정하고 있다. 앞에서 본 것처럼 윤리규약 제31조 제1항 역시 "변호사는 직무의 공공성과 전문성에 비추어 부당하게 과다한 보수를 약정하지 아니한다"라고 규정하고 있다.

변호사가 법률사무에 관한 위임 사무의 처리에 대하여 보수를 받는 것은 법률상 위임계약의 성질을 갖는 것이므로, 그 보수의 결정도 수임인인 변호사와 위임인인 의뢰인의 자유로운 합의에 의하여 결정되는 것이 원칙이다.[10] 다만, 법원은 신의칙 또는 형평에 기해 계약의 내용에도 불구하고 예외적으로 보수액을 감액할 수 있고, 이 경우 변호사는 상당하다고 인정되는 범위 내의 보수액만을 청구할 수 있다고 본다. 판례에 의하면, 변호사는 기본적 인권을 옹호하고 사회정의를 실현함을 사명으로 하고 그 사명에 따라 성실히 직무를 수행하고 사회질서 유지와 법률 제도 개선에 노력하여야 하는 공공성을 지닌 법률 전문직으로서의 지위에 있기 때문에(법 제1조, 제2조) 그 직무의 수행에 대한 보수도 제한 없이 사적 자치의 영역에 방치될 수는 없고, 공익적 차원에서 이를 합리적으로 조정 · 규제할 당위성을 갖게 된다. 이러한 변호사 보수의 성질과 변호사 직무의 특성 등을 고려하면, 변호사가 수행한 업무와 노력에 비하여 사회 상규에 현저하게 어긋나는 과다한 보수를 약정하거나 위임계약의 체결과 위임에 의한 업무 수행에 있어 변호사에게 책임을 지울 수 있는 흠결이 있는 경우 등과 같이 예외적인 경우에만 약정된 보수액이 신의성실의 원칙이나 형평의 원칙에 반한다고 제한적으로 해석하여야 할 것이다.[11] 그리고 이렇게 예외적으로 취급하기 위해서는 그에 관한 합리적인 근거를 명확히 밝혀야 한다.[12]

---

10 대법원 2009. 7. 9. 선고 2009다21249 판결.

11 대법원 2009. 7. 9. 선고 2009다21249 판결.

12 대법원 2009. 9. 10. 선고 2009다40677 판결, 2014. 7. 10. 선고 2014다18322 판결.

약정된 보수액이 부당하게 과다하여 신의성실의 원칙이나 형평의 원칙에 반한다고 볼 만한 특별한 사정이 있는지 여부는 의뢰인과의 평소부터의 관계, 사건 수임의 경위, 착수금의 액수, 사건 처리의 경과와 난이도, 노력의 정도, 소송물의 가액, 의뢰인이 승소로 인해 얻게 된 구체적 이익과 소속 변호사회의 보수 규정, 기타 변론에 나타난 제반 사정을 고려하여 판단한다.[13] 그 증명책임은 약정된 보수액이 과다하다고 주장하는 위임인이 부담한다.[14]

4. 변호사 보수의 청구

1) 보수청구권의 행사

수임사무를 마친 변호사는 특별한 사정이 없는 한 약정된 보수액을 전부 청구할 수 있다.[15] 예컨대 의뢰인이 변호사에게 소송 업무를 위임하고, 승소 판결의 선고와 같은 특정 조건이 성취될 때 보수를 지급하기로 약정했다면(성공보수 약정), 그 조건이 성취되었을 때 변호사는 의뢰인에게 보수 지급을 청구할 수 있다. 만약 의뢰인이 변호사에게 일정 기간을 정해 자신과 관련된 일체의 법률사무 처리를 위임하기로 하고 매월 정기적으로 시간기준보수 산정 방식에 따른 보수를 지급하기로 약정했다면(고문계약), 변호사는 매월 자신이 수임사무를 처리하는 데 들인 시간에 따른 보수를 청

13 대법원 1992. 3. 31. 선고 91다29804 판결, 1993. 2. 9. 선고 92다30382 판결, 1995. 4. 25. 선고 94다57626 판결, 2002. 4. 12. 선고 2000다50190 판결, 2009. 7. 9. 선고 2009다21249 판결.

14 대법원 1967. 9. 5. 선고 67다1322 판결.

15 대법원 1992. 3. 31. 선고 91다29804 판결, 2009. 9. 10. 선고 2009다40677 판결.

구할 수 있다.

앞에서 설명한 바와 같이 보수 약정이 없는 경우에도 변호사는 위탁받은 법률사무를 선임 계약에 따라 처리한 후에는 관련 보수를 청구할 수 있다(민법 제686조 제2항). 변호사 선임 계약은 원칙적으로 위임계약으로서의 성질을 가지므로, 변호사가 반드시 일정한 결과를 발생시켜야 하는 것은 아니며 선량한 관리자의 주의로 수임사무를 처리하는 것으로 충분하다.

여러 명의 의뢰인이 공동 당사자로서 변호사에게 소송 대리를 위임한 경우, 특별한 약정이 없는 한, 그 보수 지급 채무는 분할채무로서의 성격을 지닌다. 따라서 변호사는 공동 당사자별로 각자가 분담하는 보수액을 나누어 청구해야 한다.[16]

변호사는 정당한 사유 없이 추가보수를 요구하지 아니하고(규약 제33조 제1항), 명백한 서면 약정 없이 공탁금, 보증금 기타 보관금 등을 보수로 전환하지 아니한다. 다만, 의뢰인에게 반환할 공탁금 등을 미수령 채권과 상계할 수 있다(규약 제33조 제2항). 예컨대 의뢰인이 약정된 보수를 지급하지 않는다면, 보관하고 있는 공탁금 등을 보수로 전환하는 것이 가능하다.

보수 미지급은 변호사의 정당한 사임 사유가 된다. 이때 변호사는 의뢰인의 손해를 방지하는 합리적인 조치를 취해야 한다. 실무에서는 상당한 기간을 두고 그 이행을 최고하는 절차를 거침으로써 의뢰인이 변호사의 사임에 대비할 수 있도록 하는 것이 일반적이다(박휴상, 2013: 361-362).

〈대법원 1993. 11. 12. 선고 93다36882 판결〉

피고나 그와 함께 공유수면 매립을 공동으로 하는 다른 동업자들인 소외 김○성, 같은 대창기업주식회사, 같은 전 엔지니어링주식회사의 원고에 대

16 대법원 1993. 11. 12. 선고 93다36882 판결.

한 소송대리 위임에 따른 보수금 지급채무는 특단의 사정이 없는 한 분할채무라 할 것이고, 분할채무관계에 있어 채무자 1인에 관하여 생긴 사유는 다른 채무자에게 영향을 미치지 않는다고 할 것인 바, 원심은 판시의 사정을 참작하여 피고들 4인이 이행할 성공보수금으로 금 16,000,000원을 인정하여 분할채무의 논리에 따라 피고가 지급할 보수액을 그 4분의 1인 금 4,000,000원으로 인정했는데, 기록에 의하면 위 김○성이 원고에게 위 손해배상청구사건이 종료된 후에 성공보수금으로 금 2,500,000원을 지급한 사실은 소론이 주장하는 바와 같지만 위 김○성이 다른 동업자들을 위하여 이를 지급했다고 볼 만한 사정이 없으므로 이는 김○성 자신의 보수금채무를 변제한 것이라 할 것이다. 따라서 위 김○성이 변제한 위 금 2,500,000원을 피고와 위 김○성, 소외회사들이 지급하여야 할 보수금채무 총액에서 공제한 나머지 금원을 4분하여 피고에게 지급을 명하여야 한다는 논지도 이유 없다.

2) 착수금과 성공보수

앞에서 설명한 바와 같이 변호사가 소송에 관한 법률사무를 위임받아 사건기준보수 방식에 따라 변호사 보수를 정할 경우 흔히 이를 착수금과 성공보수금으로 구분하여 약정한다.

착수금은 통상적으로 소송사건에 대한 선임 계약 체결 시에 지급하는 것으로 약정한다. 착수금은 일반적으로 변호사의 보수 일부를 선급금조로 지급받는 성질의 금원이다. 이러한 착수금은 수임사무인 소송사건의 성공과는 관계없이 지급되는 것이 보통이다.[17] 착수금 청구권은 그 약정 내용

17 대법원 1982. 9. 14. 선고 82다125, 82다카284 판결, 1995. 12. 26. 선고 95다24609 판결.

에 따라 발생하고, 업무의 개시 여부나 변호인 선임서나 위임장의 제출 여부에 의해 좌우되는 것이 아니다.[18]

〈대법원 1963. 1. 31. 선고 62다896 판결〉

피고는 1961. 7. 10 변호사인 원고에게 자기의 남편인 피의자 소외 2에게 대한 포고령위반사건의 제1심의 변호사무를 위임하면서 위임사무의 착수수수료는 금 200만 환을 같은 날 지급할 것을 약속하고, 나아가 이 수수료는 위임계약이 해제되거나 그 밖에 어떠한 사고가 발생하더라도 반환청구를 못하기로 계약한 것으로 되어 있다. 그렇다면 수임자인 원고가 피의자를 위한 변호인 선임신고를 수사관청에 제출했건 말건 원고의 피고에 대한 착수수수료 청구권은 이미 1961년 7월 10일의 위임계약과 동시에 발생했다고 보아야 될 것이다. 원심이 그 판결 이유에서 원피고 사이에 갑 1호증에 기재된 바와 같은 내용의 위임계약이 성립된 사실을 인정하면서 나아가 원고가 그 변호인 선임신고를 수사당국에 제출한 사실이 있는지의 여부에 관하여 판단한 것은 쓸데없는 군소리에 지나지 못한다 할 것이다.

성공보수는 수임사건을 성공적으로 처리하는 것을 조건으로 지급되는 보수로서 수임사건이 종결된 후에 지급된다. 즉 일반적으로 소송 대리와 관련한 변호사 선임 계약은 심급審級별로 체결되므로, 성공보수 청구권은 수임사건의 해당 심급에서 승소 판결이 송달된 시점에 발생한다.[19] 다만, 변호사 선임 계약을 해당 수임사건의 전체 소송 과정에 관해 체결하고 성

18 대법원 1963. 1. 31. 선고 62다896 판결.

19 성공보수 약정이 제1심에 대한 것으로 인정되는 이상 보수금의 지급 시기에 관하여 당사자 사이에 특약이 없는 한 심급대리의 원칙에 따라 수임한 소송사무가 종료하는 시기인 제1심 판결을 송달받은 때로부터 그 소멸시효 기간이 진행된다(대법원 1995. 12. 26. 선고 95다24609 판결).

공보수 역시 심급별로 지급하는 것이 아니라 전체 소송이 끝날 때에 지급하기로 약정했다면, 성공보수 청구권은 해당 소송이 종결된 시점의 성공 여부에 따라 그 발생 여부가 결정된다.

한편 구 윤리규칙 제33조는 변호사가 성공보수를 조건부로 미리 받는 것을 금지했으나, 현행 윤리규약은 그러한 금지 규정을 두고 있지 않다. 종래에 성공보수를 미리 받아두지 않는 경우, 변호사가 보수 약정에서 정한 '성공'을 이루었음에도 그 보수를 받지 못하는 경우가 발생하곤 했다. 그렇다고 하여 성공보수를 미리 받는 경우에는 윤리규칙 위반으로 징계의 대상이 되었다. 이런 점때문에 성공보수의 선수령을 금지한 구 윤리규칙 제33조를 삭제해 달라는 변호사의 요구가 컸고, 대한변협은 이 요구를 받아들인 것이다. 그런데 이 과정에서 의뢰인의 보호 조치가 함께 마련되지 않은 점은 문제점이다. 위임계약 관계에서 보수를 선수령한다는 것이 법리상 이례적인 것은 별론으로 하더라도, 그렇게 수령한 성공보수를 변호사의 고유재산과 분리하여 보관할 수 있는 보호 조치는 시급히 마련되어야 한다(정형근, 2014: 455).[20]

소송의 계속 중에 상대방이 소를 취하한 경우에도 성공보수 청구권이 발생하는지가 문제된다. 소의 취하에 의해 당해 소송이 종료된다는 점에 비추어 볼 때 이를 의뢰인의 승소로 볼 여지가 있지만, 민사소송의 경우 소를 취하한 이후에도 상대방이 다시 소를 제기할 수 있다는 점에서 승소 판결과는 다르기 때문이다. 이에 관해 법원은 쌍불 취하 간주를 통해서 "제소자의 소권 행사를 저지하는 결과를 가져왔다면 이는 그 이후의 재소 여하에 구애 없이 그 승소에 준해서 보아 무방[하다]"고 하며, 상대방의 소 취

20 2014년 10월 법무부가 "변호사는 의뢰인을 위하여 보관하는 금품을 자신의 고유재산과 별도로 보관하여야 한다"는 조항을 신설하는 변호사법 개정안을 마련한 것 역시 이러한 보호 조치 마련이 시급하다는 점을 감안한 것이다.

하로 인해 사건이 종결된 경우라도, 보수 약정이나 수임사건의 변론 상황 등에 따라 성공보수 지급 여부를 따져야 한다고 판시하였다.[21]

〈대법원 1970. 12. 22. 선고 70다2312 판결〉

그러나 민사소송법 제241조에 의하면 당사자 쌍방이 변론기일에 두 번 불출석하거나 출석하더라도 변론을 하지 않으면 소취하가 있는 것으로 간주한다고 규정되어 있다 하여도, 소를 제기한 자가 변론기일에 출석하지 않은 때에는 응소자는 이 기일에 출석하거나 출석하더라도 변론할 필요가 없는 것이므로, 위의 쌍불 취하간주 제도는 결국 제소자가 두 번 변론기일을 해태하면 그에게는 소송을 유지할 의사가 없는 것으로 보고 소송 지연을 방지하기 위해서 간편하게 강제적으로 그 소취하의 효력을 인정한 것이라 할 것이고, 따라서 변론기일에 쌍불이 두 번 있으면 응소자의 소송행위에 관계없이 그 사유만으로써 자동적으로 취하의 효력이 생긴다 하더라도 이는 법률이 마련한 사건 종결의 한 방식으로서 실질적으로는 쌍불을 이유로 소각하의 판결을 한 것과 같은 것이 될 것이므로, 응소자나 그 대리인이 이 방식에 따라 제소자의 소권 행사를 저지하는 결과를 가져왔다면 이는 그 이후의 재소 여하에 구애없이 그 승소에 준해서 보아 무방할 것이고, 또 쌍불 취하 간주 시기가 변론을 거듭하고 증거조사를 거쳐 사건이 거의 유리하게 끝날 전망이 보이는 그러한 무렵이 아니고 본안 변론에 들어가기 전인 처음 몇 번째의 기일이었다 하더라도 응소자나 그 대리인은 그 응소의 준비에 그 나름대로 응분의 노력을 하고 있었다 할 것이므로, 사건이 쌍불 취하로 종결되었다 하여 일률적으로 그들의 노력을 부정할 수는 없을 것이다.

21 대법원 1970. 12. 22. 선고 70다2312 판결.

그렇다면 원심이 원피고 간의 본건 보수계약이나 원고가 수임한 사건의 변론 상황 등을 심리하지 않고, 원고가 수임한 사건이 쌍불로 취하 간주된 후에 다시 그 당사자가 제소하여 위임자가 패소된 이상, 피고에게는 원고의 노력으로 얻은 아무 이익이 없다 하여 곧 원고의 청구를 배척한 것은 필경 심리미진으로 인한 이유 불비의 위법이 있다 할 것이므로 논지는 이유 있음에 귀착한다.

3) 수임 업무가 중도에 종료한 경우

당사자는 언제든지 위임계약을 해지할 수 있다(민법 제689조 제1항). 원칙적으로 변호사는 언제든지 사임함으로써, 의뢰인은 변호사를 해임함으로써 변호사 선임 계약을 종료시킬 수 있다. 이렇게 일방 당사자에 의해 선임 관계가 중도에 종료한 경우 그 보수는 어떻게 처리해야 할까?

만약 계약에서 이에 관해 정하고 있다면, 그에 따라야 한다. 그 약정 내용이 의뢰인에게 현저히 불공평한 경우에는 그 적용이 제한되거나 보수액이 감액될 수 있다(오종근, 2004: 86).

'어떤 경우에도 착수금 반환 청구권이 없다'고 보수 약정을 한 후 변호사의 귀책사유에 의해 선임 계약이 해지된 경우, 의뢰인은 계약 종료 당시까지 이행한 사무 처리 부분에 관해서 변호사가 처리한 사무의 정도와 난이도, 사무 처리를 위해 변호사가 기울인 노력의 정도, 처리된 사무에 대해 가지는 의뢰인의 이익 등 제반 사정을 참작하여 상당하다고 인정되는 보수 금액 및 상당하다고 인정되는 사무 처리 비용을 지급해야 한다. 그리고 이렇게 산정한 보수 및 사무 처리 비용이 이미 지급받은 착수금에 미달할 경우에는 변호사는 이를 공제한 나머지 금원을 의뢰인에게 반환해야 하고, 그 보수 등이 착수금을 초과할 경우에는 의뢰인이 그 초과분을 변호사에

게 지급해야 한다.[22]

이와 달리 보수 지급에 관해 약정이 없으면, 민법에 따라 지급 여부가 결정된다. 변호사가 정당한 사유 없이 사임한 경우에는 보수를 청구할 수 없고, 귀책사유 없이 사임한 경우에는 이미 처리한 사무의 비율에 따라 보수를 청구할 수 있다. 의뢰인이 정당한 사유 없이 변호사를 해임한 경우, 의뢰인은 변호사가 이미 처리한 수임사무의 비율에 따라 상당한 보수를 지급해야 한다(민법 제686조 제3항; 오종근, 2004: 85).

성공보수의 경우에는 논의가 조금 더 복잡해진다(오종근, 2004: 86-87). ① 의뢰인은 언제든지 어떤 이유에 근거해서든 소 취하, 청구 포기, 화해 등을 할 수 있다. 선임 계약에서 변호사의 동의 없이는 이를 할 수 없다고 약정했더라도 마찬가지이다. 이 경우 변호사는 약정된 바에 따라 성공보수를 청구할 수 있다. 약정이 없는 경우에는 민법 제686조 제3항에 근거하여 이미 처리한 사무의 비율에 따라 보수를 청구할 수 있을 따름이다. ② 성공보수의 지급을 면하기 위해 의뢰인이 정당한 사유 없이 변호사를 해임하는 것은 신의성실의 원칙에 반하여 고의로 조건의 성취를 방해하는 것에 해당하므로, 변호사는 약정한 성공보수를 청구할 수 있다(민법 제150조).

실무에서는 수임사무 처리 과정에서 의뢰인이 변호사의 동의 없이 소 취하, 청구 포기 또는 화해하거나 소송 위임을 해지한 경우 성공보수 전액을 지급한다는 특약을 체결하는 경우가 있다. 변호사의 노력으로 위임 목적이 달성되기 직전에 의뢰인이 위임계약을 해지하고 상대방과 직접 교섭하여 사건을 종료시킴으로써 성공보수의 지급을 면하려는 것을 방지하기 위한 것이다. 위임계약이 수임사무 처리 중에 종료된 경우 처리한 사무의

22 대법원 2008. 12. 11. 선고 2006다32460 판결.

비율에 따라 보수를 청구할 수 있다는 민법 제686조 제3항은 임의규정이므로, 이러한 특약도 원칙적으로 유효하다. 다만 의뢰인이 정당한 사유로 변호사를 해임하거나 변호사와 의뢰인이 합의하여 선임 계약을 종료한 경우까지 위 특약이 적용되지는 않는다. 또한 그것이 현저히 의뢰인에게 불공평한 경우에는 그 적용이 제한되거나 법원에 의해 감액될 수 있다(오종근, 2004: 86-88). 예컨대 법원은 "그와 같은 특약은 의뢰인의 반신의행위를 제지하기 위한 것이므로 민법 제150조 규정에 비추어 승소의 가능성이 있는 소송을 부당하게 취하하여 변호사인 원고의 조건부 권리를 침해하는 경우에 한하여 적용되는 것이라 할 것이며, 승소의 가능성이 전연 없는 소송을 취하하는 경우에는 적용될 수 없다."고 판시한 바 있다.[23]

〈대법원 1979. 6. 26. 선고 77다2091 판결〉

원심은 […] 피고 이○수가 위 200호 사건 항소심에서 원고와 상의 없이 동 사건을 항소 취하했으므로 소취하 시 승소로 간주한다는 특약의 취지에 비추어 동 피고는 원고에게 약정사금約定謝金을 지급하여야 한다는 원고의 주장에 대하여, 당사자 간에 그러한 특약이 있어도 그와 같은 특약은 의뢰인의 반신의행위를 제지하기 위한 것이므로 민법 제150조 규정에 비추어 승소의 가능성이 있는 소송을 부당하게 취하하여 변호사인 원고의 조건부 권리를 침해하는 경우에 한하여 적용되는 것이라 할 것이며, 승소의 가능성이 전연 없는 소송을 취하하는 경우에는 적용될 수 없다 할 것인 바, 이 사건에서와 같이 위 피고 이○수가 제1심에서 이미 패소했고 항소심에서도 […] 패소할 것이 명백한 사건을 위 피고가 소송비용을 절약하고 부당소송행위(항소)로부터의 책임을 면하기 위하여 부득이 그 항소를 취하한 것으

23 대법원 1979. 6. 26. 선고 77다2091 판결.

로 보여지는 경우에까지 그 특약이 적용된다 하여 이를 승소로 간주할 수는 없다는 취지로 판단하고 있는 바, 기록을 살펴보니, 원심의 위와 같은 판단에는 […] 위법이 없다.

〈대법원 2008. 12. 11. 선고 2006다32460 판결〉

기록에 의하면, 원고는 이 사건 소송위임계약 당시 피고에게 착수금을 선불로 지급하면서 피고와의 사이에, 위 착수금에 대해서는 소의 취하, 상소의 취하, 화해, 당사자의 사망, 해임, 위임계약의 해제 등 기타 어떠한 사유가 발생하더라도 반환을 청구할 수 없는 것으로 약정한 사실, 피고는 이 사건 소송위임계약에 따라 원고로부터 위임받은 소송사무를 처리하던 중 2004. 2. 18. 원고를 퇴직한 근로자들로부터 소송을 위임받아 원고를 상대로 한 퇴직금청구소송을 제기한 사실, 피고가 위와 같이 원고를 상대로 소송을 제기할 당시 피고는 당초 원고로부터 위임받았던 소송사무에 관하여 모두 제소 또는 응소를 하고 준비서면 작성ㆍ제출, 변론기일 출석 등 일정 정도의 소송 수행을 한 사실, 원고는 2004. 4. 1. 피고의 원고에 대한 소송제기로 인한 신임관계 위배를 이유로 피고에게 이 사건 소송위임계약을 해제한다는 통고를 한 사실을 알 수 있는 바, 위와 같이 원고와 피고는 이 사건 소송위임계약에 따라 지급된 착수금에 대해서는 원칙적으로 그 반환을 구할 수 없는 것으로 약정한 점, 피고가 이 사건 소송위임계약 종료의 원인이 된 원고에 대한 소송제기행위를 하기 이전에 원고로부터 위임받았던 위 9건의 소송에 관한 소송사무를 일정 부분 처리했고, 당시까지의 업무 처리가 원고와의 신임관계에 위배하여 부적절하게 처리되었다고 볼 만한 별다른 사정이 없는 점, 이 사건 소송위임계약에 따라 피고에게 지급된 착수금은 피고가 처리하는 사무 처리의 대가일 뿐 사무 처리로 인한 구체적인 결과에 대한 대가로 볼 수는 없는 점 등 제반 사정에 비추어 보면, 이 사건 소송 위임계약과 관련하여 위임사무 처리 도중에 수임인인 피고의 귀책사유로 계약이 종료되었다 하더라도, 원고는 피고가 계약 종료 당시까지 이행한 사무 처리 부분에 관해서 피고가 처리한 사무의 정도와 난이도, 사무 처리를 위하여 피고가 기울인 노력의 정도, 처리된 사무에 대하여 가지는 원고의 이익 등 제반 사정을 참작하여 상당하다고 인정되는 보수 금액 및 상당하다고 인정되는 사무 처리 비용을 착수금 중에서 공제하고 그 나머지 착수금만을 피고로부터 반환받을 수 있다고 봄이 상당하다.

5. 단체 구성원을 위한 변호사 보수의 지출과 횡령죄

변호사가 단체 그 자체를 위해 법률사무를 수행하는 것과 그 구성원을 위해 법률사무를 수행하는 것은 구별된다. 전자의 경우, 즉 단체 스스로 소송 당사자 또는 피고인이 된 경우라면 변호사 보수를 단체의 비용으로 지출하는 것은 별 문제가 없다. 그런데 후자의 경우에는 원칙적으로 단체가 변호사 보수를 지급할 수는 없다. 따라서 단체의 대표자 개인이 당사자가 된 민·형사재판의 변호사 비용을 단체가 지급해서는 안 된다.[24] 다만 이와 관련해서는 예외가 인정된다. 즉 소송이나 고소의 내용이나 경위, 단체의 업무 집행과의 관련성, 소송이나 고소 당시 단체가 처한 상황 등 변호사 보수 지출 당시의 여러 사정에 비추어 단체의 이익을 위해 소송을 수행하거나 고소에 대응해야 할 특별한 필요성이 있는 경우 단체의 비용으로 지출할 수 있다(최철환, 2007: 341-342).

위 예외에 해당할 수 있는 경우를 나누어서 설명하면 다음과 같다(최철

24 대법원 2008. 6. 26. 선고 2007도9679 판결.

환, 2007: 342-243).

첫째, 소송법에 의하거나 법 기술적인 이유로 인해 이사나 대표자 개인이 당사자가 됨에 불과하고 실질적으로는 단체가 직접 당사자라고 볼 수 있는 경우에는 단체의 비용으로 그 보수를 지출할 수 있다.[25]

둘째, 소송을 당하거나 수사를 받게 된 경위와 내용에 비추어 ① 개인적인 행위가 아니라 그 단체의 기관으로서 적법한 업무 수행 중 발생한 일로 인해 소송이나 수사를 받게 되었고, ② 이러한 소송 및 수사에서 적극적으로 다투는 것이 그 단체에도 이익이 되는 경우 이를 다투기 위해 필요한 범위에서 단체의 비용으로 변호사를 선임하고 선임료를 지출할 수 있다.[26]

---

25 대법원 1990. 6. 26. 선고 89도1102 판결, 2006. 10. 26. 선고 2004도6280 판결.

26 대법원 1990. 2. 23. 선고 89도2466 판결, 2003. 5. 30. 선고 2002도235 판결, 2006. 10. 26. 선고 2004도6280 판결.

9장

소송 업무와 변호사 윤리

1. 총설

변호사는 의뢰인이 위탁한 법률사무를 선량한 관리자의 주의로써 처리해야 한다(선관의무, 민법 제681조).[1] 선관의무란 거래상 일반적으로 평균인에게 요구되는 정도의 주의의무를 말한다. 변호사에게 요구되는 주의의무의 정도를 판단하는 기준인 '평균인'이란, 일반 사회인이 아닌, 법률 전문가로서의 평균적인 변호사를 뜻한다(이정식, 2003: 232). 따라서 수임한 법률사무를 처리할 때 변호사는 평균적인 변호사에게 요구되는 정도의 노력을 기울여야 할 의무가 있다.

변호사는 다른 전문직과 마찬가지로 고도의 법률 지식과 경험을 갖는

1 대법원 2004. 5. 14. 선고 2004다7354 판결.

전문가로서 그에게는 사회 일반인에게 요구되는 주의의무보다 더 중重한 고도高度의 주의의무를 이행할 것이 요구된다. 변호사는 수임사건의 사실관계를 분석하여 법적 쟁점을 추론한 후 적절한 법률 지식을 전개해야 한다. 이를 위해서 변호사는 해당 사안에 관한 법률, 판례 및 법 이론을 알고 있어야 하고, 법문서 작성에 관한 기본적 능력 및 변론 기술 등을 갖춰야 한다(남효순, 2003: 314; 윤석찬, 2012: 231-232).

변호사가 일반 법률 전문가에게 요구되는 법률 지식을 갖고 선관주의를 기울여 법률사무를 처리한 이상, 설령 의뢰인이 원하는 결과가 산출되지 않았다고 하더라도 채무불이행 책임을 지지 않는다(남효순, 2003: 313-314; 이정식, 2003: 232-233).

변호사가 하는 업무는 다양하다. 변호사법에 의하면, 변호사는 거의 모든 법률사무를 수행할 수 있다. 그런데 그 중에서 가장 중요한 영역은 소송 업무라고 할 수 있다. 실제 대부분의 변호사가 소송 업무를 수행하고 있다. 그런데 소송 업무는 단순히 변호사의 독립적 업무가 아니라, 구체적 사건에서 법원이 실체적 진실을 발견하여 법을 적용하는 과정에 참여하는 것이다. 따라서 변호사는 의뢰인의 권리를 옹호하기 위해 성실하게 변론 활동을 해야 할 뿐만 아니라 법원의 실체적 진실 발견에 협력할 의무도 함께 진다. 이를 위해서는 변호사가 당사자의 문제 상황에 대해 진지하게 고민하고 필요한 증거를 수집하며, 적절한 법리를 들어 의뢰인의 이익을 대변해야 한다. 이것이 결국 소송 업무와 관련한 변호사의 윤리적 책임이라고 말할 수 있다.

아래에서는 소송 업무와 연결하여 변호사의 의뢰인에 대한 의무 · 책임의 구체적 내용을 설명하고자 한다. 이는 변호사의 일반적 의무와 관련된 내용이다. 따라서 이 책의 앞부분에서 성실의무 등과 함께 설명하는 것이 논리적으로 맞으나, 소송 업무와 관련하여 설명하는 것이 좀 더 이해하기 쉽기 때문에 이 부분에서 설명하게 되었다.

2. 소송 업무에서 변호사의 의무와 책임

1) 법률사무 처리의무

변호사는 수임한 법률사무를 위임의 본지에 따라 처리해야 한다(민법 제681조). '위임의 본지'란 의뢰인이 법률사무의 처리를 위탁하게 된 목적과 취지를 말한다. 의뢰인은 법적 지식과 경험이 부족하므로, 일반적으로 위임의 본지는 변호사와 의뢰인 간의 상담 · 협의 과정을 통해 드러난다. 변호사는 의뢰인의 특별한 지시가 있으면 그에 따르고, 특별한 지시가 없는 경우에는 의뢰인이 법률사무를 의뢰하게 된 제반 사정을 고려하며 관행과 신의칙에 따라 수임사무를 처리해야 한다(남효순, 2003: 310-311). 변호사가 소송사건에서 처리할 구체적인 법률사무의 내용은 통상 각 소송법의 규정에 따라 정형적으로 정해진다(남효순, 2003: 310).

소송 과정에서 변호사가 일반적으로 수행해야 할 사항은 다음과 같다(윤석찬, 2012: 232-233). ① 변호사는 의뢰받은 사안에 대해 법적인 평가를 내리기 전에 그 기초 작업으로서 사실관계를 명확히 파악해야 한다. 변호사는 의뢰인의 진술에만 의존해서는 안 되고 정확한 정보를 얻기 위해 서면자료 등을 요청해야 한다. ② 변호사는 조사 및 연구 의무를 부담한다. 앞에서 설명한 것처럼 변호사는 법률 전문가로서 판례 등 법리에 관한 전문적 지식을 갖춰야 한다. ③ 변호사는 의뢰인의 이익을 위해 가장 안전하고 합목적적인 방법을 취해야 한다. 변호사는 승소에 이를 수 있는 법리 혹은 소송 전략 중에서 가장 안전하고 위험이 적은 방법을 선택해야 한다. ④ 그 밖에 변호사는 위임 받은 사안의 진행 상황 등을 의뢰인에게 설명하고 보고할 의무를 진다.

앞에서 설명한 것처럼 구체적인 소송 사건에서 변호사가 법률사무 처리 의무를 부담하는 사무의 범위는 변호사와 의뢰인 사이의 위임계약에 의해 정해진다. 따라서 본안소송을 수임한 변호사가 그 소송을 수행함에 있어 강제집행이나 보전처분에 관한 소송행위를 할 수 있는 소송대리권을 가진다고 하여 의뢰인에 대한 관계에서 당연히 그 권한에 상응한 위임계약상의 의무를 부담하는 것은 아니다.[2] 다만 변호사와 의뢰인 사이의 신뢰관계 및 소송을 위임한 의뢰인의 기대와 인식 수준 등에 비추어, 비록 본안소송을 위임받은 변호사가 권리 보전조치의 위임을 별도로 받은 바 없더라도, 구체적인 사건에서 변호사는 법률 전문가의 입장에서 승소 판결금을 회수하는 데 있어 실효성이 있는 방안을 위임인에게 설명하고 필요한 정보를 제공하여 위임인이 그 회수를 위하여 필요한 수단을 구체적으로 강구할 것인지를 결정하도록 하기 위한 법률적인 조언을 할 보호의무가 발생하는 경우가 있을 수 있다.[3]

변호사는 위임의 본질상 스스로 법률사무를 처리한다. 법률사무 처리의 위임계약은 의뢰인이 변호사의 인격, 법률 지식, 경험 · 기술과 같은 주관적 사정을 신뢰하며 체결하는 계약이므로, 수임한 변호사 자신이 법률사무 처리의 주체가 되어야 한다. 다만 변호사는 자신의 법률사무를 처리하는 과정에서 이용보조자를 사용할 수 있고, 그 이용보조자의 잘못은 사용자인 변호사의 과실이 된다. 예컨대 직원의 실수로 의뢰인이 상고 기간을 지나쳐서 상고 기회를 잃은 경우 변호사는 그로 인해 의뢰인이 입은 손해를 배

2 대법원 1997. 12. 12. 95다20775 판결.

3 대법원 2002. 11. 22. 선고 2002다9479 판결

상할 책임이 있다.[4]

변호사는 의뢰인의 청구가 있는 경우에는 수임사무의 처리 상황을 보고하고 위임관계가 종료된 때에는 지체 없이 그 전말을 보고할 의무가 있다(민법 제683조). 그 외에도 변호사는 법률사무가 단계적으로 진행되는 과정에서, 의뢰인의 청구가 없더라도 그 처리 과정을 의뢰인에게 보고하는 것이 당사자와의 신뢰를 유지하는 데 도움이 된다. 예를 들면, 한 사건에 관해 여러 심급의 재판을 일괄 수임한 변호사는 하급심이 종료되는 대로 그 내용을 의뢰인에게 알려야 한다(남효순, 2003: 312; 이정식, 2003: 235).

변호사는 수임사무가 끝난 경우에도 급박한 사정이 있으면 의뢰인 측이 그 사무를 처리할 수 있을 때까지 그 사무의 처리를 계속하여야 한다(민법 제691조). 위임관계가 끝난 후에도 변호사는 의뢰인의 불이익을 방지할 의무가 있기 때문이다.

〈대법원 1997. 5. 28. 선고 97다1822 판결〉

피고는 그 판시 소송사건을 위임받은 법무법인의 구성[원] 변호사 겸 위 소송사건의 담당변호사로서 성실하게 위 소송사무를 처리하여야 함은 물론 이 사건 소송위임은 대법원까지로 되어 있으므로 소송이 종료된 후에도 원고가 자신의 의사에 의하지 아니하고 상급심의 판단을 받을 기회를 상실하는 일이 없도록 세심한 주의를 하여야 할 업무상 주의의무가 있음에도 불구하고 송무에 익숙치 아니한 소외 김○배를 통하여 원고 측에 판결문을 교부하고 상고 여부를 확인하도록 함으로써 위 김○배가 원고 측에게 상고 제기기간을 잘못 고지하는 바람에 원고가 상고 제기기간을 도과하여 상고의 기회를 잃게 되었다 할 것이므로, 피고는 이로 인하여 원고가 입은 손해를 배

4 대법원 1997. 5. 28. 선고 97다1822 판결.

상할 책임이 있다[.]

2) 설명의무

변호사에게 사건을 의뢰한 사람들 중 많은 수는 변호사와의 상담이나 설명이 부족하다는 불만을 자주 제기한다. 변호사가 의뢰인을 위해 아무리 성실하게 일하고 유리한 재판 결과를 이끌어냈다 하더라도, 의뢰인이 위와 같은 불만을 가질 경우 그 사무를 제대로 처리했다고 보기는 어렵다. 그러한 불만은 변호사의 미래의 사건 유치에도 나쁜 영향을 미친다(조무제, 2010: 66).

설명의무의 충실한 이행은 변호사의 성공적 직무 수행을 위해서 반드시 필요하다. 변호사가 위임의 본지를 파악하기 위해서는 위임계약 체결 전 상담 단계에서부터 충분히 면담하고, 의뢰인의 말을 경청해야 한다. 의뢰인이 소극적인 자세를 취할 때에는 적절한 질문을 함으로써 사건의 내용을 알아내려고 노력할 필요도 있다(조무제, 2010: 69). 일반적으로 의뢰인은 법률 지식이 거의 없거나 미약하다. 그리고 소송을 위임할 때 어떤 지시를 해야 하는지 알지 못하는 경우가 대부분이다. 따라서 변호사는 의뢰인과의 상담이나 협의에 적극적으로 임해 의뢰인의 궁금한 점을 해소하고 공격 · 방어 방법의 취사선택 과정에 참여시켜야 한다(남효순, 2003: 313; 이정식, 2003: 236). 그리고 필요한 조치들을 설명하고 관련 정보를 제공하는 등 조언함으로써 의뢰인이 적절한 조치를 취하거나 법률적 지시를 내릴 수 있도록 해야 한다. 앞에서 설명한 것처럼 변호사는 소송 목적을 달성하는데 필요한 사실관계를 증명하기 위해 필요한 증거를 조사 · 확보해야 하는데, 이 과정에서 의뢰인의 협조는 필수적이다. 이러한 협조의무의 이행을 돕기 위해서도 변호사의 충분한 설명이 필요하다(남효순, 2003: 313; 이정식,

2003: 236-237).

변호사는 의뢰인에게 사건의 주요 경과를 알릴 뿐만 아니라, 필요한 경우에는 의뢰인과 협의하여 처리한다(규약 제28조 제1항). 의뢰인은 소송의 진행 상황에 대해 궁금해한다. 언제 기일이 열리는지, 변호사가 어떤 증거나 서면을 제출했는지, 그 서면에 자신의 주장이 제대로 반영되어 있는지, 상대방의 주장과 증거는 어떠한지 등 소송의 매 상황에 대해 관심을 가진다. 변호사는 의뢰인의 이러한 요구에 적극적으로 대처해야 한다. 소송의 진행 상황을 정기적으로 알리고, 제출 예정 서면을 미리 보내 검토할 수 있도록 하고 제출했거나 수령한 증거 또는 서면은 의뢰인에게 사본을 송부함으로써 관련 내용을 알 수 있도록 해야 한다. 다만 의뢰인의 요청이나 요구가 변호사의 품위를 손상시키거나 의뢰인의 이익에 배치된다고 인정하는 경우에는, 그 이유를 설명하고 이에 따르지 않을 수 있다(규약 제28조 제2항).

변호사는 수임한 사건의 처리가 종료되면, 의뢰인에게 그 결과를 신속히 설명한다(규약 제29조). 관련 판결서 등을 의뢰인에게 송부하고, 패소 판결에 대해서는 그 내용이나 상소 이익 유무 등에 대한 조언을 게을리해서는 안 된다. 즉, 수임사무의 종료 단계에서 패소 판결이 있었던 경우에는 의뢰인으로부터 상소에 관하여 특별한 수권이 없는 때에도 그 판결을 점검하여 의뢰인에게 불이익한 계산상의 잘못이 있다면 의뢰인에게 그 판결의 내용과 상소하는 때의 승소 가능성 등에 대하여 구체적으로 설명하고 조언할 의무가 있다.[5]

변호사가 의뢰인이나 당사자들이 완벽하게 이해할 수 있도록 설명하는 것은 현실적으로 불가능할 수도 있다. 그럼에도 변호사는 가능한 한 의뢰인의 수준에 맞춰 설명해야 한다. 특히 의뢰인이 해당 사건과 관련하여 궁

---

5 대법원 2004. 5. 14. 선고 2004다7354 판결.

금해하는 사항에 대해서는 상세하게 설명해야 한다. 의뢰인이 이해할 수 있는 용어로 알기 쉽게 설명하고자 하는 노력은 의뢰인과 변호사 사이의 신뢰관계를 형성하는 데 중요한 역할을 한다(조무제, 2010: 67). 많은 변호사는 변호사가 갖추어야 할 기본적 자질로서 '의사소통 능력'을 든다. 이는 단지 변론 기술이나 법문서의 작성 능력만을 뜻하는 것이 아니라 의뢰인과의 상담 등에 관한 것도 포함한다. 변호사가 타인의 일을 맡아 처리하는 사람이라는 점, 의뢰인과의 상담을 통해 그 문제 상황을 정확히 인식해야만 성공적인 사무 처리가 가능하다는 점뿐만 아니라 의뢰인과 신뢰관계를 형성하기 위해서도 의사소통 능력은 변호사가 갖춰야 할 자질이다.

〈대법원 1997. 12. 12. 선고 95다20775 판결〉

원심은 [⋯] 피고가 이 사건 이전등기소송을 수임함에 있어 원고들로부터 이 사건 토지에 대한 가처분신청을 하여 줄 것을 명시적으로 요청받지 않았어도 수임 당시 이 사건 토지에 관하여 등기부상 망ㄷ 강○일 명의의 소유권보존등기가 경료되어 있었고 그 상태에서 강○일의 상속인들을 상대로 이전등기소송을 제기하려고 하는 경우 상속인들인 강○철 등이 원고로부터 이전등기소송을 제기당하게 되면 이 사건 토지를 제3자에게 처분할 염려가 있게 되고 그러한 경우에는 소송의 목적을 달성할 수 없게 되므로 가처분의 필요성에 관하여 원고들에게 충분히 설명하여 원고들로부터 그에 필요한 비용을 납부받는 등 원고들의 협조를 받아 그 절차를 취하여야 함에도 불구하고, 이러한 선량한 관리자의 주의의무를 다하지 아니한 채 아무런 보전절차를 취하지 않고 있다가 사건을 수임한 날로부터 6개월이 경과한 후에 비로소 처분금지가처분을 신청하는 등 적기適期에 필요한 보전절차를 취하지 아니한 과실이 있다고 판단했다.

그러나 원심이 배척하지 아니한 증거들과 기록에 의하면, 피고가 이 사건 이전등기소송을 수임할 당시에도 이 사건 토지에 관하여 여전히 강○일 명의의 소유권보존등기가 경료되어 있었는데 소송 계속 중인 1992. 5. 20.자로 이 사건 이전등기소송의 상대방 9인 중의 1인인 강○철이 이 사건 토지에 관하여 협의분할에 의한 재산상속을 원인으로 그 단독 명의로 소유권이전등기를 마쳤으며, 피고는 이와 같은 등기 변동 사실을 원고들이 먼저 알려 준 것이 아니라 피고 측이 등기부등본을 열람한 결과 이를 알게 되자 강○철이 이 사건 토지를 제3자에게 처분할 염려가 있다고 판단하여 소송대리인의 권한으로써 1992. 5. 28. 이 사건 토지에 대한 처분금지가처분 신청을 했으나 그 담보 제공에 따른 가처분기입등기가 마쳐지기 전인 같은 달 29.자로 강○철이 제3자에게 근저당권설정등기를 경료해 준 사실을 인정할 수 있는 바, 이와 같은 사실관계에 비추어 보면 이 사건 이전등기소송의 수임 당시 피고가 원고들에게 이 사건 토지에 대한 소유권이전등기청구권을 보전할 필요성 및 처분금지가처분절차에 관하여 충분히 설명을 했어야 할 구체적 사정이 존재했다고 단정하기도 어렵다고 할 것이다.

그런데도 원심은 위와 같은 구체적인 사정들을 살펴보지 아니한 채 이 사건 토지의 상속인들인 강○철 등이 원고들로부터 이전등기소송을 제기당하게 되면 이 사건 토지를 제3자에게 처분할 염려가 있다는 이유만으로, 피고가 이 사건 이전등기소송의 수임 당시 원고들에게 가처분의 필요성에 대하여 충분히 설명했어야 할 주의의무가 있는데도 그러한 주의의무를 다하지 아니한 과실이 있다고 판단했으니, 원심 판결에는 변호사의 의뢰인에 대한 선량한 관리자로서의 주의의무에 관한 법리를 오해하여 필요한 심리를 다하지 아니한 위법이 있다고 할 것이다. 이러한 점들을 지적하는 취지의 논지는 이유 있다.

〈대법원 2002. 11. 22. 선고 2002다9479 판결〉

일반적으로 수임인은 위임의 본지에 따라 선량한 관리자의 주의의무를 다하여야 하고, 특히 소송대리를 위임받은 변호사는 그 수임사무를 수행함에 있어 전문적인 법률지식과 경험에 기초하여 성실하게 의뢰인의 권리를 옹호할 의무가 있다고 할 것이지만, 구체적인 위임사무의 범위는 변호사와 의뢰인 사이의 위임계약의 내용에 의하여 정하여지고, 변호사에게 이와 같은 위임의 범위를 넘어서서 의뢰인의 재산 등 권리의 옹호에 필요한 모든 조치를 취하여야 할 일반적인 의무가 있다고 할 수는 없으므로, 피사취수표와 관련된 본안소송을 위임받은 변호사가 사고신고담보금에 대한 권리보전조치의 위임을 별도로 받은 바 없다면, 적극적으로 사고신고담보금에 대한 권리 보전조치로서 지급은행에 소송 계속 중임을 증명하는 서면을 제출하여야 할 의무가 있다고 볼 수는 없다고 할 것이다.

[…] 의뢰인과 변호사 사이의 신뢰관계 및 사고수표와 관련된 소송을 위임한 의뢰인의 기대와 인식 수준에 비추어 볼 때, 피사취수표와 관련된 본안소송을 위임받은 변호사는, 비록 사고신고담보금에 대한 권리 보전조치의 위임을 별도로 받은 바 없다고 하더라도, 위임받은 소송 업무를 수행함에 있어서 사고신고담보금이 예치된 사실을 알게 되었다면, 이 경우에는 수표 소지인이 당해 수표에 관한 소송이 계속 중임을 증명하는 서면을 지급은행에 제출하고 수익의 의사표시를 하면 나중에 확정 판결 등을 통하여 정당한 소지인임을 증명함으로써 사고신고담보금에 대한 직접청구권이 생기므로, 법률전문가의 입장에서 승소 판결금을 회수하는 데 있어 매우 실효성이 있는 이와 같은 방안을 위임인에게 설명하고 필요한 정보를 제공하여 위임인이 그 회수를 위하여 필요한 수단을 구체적으로 강구할 것인지를 결정하도록 하기 위한 법률적인 조언을 하여야 할 보호의무가 있다고 보아야 할 것이다.

3) 인도 · 이전의무

변호사는 예납금, 보증금 등의 금전 및 증거서류 등의 수수를 명백히 하고, 이로 인한 분쟁이 발생하지 아니하도록 주의한다(규약 제24조).

변호사는 수임사무 처리 과정에서 취득한 금전 기타의 물건 및 그 수취한 과실을 의뢰인에게 인도하여야 하며, 자신의 명의로 취득한 권리도 의뢰인에게 이전해야 한다(민법 제684조). 따라서 변호사는 법원으로부터 반환받은 보석금, 피고로부터 수령한 보험금 또는 합의금, 인도받은 서류와 물건 등을 의뢰인에게 교부해야 한다. 앞에서 설명한 것처럼 변호사는 명백한 서면 약정 없이 공탁금, 보증금, 기타 보관금 등을 보수로 전환할 수 없다. 다만, 의뢰인에게 반환할 공탁금 등을 미수령 채권과 상계할 수는 있다(규약 제33조 제2항).

변호사가 법률사무로 인하여 받은 물건을 의뢰인에게 인도하거나 또는 취득한 권리를 의뢰인에게 이전하는 경우에는 인도 또는 이전이 있기까지 변호사는 해당 물건과 권리를 선량한 관리자의 주의로 보존하여야 한다(민법 제390조). 변호사가 의뢰인에게 인도할 금전 또는 의뢰인의 이익을 위하여 사용할 금전을 자기를 위하여 소비한 때에는 소비한 날 이후의 이자를 지급하여야 하며, 그 밖에 손해가 있으면 이를 배상하여야 한다(민법 제685조).

4) 변호사의 책임

변호사가 자신의 의무를 이행하지 않음으로써 법률사무의 처리가 지연되거나 불완전 또는 불가능하게 된 경우 등에는 그에 대한 손해배상 책임을 진다. 예를 들면 변호사가 변론기일에 출석하지 않아 소 취하로 간주된 경우,[6] 임의로 소를 취하한 경우,[7] 제출기간 내에 상고이유서를 제출하지 않아 의뢰인의 상소권이 상실된 경우[8] 등이다(남효순, 2003: 314).

이렇게 변호사가 위임의 본지에 좇은 업무 처리를 하지 아니한 까닭에 수임인이 위임의 본지에 좇은 업무 처리를 했더라면 지출하지 아니하여도 될 비용을 위임인이 지출했을 경우, 변호사가 이를 배상해야 한다.[9] 따라서 변호사의 과실로 인하여 의뢰인이 패소한 경우, 의뢰인은 변호사의 과실이 없었더라면 승소했을 것임을 증명해야 한다. 예컨대 상고 사건을 수임한 변호사가 기간 내에 상고이유서를 제출하지 아니하여 의뢰인의 상고가 기각된 것과 관련하여 법원은 "상고이유서 제출기간 내에 상고이유서를 제출했더라면 원심 판결이 취소되고 원고가 승소했을 것이라는 점에 관한 입증이 없다"고 하며 그 의뢰인이 그 후 제기한 손해배상 청구를 기각했다.[10]

의뢰인이 변호사의 채무불이행으로 인하여 재산상 손해를 입은 이외에 정신적 고통을 당한 경우에는, 의뢰인은 그로 인한 손해의 배상도 청구할 수 있다. 다만, 일반적으로 의뢰인이 받은 정신적 고통은 재산적 손해에 대한 배상이 이루어짐으로써 회복된다고 본다. 따라서 의뢰인이 재산적 손해에 대한 배상만으로는 회복될 수 없는 정신적 고통을 입었다는 특별한 사정이 있고 변호사가 그러한 사정을 알았거나 알 수 있었을 경우에만, 의뢰인은 정신적 고통에 대한 위자료를 청구할 수 있다.[11]

---

6 대법원 1959. 11. 26. 선고 4292민상271 판결.

7 대법원 1980. 10. 14. 선고 80다1449 판결.

8 대법원 1995. 5. 12. 선고 93다62508 판결.

9 대법원 1996. 12. 10. 선고 96다36289 판결.

10 대법원 1995. 5. 12. 선고 93다62508 판결.

11 대법원 1980. 10. 14. 선고 80다1449 판결, 1996. 12. 10. 선고 96다36289 판결.

〈대법원 1980. 10. 14. 선고 80다1449 판결〉

원판결 이유에 의하면 원심은 원고의 주위적 청구 중 위자료 청구 부분에 대한 판단에서 피고가, 재산권의 침해를 내용으로 하고 있는 소송의 원고 소송대리인(변호사)으로 선임되어 그 소송을 수행 중 임의 취하함으로써 그로 인한 손해배상을 구하는 이 사건에 있어서 그 재산상 손해를 배상하는 외에 원고의 정신적 손해는 특별 사정으로 인한 손해로서 피고가 그 특별 사정을 알았거나 알 수 있었을 것이라고 인정되는 경우에 한하여 이를 인용할 것인데 원고는, 피고가 이미 소송을 취하하여 그 사건이 종결된 것을 알고도 스스로 이를 잘못 판단하여 동일 소송을 다시 제기, 수행하느라고 그 손해가 증대되었을 뿐 아니라 피고가 그 특별 사정을 알았거나 알 수 있었을 것으로 볼 만한 증거도 없다 하여 원고의 위자료 청구 부분을 배척했는 바 이를 기록과 대조하여 보아도 거기에 채증법칙을 위배한 잘못이 없다.

〈대법원 1996. 12. 10. 선고 96다36289 판결〉

위임계약에 있어서 수임인이 위임의 본지에 좇은 업무 처리를 하지 아니한 까닭에 만약 수임인이 위임의 본지에 좇은 업무 처리를 했더라면 지출하지 아니하여도 될 비용을 위임인이 지출한 경우에 수임인의 채무불이행으로 인하여 위임인이 입게 된 손해액은 그 지출한 비용이라 할 것이다(당원 1987. 10. 13. 선고 87다카1345 판결 참조).

그러므로 원고가 피고에게 지급한 변호사 선임비용인 금 1,500,000원과 관련하여 그 전액의 배상을 구하는 데 대하여, 원심이 위 선임비용 금 1,500,000원 중 피고의 위와 같은 채무불이행이 없었더라면 원고가 위 패소 판결에 대하여 항소를 제기하여 항소심에서 승소 판결을 받은 후, 소송비용액 확정절차를 거쳐 반환받을 수 있는 범위 내의 비용만이 피고가 배상할 책임이 있는 손해라고 판단하여, 원고와 박○호 사이의 소송의 소가에 대하여 변호사보수의소송비용산입에관한규칙 제3조 별표에 의하여 소송비용에 산입할 변호사 보수를 산정하고 그 금액만을 손해액으로 인정한 것은 위와 같은 법리에 따른 것으로서 정당하[다.]

3. 상대방, 변호사 및 법원에 대한 의무

1) 상대방 및 상대방 변호사 등에 대한 윤리

대부분의 경우, 변호사는 의뢰인을 대리하여 그 상대방에 관한 분쟁을 해결하는 것을 직무로 한다(법 제3조). 소송 업무의 대리가 그 대표적인 예일 것이다. 따라서 변호사의 업무를 상대방과의 관계를 빼놓고 얘기할 수는 없다(박휴상, 2013: 417).

변호사의 업무는, 특히 상대방이 있는 분쟁과 관련된 경우, 종국에는 그 승패가 갈리게 된다. 따라서 변호사들은 실제 자신이 하는 업무의 고단함뿐만 아니라 승패에 대한 심리적 부담감에 시달린다. 그리고 사건의 승소를 위해 가능한 모든 방법을 생각한다. 그 과정에서 변호사들은 상대방 또는 그 대리인인 변호사에게 거짓된 방법이나 편법을 사용하고 싶다는 유혹에 흔들리곤 한다. 그러나 이러한 유혹과 욕심은 변호사 직무의 공공성에 비추어 볼 때 용인될 수 없다. 또한 전문직인 변호사들 사이의 예의와 신뢰에도 어긋난다.

변호사는 서로 존중하고 예의를 갖춰야 한다(규약 제2조 제3항). 변호사는 상대방 변호사를 기본적 인권을 옹호하고 사회정의를 실현하는 동일한 사명을 실현하는 동료로 바라봐야 한다. 재판 과정에서는 법정 예절을 지키며 품위를 유지해야 한다. 재판에서 상대방 변호사의 실수를 고쳐 줄 필요는 없으나 적어도 이를 외부에 알려 난처하게 만드는 일은 피해야 한다. 그리고 상대방 변호사의 법정 진술을 방해하거나 인신공격적 언사를 해서는 안 된다(정태원, 2014).

변호사법과 윤리규약은 변호사의 상대방 및 상대방 변호사에 대한 행동 등에 관해 일정한 행위 준칙을 정하고 있다. 아래에서는 그 내용에 대해 살펴본다.

첫째, 변호사는 상대방 또는 상대방 변호사를 유혹하거나 비방하지 아니한다(규약 제10조 제1항). 변호사는 의뢰인의 이익을 위해 관련 법리와 사실관계 등에 대한 비판을 주저해서는 안 되지만, 상대방 또는 그 변호사에 대한 불필요하고 일방적인 비난이나 비방은 삼가야 한다. 특히 법정에서 쟁점과 무관한 일을 가지고서 상대방 변호사를 비방하는 일이 있어서는 안 될 것이다. 구두 변론이나 서면에서 부적절한 표현을[12] 쓰는 것도 피해야 한다(배기석, 2014: 15-17).

둘째, 변호사는 수임하지 않은 사건에 개입하지 아니하고, 그에 대한 경솔한 비판도 삼간다(규약 제10조 제2항). 이미 변호사를 선임한 사람이 다른 변호사에게 자기 사건에 관한 의견을 묻는 경우가 종종 있다. 이때 변호사는 다른 변호사의 사건에 개입해서는 안 되며 그 의견 개진도 조심스러워야 한다. 이는 변호사가 그 사건에 관해 얻을 수 있는 정보가 매우 제한적이고 일방적인 것이기 때문이기도 하고, 변호사마다 업무의 처리 방식이 다르므로 자신의 기준으로만 판단하여 섣부른 비판을 하여서는 안 되기

12 일부 변호사들이 상대방의 주장을 "억지스럽기 이를 데 없는 주장"이나 "일고의 가치도 없는", "궁색하기 그지없는 주장"이라고 치부하거나 "자신에게 유리한 사항만 취사선택하는 이중성", "과다한 욕심", "새빨간 거짓 주장"이라는 표현을 사용하는데, 이는 징계 대상이 되지 않는다 하더라도 변호사 윤리에 비추어 부적절하다.

때문이기도 하다. 다른 변호사에 대한 비판이 때로는 변호사들 사이의 신뢰를 해칠 수 있고 품위를 훼손하는 행위가 된다는 점도 유의해야 한다(박휴상, 2013: 429; 이상수, 2009: 388).

셋째, 변호사는 의뢰인이 다른 변호사에게 해당 사건을 의뢰하는 것을 방해하지 아니한다(규약 제25조 제1항). 변호사는 의뢰인이 변호사를 바꾸고자 할 경우에는 업무의 인수인계가 원활하게 이루어질 수 있도록 합리적인 범위 내에서 협조한다(규약 제25조 제2항).

넷째, 변호사가 동일한 의뢰인을 위하여 공동으로 직무를 수행하는 경우에는, 의뢰인의 이익을 위해 서로 협력한다(규약 제26조 제1항). 변호사는 공동으로 직무를 수행하는 다른 변호사와 의견이 맞지 아니하여 의뢰인에게 불이익을 미칠 수 있는 경우에는, 지체 없이 의뢰인에게 이를 알려야 한다(규약 제26조 제2항).

다섯째, 변호사는 수임하고 있는 사건의 상대방 당사자에게 변호사 또는 법정대리인이 있는 경우에는, 그 변호사 또는 법정대리인의 동의나 기타 다른 합리적인 이유가 없는 한 상대방 당사자와 직접 접촉하거나 교섭하지 아니한다(규약 제45조). 직접 교섭을 금지하는 이유는 ① 상대방이 법률 전문가에 의한 교섭 · 해결을 선택한 이상 변호사가 그 방법을 부정해서는 안 된다는 점, ② 변호사와 상대방, 변호사와 변호사 등 대화 통로가 여러 개로 나눠질 경우 교섭에 부정적 영향을 미치고 변호사와 의뢰인 사이의 신뢰도 해칠 수 있다는 점 때문이다(배기석, 2014: 20). 나아가 변호사가 상대방 당사자가 법률적으로 무지한 상황을 악용하여 유리한 결과를 얻는 것을 막기 위해서이다(김건호, 2013: 120).

상대방 본인이 먼저 접촉을 제안했다고 해서 그러한 접촉이 정당화되는 것은 아니며 상대방 변호사에게 그 사정을 알린 후 양해를 구해야 한다. 다만, 변호사가 자신의 의뢰인에게 상대방과 만나 볼 것을 조언하는 것은 가능하다. 금지되는 접촉 방식은 직접 만나는 것뿐만 아니라 전화, 우편, 팩스, 이메일 등 모든 수단을 포함한다(박휴상, 2013: 419-420; 이상수, 2009: 332-335).

한편 상대방 본인과의 직접 교섭이 예외적으로 허용되는 '합리적인 이유'로는 ① 수임사건의 범위에 속하지 않는 사항에 관한 경우, ② 소송의 신속한 진행을 위해 긴급히 당사자와 직접 교섭할 필요가 있고 상대방 대리인도 동의를 거부하지 않을 것으로 예상되는 경우, ③ 상대방에게 대리인이 있다고 들었지만 그 대리인과 상대방과의 선임 관계가 확인되지 않는 경우, ④ 상대방도 그 대리인과의 연락 방법을 모르는 상태에서 그 연락처를 알 때까지 기다릴 수 없는 긴급한 경우 등을 들 수 있다(배기석, 2014: 20-21).

여섯째, 변호사법에 의하면, 변호사는 수임하고 있는 사건에 관하여 상대방으로부터 이익을 받거나 이를 요구 또는 약속하여서는 아니 되며(법 제33조), 위반할 경우 형사처벌된다(법 제109조 제2호). 윤리규약 역시 변호사가 부당한 이익을 수령하거나 제공하는 것을 금지하고 있다. 즉, 윤리규약 제43조는 "변호사는 사건의 상대방 또는 상대방이었던 자로부터 사건과 관련하여 이익을 받거나 이를 요구 또는 약속하지 아니한다"고 규정하고 있다.

일곱째, 변호사는 사건의 상대방 또는 상대방이었던 자에게 사건과 관련하여 이익을 제공하거나 약속하지 아니한다(규약 제44조).

마지막으로, 변호사법 제74조에 의하면 "지방변호사회는 그 회원인 상호간 또는 그 회원인 변호사와 위임인 사이에 직무상 분쟁이 있으면 당사자의 청구에 의하여 이를 조정할 수 있다." 윤리규약 제30조도 "변호사는 의뢰인과 직무와 관련한 분쟁이 발생한 경우에는, 소속 지방변호사회의 조정에 의하여 분쟁을 해결하도록 노력한다"고 규정하고 있다. 이는 변호사

사이에 분쟁이 있는 경우, 소송이 아닌 변호사단체의 조정에 의해 평온하게 그 문제를 해결하는 것이 변호사 자치의 정신에 부합하고 변호사에 대한 신뢰를 유지하는 데 도움이 되기 때문이다(이상수, 2009: 393-394; 최진안, 2014: 284).

2) 법원에 대한 윤리

소송 업무를 수행할 때 변호사는 이중적 지위를 갖는다. 변호사는 재판에서 의뢰인의 입장을 대변하고 적극 옹호해야 하는 한편, 신속하고 공정한 재판을 수행해야 한다는 사법의 이념에도 충실해야 한다. 재판 과정에서 변호사에게 윤리적 문제가 발생하는 것은 위와 같은 두 가지 지위의 충돌 때문이다. 때때로 변호사는 의뢰인의 이익을 적극적으로 옹호하는 과정에서 사법기관으로서의 지위를 잊곤 한다. 그러나 변호사는 재판의 정상적 운영을 방해해서는 안 된다. 이 점에서 변호사의 법원에 대한 윤리적 책임이 문제되는 것이다(이상수, 2009: 343-344).

첫째, 변호사는 사법권을 존중하며 공정한 재판과 적법절차의 실현을 위하여 노력한다(규약 제35조). 변호사는 불필요하게 사법부의 권위와 신뢰를 훼손하는 행위를 하여서는 안 된다. 예컨대 변호사는 법정의 내외를 불문하고 법원의 위신이나 재판의 신뢰를 해치는 언동을 하여서는 안 된다. 이는 구체적 사건을 담당하는 법관을 존중하기 때문이 아니라 사법 제도에 대한 시민의 일반적 신뢰를 손상시키지 않기 위해서이다. 변호사가 재판 결과와 관련하여 법관을 비판할 때에도 감정적 용어를 사용하기보다는 법리적 의견을 제시하여야 한다.

둘째, 변호사는 재판절차에서 의도적으로 허위 사실에 관한 주장을 하거나 허위 증거를 제출하지 아니한다(규약 제36조 제1항). 또한 증인에게 허위의 진술을 교사하거나 유도하지 아니한다(규약 제36조 제2항). 적법한 절차에 따라 진실을 추구하는 것은 변호사의 직무상 의무이다. 변호사에게 소송의 승패가 중요하다 하더라도, 적법한 수단을 이용하여 승소라는 목적을 달성해야만 한다. 이를 위해서는 변호사 스스로 자신의 행동을 제어하려는 노력이 필수적이다.

셋째, 변호사는 소송과 관련된 기일, 기한 등을 준수하고 부당한 소송 지연을 목적으로 하는 행위를 하지 아니한다(규약 제37조). 변호사는 재판의 적정한 진행을 위하여 법원에 협력하여야 한다. 이는 헌법 제27조 제3항의 "모든 국민은 신속한 재판을 받을 권리를 가진다."란 규정을 실질화한다는 의미를 가진다(이상수, 2009: 353).

넷째, 변호사는 개인적 친분 또는 전관관계를 이용하여 직접 또는 간접으로 법원이나 수사기관 등의 공정한 업무 수행에 영향을 미칠 행위를 하지 아니한다(규약 제38조).

4. 형사 변호인의 윤리

1) 형사 변호인의 지위

변호사의 형사 변호 활동은 형사절차의 진행 과정에서 이루어진다. 따라서 형사 변호 윤리는 형사절차와 연결하여 생각해야 한다. 형사소송법은 실체적 진실주의와 적법절차 원칙을 주된 이념으로 한다. 형사절차란 국가 형벌권을 구체적인 범죄행위에 대해 실현하는 절차인 바, 이를 위해서는 우선 범죄행위에 관한 진실을 명확히 해야 한다. 이것이 실체적 진실 발견의 요청이다. 그런데 실체적 진실 발견이라는 목적을 달성하는 방법은 제한된다. 그 제한 중 가장 중요한 것이 적법절차의 원칙이다(한인섭 외, 2014: 321).

위와 같은 형사절차의 이념은 당사자주의를 채택한 한국의 형사소송 구조와 결합하여 피의자 · 피고인(이하 "피고인 등"이라 한다)의 주체성을 명확하게 한다. 당사자주의에 입각할 때, 형사 변호인의 첫 번째 임무는 적법절차 원칙에 따라 피고인 등의 방어권을 현실화하는 것이다. 이것은 형사 변호 과정에서 변호인의 역할이 당파성을 띤다는 것을 의미한다. 당사자주의 구조에서 변호사의 1차적 역할은 객관적으로 공정한 재판을 실현하는 데 협력할 것을 임무로 하는 법원의 협력자가 아니라, 피고인 등의 입장에 서서 그의 주장 및 이익을 실현하는 데 협력 · 진력하는 자이다. 변호사의 당파적 성격은 진실의무에서 가장 잘 나타난다. 변호인은 진실의무를 부담하고 있으나, 그 의무는 어디까지나 피고인 등에게 유리한 사실을 밝힘으로써 실체적 진실을 추구하는 소극적인 것이다(한인섭 외, 2014: 322-323).[13]

변호인의 당파성은 그 직무의 공공성과 독립성에 의해 수정된다(이상수, 2009: 64). 이를 '중립적 당파성'이라 표현하기도 한다. 형사 변호인에게는 의뢰인인 피고인 등으로부터 독립된 중립적인 지위가 보장되어야 한다. 변호사는 피고인 등의 이익을 위해 피고인 등의 요구에 반하는 선택을 해야 할 때가 있다. 변호사는 피고인 등의 승리만을 위해 몰가치적으로 행동해서도 안 된다. 또한 변호사는 피고인 등에 대한 사회 일반의 평가나 가치 판단에 영향을 받아서는 안 된다(최진안, 2014: 433). 즉 피고인 등이 저질렀다고 기소된 범죄 사실, 피해 정도, 피고인 등의 인격, 방어권 행사 방법,

13 만일 변호인이 법관이나 검사와 동일한 의무를 부담한다면, 변호인을 선임한 피고인 등은 변호인을 선임하지 않은 피고인 등보다 불리한 지위에 빠지게 된다.

범행 후 정상 등에 도덕적으로 비난받을 내용이 있다고 하더라도, 방어권의 행사는 이러한 비판으로부터 독립된 권리이므로 피고인 등의 방어권을 체현하는 변호사 역시 그로부터 중립적이어야 한다. 그렇지 않으면 형사절차에서 피고인 등에게 변호사에 의한 변호를 받을 권리를 보장한 제도 자체가 붕괴될 수 있다(한인섭 외, 2014: 323).

위에서 설명한 바와 같이 변호인은 피고인 등의 권리와 이익을 최대한 옹호해야 한다. 변호인은 그들의 보호자로서의 지위를 가지고 피고인 등의 방어권 행사를 돕는다. 변호인의 보호자로서의 지위는 형사절차에서 무기대등武器對等의 원칙을 실현하기 위한 것이다. 변호인은 피고인 등의 보호자로서 법적 조언을 행하고, 증거 수집 등의 활동을 통해 피고인 등에게 조력한다. 변호인의 법적 조언에는 실체법적인 권리만이 아니라 절차법적인 권리 등 모든 법적 권리에 관한 내용을 포함한다(한인섭 외, 2014: 328).

2) 성실의무

가. 적극적인 변론 활동

변호사는 업무 처리에 있어서 직업윤리의 범위 안에서 가능한 한 신속하게 의뢰인의 위임 목적을 달성할 수 있도록 노력해야 한다(규약 제13조 제2항). 형사 변론 활동의 기본적 내용으로는 접견의 확보, 신체 구속의 방지 또는 조기 석방, 방어권의 설명 등을 들 수 있다. 변호사는 구속 피고인 등을 신속하게 접견하여 사실관계를 청취하여 유리한 증거를 수집하고, 빨리 석방되도록 노력해야 한다. 또한 진술거부권 등 피고인 등의 방어권에 대해 적절히 설명하여 피고인의 합리적 선택을 돕고, 방어권을 침해당했을 때에는 필요한 조치를 취해야 한다(박휴상, 2013: 453).

형사 변호인을 맡은 변호사는 피고인 등의 권리와 이익을 위해 성실하게 변론해야 한다. 이것은 피고인 등이 자백하고 있어도 유리한 정상을 모두 현출하고, 부인하고 있는 경우에는 무죄로 연결시킬 수 있는 사실을 명확히 하며 필요한 법률적 이론을 모두 전개해야 한다는 것을 의미한다(한인섭 외, 2014: 331).

변호사는 공익적인 지위에서 형사절차의 엄격성을 감시하고 문제를 시정해야 할 의무를 부담한다. 이것은 특히 구체적인 형사절차에서 헌법상 혹은 법률상 보장된 피고인 등의 권리를 침해하는 일이 일어난 경우에 요구된다. 관행이나 편의만으로 피고인 등에게 주어진 권리를 침해할 수는 없고, 형사절차의 엄격성을 완화할 수도 없다(한인섭 외, 2014: 336).

불성실 변론은 징계의 대상이 된다.[14]

〈헌법재판소 2003. 3. 27. 선고 2000헌마474 결정〉

헌법 제12조 제4항은 "누구든지 체포 또는 구속을 당한 때에는 즉시 변호인의 조력을 받을 권리를 가진다."라고 규정함으로써 변호인의 조력을 받을 권리를 헌법상의 기본권으로 격상하여 이를 특별히 보호하고 있거니와 변호인의 "조력을 받을" 피구속자의 권리는 피구속자를 "조력할" 변호인의 권리가 보장되지 않으면 유명무실하게 된다. 그러므로 피구속자를 조력할 변호인의 권리 중 그것이 보장되지 않으면 피구속자가 변호인으로부터 조력을 받는다는 것이 유명무실하게 되는 핵심적인 부분은, "조력을 받

14 대한변협 2007. 5. 21. 결정 징계 제2006-36호는 "피고인으로부터 사건을 수임하여 제1차 공판기일에서 피고인으로 하여금 공소사실 전부를 자백하게 한 상태에서 변론요지서도 제출하지 않은 채 1,400억 원대의 피해가 야기된 피해자 수 명을 상대로 약 4,000만 원 상당의 합의를 한 후 그 결과만을 참고자료 형태로 제출하는 등 변론에 있어서 적극적인 노력을 보이지 아니하여 직무성실의무를 다하지 아니하고 이후 피고인이 그의 처를 통하여 변론요지서 사본을 요청하자 마치 이미 제출했던 변론요지서인 것처럼 뒤늦게 만든 변론요지서의 사본을 피고인에게 교부했다."고 하여 과태료 300만 원의 징계를 결정한 바 있다.

을 피구속자의 기본권"과 표리의 관계에 있기 때문에 이러한 핵심 부분에 관한 변호인의 조력할 권리 역시 헌법상의 기본권으로서 보호되어야 한다.

나. 변호인의 증거 수집 및 합의 노력

피고인 등에게 유리한 증거를 수집하여 제출하는 것은 변호인의 직무이다. 변호사는 피고인 등에게 유리한 증언을 해 줄 사람을 물색하고 접촉할 수 있다. 변호사가 검찰 쪽 증인을 증언 전에 면담하는 것이 허용될까? 이 역시 반대신문 등 방어의 준비를 위해 필요하다면, 변호인이 할 수 있다. 다만 그 면담 여부는 위증 교사의 의심을 받을 수 있다는 점에서 신중하게 판단해야 한다(박휴상, 2013: 464; 이상수, 2009: 350-351).

변호인이 고소인이나 피해자를 만나 합의나 고소 취하를 종용하는 것은 피고인 등을 위한 변호 활동에 당연히 포함된다. 국선 변호의 경우에도 마찬가지이다. 이때 변호인은 피해자에게 2차 피해가 발생하지 않도록 주의해야 한다(한인섭 외, 2014: 375).

다. 피해자에 대한 증인 신문

증인은 형사재판 절차에서 가장 중요한 증거 중 하나이다. 증인은 선서를 하고 증언함으로써 위증죄에 대한 부담을 지게 되고 상대방의 반대신문을 감수해야 한다. 증인의 증언에 신빙성을 부여하는 근거는 이러한 과정을 거치기 때문이다. 따라서 변호사는 증인 신문을 충실히 준비해야 하고, 특히 반대신문권의 행사에 철저해야 한다(한인섭 외, 2014: 375).

문제는 성범죄 사건과 같이 사안에 따라 증인의 증언 절차에 제한이 가해지는 경우이다. 변호인으로서는 기록을 면밀히 검토한 후 굳이 비공개나 비디오 등 중계 장치에 의한 증인 신문을 할 필요가 없다고 판단될 경우에는 검사의 관련 신청에 반대해야 한다. 위에서 설명한 바와 같이 증인으로서도 공개 법정에서 증언을 한다는 부담을 이겨내야 하는 것이 원칙이기 때문이다(한인섭 외, 2014: 375).

증인에 대한 반대신문 과정에서 피해자의 2차 피해를 막기 위해 노력하는 것이 형사 변호인의 윤리에 포함될까? 변호인은 주신문의 범위 내에서 모든 방법을 동원하여 검사 쪽 증인을 탄핵해야 한다. 형사소송규칙 제74조에 의하면, 위협적이고 모욕적인 신문이나 증인의 명예를 해치는 내용의 신문이 아닌 반대신문 방법은 모두 허용된다. 변호인으로서는 증인을 인격적으로 존중하고 증언 과정에서 새로운 피해가 발생하지 않도록 주의해야 하지만, 이 때문에 피고인의 방어권 행사에 장애가 발생해서는 안 된다(한인섭 외, 2014: 375).

3) 진실의무

가. 당파적이고 소극적인 진실의무

변호사법 제24조 제2항은 "변호사는 그 직무를 행함에 있어서 진실을 은폐하거나 허위의 진술을 하여서는 아니 된다."고 규정하여 변호사에게 진실의무를 부과하고 있다. 윤리규약 제2조 제2항 역시 "변호사는 그 직무를 행함에 있어 진실을 왜곡하거나 허위진술을 하지 아니한다"고 규정하고 있다.

그런데 형사 변호인인 변호사가 법관이나 검사와 동일한 정도의 진실의무를 지는 것은 아니다. 앞에서 설명한 것처럼, 변호사의 진실의무는 당사자의 입장에서 의뢰인의 주장을 대변하고 그 이익을 실현한다는 점에서 당파적이다. 변호사는 사실관계와 그에 따른 법리를 피고인 등에게 유리한 방향으로 해석하고 이를 법원에 설득하는 과정에서 진실을 추구한다. 즉 변호사의 진실의무는, 법원의 진실 발견을 방해하기 위해 적극적으로 허위 증거를 제출하는 등 사실을 왜곡하는 행위를 해서는 안 된다는 정도의, 소극적 의미로 존재한다(정형근, 2013: 113; 최진안, 2014: 453; 한인섭 외, 2014: 348). 위와 같은 점을 감안하여 윤리규약 제36조 제1항은 재판절차에서 변호사의 진실의무와 관련하여 "의도적으로 허위 사실에 관한 주장을 하거나 허위증거를 제출하지 아니한다"고 규정하고 있다. 어떤 경우에도 변호사가 변론행위라는 명목으로 수사기관이나 법원에 대해 적극적으로 허위 진술을 하거나 피고인 등으로 하여금 허위 진술을 하도록 하는 것은 허용되지 않는다는 점을 주의해야 한다.[15]

변호인은 피고인 등에게 진술거부권의 내용과 그 효과에 대해 충분히 설명해야 한다. 법원과 수사기관도 진술거부권을 고지하긴 하지만, 진술거부권의 효과적인 행사가 가능하기 위해서는 변호인의 구체적이고 상세한 조언이 필요하다(김형준, 2007: 270). 변호인이 진술거부권을 알려 주고 필요한 경우 이를 행사할 것을 권유하는 것은 변호사로서의 진실의무에 위반되지 않는다.[16] 형사 변호 과정에서 피고인 등에게 필요한 법률 지식을 제공하는 것은 변호인의 당연한 임무이기 때문이다. 다만 진술거부권을 행사할지 여부는 전적으로 피고인 등이 결정할 문제이다.[17]

진술거부권의 행사에서 더 나아가 피고인 등이 순순히 범행을 자백하고자 하는 상황에서, 수사기관이 확보한 증거만으로는 유죄 입증이 곤란하다는 점을 알고 변호인이 적극적으로 진술거부권을 행사할 것을 권유하거나 그런 사정을 알리는 것은 윤리적으로 문제가 될 수 있을까? 이에 대해서는 견해가 대립할 수 있다. 먼저 변호인은 피고인 등이 진범일 경우에도 자신

15 대법원 2012. 8. 30. 선고 2012도6027 판결.

16 대법원 2007. 1. 31.자 2006모656 결정.

17 이때 범행 사실을 부인했는데도, 법관이 유죄 판결을 선고할 경우 범행을 부인한 점이 양형에서 불리하게 작용할 수 있다는 점도 함께 설명해야 한다(박휴상, 2013: 459).

의 방어를 위해 악용할 여지가 있는 법률 지식에 대해서까지 조언해야 한다는 점, 변호인이 피고인 등의 자주적인 결정권에 속하는 부분을 피고인 등을 대신하거나 미리 성급하게 판단해서는 안 된다는 점 등을 고려할 때, 변호인의 위와 같은 행동이 허용된다는 입장이 있을 수 있다. 반면에, 변호인의 공익의무와 진실의무를 강조하는 입장에서는 피고인 등의 자백을 막는 행동을 해서는 안 된다는 견해가 있을 수 있다. 즉 진실 규명을 막는 무제한의 법률 지식 제공은 변호인의 공익적 지위에서 유래한 진실의무에 반하다는 것이다(한인섭 외, 2014: 338-339).

만약 변호인이 증거를 살펴본 바에 의하면 유죄의 심증이 가는데도 불구하고 피고인 등이 범행을 부인하고 무죄를 호소하는 경우에는 어떻게 해야 할까? 변호사는 먼저 피고인 등의 의견을 주의 깊게 청취하고 그 후 다시 증거 등 사건 기록을 꼼꼼히 살펴본 후 피고인 등이 요구하는 추가 증거에 관해서도 검토해야 한다. 그리고 최선의 변호 활동을 하더라도 유죄 판결을 피할 수 없다고 판단되거나 혹은 부자연스러운 부인에 의해 양형상 불이익을 받을 우려가 있을 때에는 그런 사정을 피고인 등에게 설명하고 그 주장을 번복할 것을 설득해야 한다(박휴상, 2013: 460-461).

한편, 피고인 등의 자백에도 불구하고 보강 증거나 그 밖에 유죄 판결을 하기에 충분한 증거가 법원에 수집되어 있지 아니한 경우나 자백이 진실한 것이 아니라고 판단하는 경우에는 피고인 등을 위한 무죄 변론을 해야 한다. 무죄 변론의 목적은 죄 없는 자를 보호하기 위한 것이긴 하지만 더 나아가서는 형사 사법의 부정의不正義로부터 죄 있는 자들을 보호하기 위한 것이기도 하기 때문이다(박휴상, 2013: 460; 사법연수원, 2009: 100).

〈대법원 2007. 1. 31.자 2006모656 결정〉

변호사인 변호인에게는 변호사법이 정하는 바에 따라서 이른바 진실의무가 인정되는 것이지만, 변호인이 신체 구속을 당한 사람에게 법률적 조언을 하는 것은 그 권리이자 의무이므로 변호인이 적극적으로 피고인 또는 피의자로 하여금 허위 진술을 하도록 하는 것이 아니라 단순히 헌법상 권리인 진술거부권이 있음을 알려 주고 그 행사를 권고하는 것을 가리켜 변호사로서의 진실의무에 위배되는 것이라고는 할 수 없다.

나아가, 신체 구속을 당한 피의자 또는 피고인이 범한 것으로 의심받고 있는 범죄행위에 해당 변호인이 관련되어 있다는 등의 사유에 기하여 그 변호인의 변호활동을 광범위하게 규제하는 변호인의 제척除斥과 같은 제도를 두고 있지 아니한 우리 법제 아래에서는, 변호인의 접견 교통의 상대방인 신체 구속을 당한 사람이 그 변호인을 자신의 범죄행위에 공범으로 가담시키려고 했다는 등의 사정만으로 그 변호인의 신체 구속을 당한 사람과의 접견 교통을 금지하는 것이 정당화될 수는 없다.

이러한 법리는 신체 구속을 당한 사람의 변호인이 1명이 아니라 여러 명이라고 하여 달라질 수 없고, 어느 변호인의 접견교통권의 행사가 그 한계를 일탈한 것인지의 여부는 해당 변호인을 기준으로 하여 개별적으로 판단하여야 할 것이다.

나. 대신범

변호인의 성실의무와 비밀유지의무가 첨예하게 대립되는 사안이 소위 대신범의 문제이다. 이는 변호인이 무죄임을 알면서 유죄 변론을 요청받는 상황이다(한인섭 외, 2014: 348-349). 예컨대, 음주 교통사고를 일으킨 진범 대신 그 차량에 동승했던 어머니가 운전자인 자녀를 보호하기 위해 자신이 운전자라고 진술하여 형사재판을 받게 되고 그 사실을 변호사가 알게 된 경우, 해당 변호사는 의뢰인의 지시와 실체적 진실이 충돌하는 윤리적 딜레마에 빠지게 된다.

대신범에 대한 유죄 변론은 진범에 대한 무죄 변론과 다르다. 진범에 대한 무죄 변론은 피고인 등이 증거인멸죄나 위증죄 등의 추가 범죄를 저지르는 것이 아니지만, 대신범의 경우에는 적극적으로 범인은닉죄를 범하는 것이기 때문이다. 법원은, 범인이 아닌 사람이 수사기관에 범인임을 자처하고 허위 사실을 진술하여 진범의 체포와 발견에 지장을 초래하게 한 행위가 범인은닉죄에 해당한다고 판시한 바 있다.[18]

대신범의 문제에서 피고인 등의 뜻을 따라야 하는지에 대해선 견해가 대립한다(한인섭 외, 2014: 349-350). 변호인의 성실의무를 강조하는 입장에서는 사형 판결이 예상되는 경우를 제외하고는 기본적으로 피고인 등의 뜻에 따라야 한다고 주장한다. 피고인 등이 다투지 않는 이상 변호인도 다투지 말고 정상에 관한 변호만 해야 한다는 것이다. 반면에, 피고인 등의 뜻에 따라 대신범을 용인하는 것은 피고인 등의 이익에 반하므로 변호사는 그 의사에 반하여 무죄 변론을 해야 한다는 입장이 있다. 그런데 후자는 피고인 등의 의사에 반한다는 것이 가장 큰 문제점이다. 이럴 경우 피고인 등은 변호인을 해임하고 새로운 변호인을 선임할 것이다. 그리고 새로운 변호인에게는 진실을 털어놓지 않고 변호를 의뢰할 것이다. 따라서 이 방법은 종국적인 해결 방법이 될 수 없다. 그럼에도 불구하고 후자의 견해가 타당하다. 변호사는 진실에 기초한 변론을 해야 한다고 피고인 등을 설득하고, 그 뜻을 번복하지 않을 경우에는 사임해야 한다. 그렇지 않을 경우 변호사는 범인도피죄에 가담하는 결과가 초래되기 때문이다. 법원 역시, 대신범의 변호인으로 선임된 변호사가 진범을 은폐하는 허위 자백을 유지하게 함으로써 범인을 도피하도록 도운 사안과 관련하여, 변호사의 비밀유지의무는 변호사가 업무상 알게 된 비밀을 다른 곳에 누설하지 않을 소극

18 대법원 2000. 11. 24. 선고 2000도4078 판결.

적 의무에 불과하고, 진범을 은폐하는 허위 자백을 적극적으로 유지하게 한 행위는 비밀유지의무에 의해 정당화될 수 없다고 판시하며 해당 변호사에 대해 범인도피방조죄의 성립을 인정하였다.[19]

다. 위증

피고인은 진실을 말할 의무를 지지 않는다. 피고인 신문 시 피고인은 선서를 하지 않으며 위증죄의 주체가 되지 않는다. 오히려 피고인은 진술거부권과 자신에게 유리한 사실을 말할 권리가 있다.

그러나 위증의 문제는 다르다. 증인이 선서한 후 허위의 사실을 증언하면 위증죄가 성립한다. 증인에게 위증죄가 성립하면 위증을 교사한 피고인 등은 위증교사죄로 처벌받고,[20] 증인을 신문한 변호인은 위증죄의 교사범 또는 방조범이 될 수 있다. 형사재판에서 변호사의 의무가 피고인 등의 입장에서 진실을 추구하는 소극적인 것이라고 하더라도, 그것이 피고인 등의 이익을 위해 법원의 실체적 진실 발견 노력을 적극적으로 방해하는 것까지 용인하는 것은 아니다. 따라서 변호사는 위증을 교사하거나 허위의 증거를 제출하게 하거나 이러한 의심을 받을 행위를 해서는 안 된다(규약 제11조 제2항). 그리고 재판에서 증인에게 허위의 진술을 교사하거나 유도하지 아니한다(규약 제36조 제2항). 변호사가 위증을 교사한 경우에는 위증교사죄로 처벌받고, 징계 대상이 된다.[21]

만약 피고인 등이 형사재판 과정에서 위증을 교사하거나 허위의 증거를 제출하려 한다면 변호사는 어떻게 해야 할까? 이 경우 변호사는 그렇게 행

---

19 대법원 2012. 8. 30. 선고 2012도6027 판결.

20 판례에 의하면, 피고인은 위증죄의 교사범이 될 수 있다(대법원 2004. 1. 27. 선고 2003도5114 판결).

21 대한변협 2003. 11. 17. 결정 징계 제2003-23호.

동할 경우 발생할 수 있는 위험을 설명하고 피고인 등을 설득해야 한다. 이와 같이 최선을 다했는데도 피고인 등이 그 뜻을 굽히지 않는 경우에는 어떻게 해야 할까? 피고인 등이 원하는 바를 무시하고 변호 활동을 계속하는 것은 성실의무에 저촉되므로, 이때는 사임할 수밖에 없다.[22]

4) 형사 변호인의 사임

형사 변호인의 임무는 피고인 등의 헌법상의 권리와 이익을 지키는 것이고, 법원에 앞서 피고인 등의 행위에 대해 판단할 필요는 없다고 하지만, 그렇다 하더라도 변호사 개인의 양심의 문제는 여전히 남는다. 변호사가 개인적 양심에 비추어 도저히 형사 변호를 하지 못할 정도라면 사임하는 것도 하나의 방법이다. 하지만 변호사의 개인적 양심의 자유는 변호사의 직업적 요청, 즉 형사절차에서 피고인 등의 보호자와 대리인으로서 활동해야 한다는 요청에 의해 제한된다. 변호를 승낙한 이상 변호사는, 원칙적으로 개인적인 양심, 윤리, 신념, 법률상의 견해를 우선하지 않고 피고인 등의 보호자로서 그 권리와 이익을 위해 최선을 다해야 한다. 다만, 변호사 개인의 양심에 대한 본질적인 침해가 있다고 판단되는 경우에는 사임할 수밖에 없다. 이때 변호사는 자신의 양심과 직업적 양심에서 비롯되는 갈등에 대해 심사숙고해야 한다. 그 이후에도 사임이 불가피하다면 사임할 수 있다. 사임하는 경우에도 피고인 등에게 가장 피해가 적은 방법으로 사임해야 한다. 피고인 등에게 사임의 이유를 충분히 설명할 뿐 아니라 피고

---

22 이 경우에도 사임이 종국적인 해결책은 아니라는 점을 주의해야 한다. 피고인 등은 다른 변호사를 변호인으로 선임한 후 그 변호사에게는 허위라는 사실을 적극적으로 숨긴 채 위증을 시도할 것이기 때문이다. 또한 부적절한 시기에 사임할 경우 법원에 유죄의 심증을 줄 수 있고, 피고인의 변호에 차질을 빚을 수도 있다(한인섭 외, 2014: 354).

인 등의 방어 준비에 필요한 시간을 확보할 수 있도록 배려해야 한다. 만약 방어 준비에 충분한 시간이 없다면 사임의 자유는 제한될 수밖에 없다. 또한 변호인은 업무상 지득한 비밀을 누설해서는 아니 되고, 특히 수사기관이나 법원이 이를 알지 못하도록 해야 한다(한인섭 외, 2014: 344).

위와 같은 점 때문에 앞에서 설명한 바와 같이 변호사는 그 선임 계약의 체결 여부에 대해 숙고해야 한다.

10장

변호사의 공익활동의무

1. 총설

변호사의 공익활동은 변호사의 윤리와 사회적 책임에 바탕을 둔 오랜 전통 중의 하나이다. 'Pro Bono Publico'의 번역어인 공익활동은 어원적으로 공공선을 위한 변호사의 행위를 뜻하고, 일반적으로 가난한 자 또는 비영리 기구에 대해 무료 또는 저렴한 비용으로 법률서비스를 제공하는 것으로 이해된다. 전통적으로 공익활동의무는 변호사 집단이 가져야 할 도덕적 의무로 받아들여졌다(황승흠, 2004: 237).

변호사법 제2조는 "변호사는 공공성을 지닌 법률 전문직으로서 독립하여 자유롭게 그 직무를 수행한다."고 하여 변호사의 공공성을 강조하고, 제27조 제1항은 "변호사는 연간 일정 시간 이상 공익활동에 종사하여야 한다."고 규정함으로써 변호사의 공익활동의무를 명시하고 있다. 같은 취지에서 윤리규약 제4조 제1항도 "변호사는 공익을 위한 활동을 실천하며 그에 참여한다."고 규정하고 있다.

2. 공익활동의무의 근거

변호사의 공익활동의무를 논의할 때 가장 먼저 제시되는 이론적 근거는 모든 국민이 재판을 받을 권리를 가지는데 만약 무자력자나 소수자가 변호사의 도움을 받지 못한다면, 재판청구권이 그 실질적 의의를 잃게 된다는 것이다(박휴상, 2013: 490-491). 만약 변호사가 국가 기관이거나 국가 권력을 위임받은 자라고 한다면 이 논의는 간단해진다. 변호사의 공익활동의무는 국가적 의무의 한 부분에 불과하기 때문이다. 법관이나 검찰이 국민에게 평등하고 실효적인 법률서비스를 제공해야 하듯, 변호사 역시 국민에게 적절한 법률서비스를 제공할 법적 의무를 부담한다고 할 수 있는 것이다(한인섭 외, 2014: 384). 그러나 변호사가 법률 전문직에 종사하는 사인私人이라는 점을 고려한다면 이 논의는 좀 더 정교한 설명이 수반되어야 한다. 기본권의 보장 또는 법치의 실현이란 1차적으로는 국가의 의무이지 그것을 사인인 변호사가 부담하는 의무라고 볼 수는 없기 때문이다. 이와 관련해서는 아래와 같은 근거들을 제시할 수 있다(한인섭 외, 2014: 384-385).

첫째, 한국의 법률시장은 변호사가 독점하고 있다. 법률서비스가 공공재이며 따라서 모든 사람이 보편적으로 이용할 수 있어야 한다면, 이런 독점 체제는 역으로 그 독점권을 가진 사람에게 법률서비스 제공 의무를 부과하게 된다. 그렇지 않다면, 그것은 변호사에게 특권적 지위를 부여함과 동시에 시민의 평등권을 침해하는 결과를 야기하기 때문이다(법률시장 독점론).

둘째, 변호사의 공익성은 변호사 제도에 내재하는 본질적 속성이라고 보는 견해가 있다(직무 본질론). 변호사가 제공하는 법률서비스는 국가의 법 집행에 필요불가결한 것이다. 당사자주의에 입각한 소송 제도가 그 대표적인 예이다. 당사자주의 하에서 변호사의 도움 없이 법적 정의를 실현하기는 어렵다. 이 견해에 따르면, 변호사가 공공재로서의 법률서비스를 자신의 업무로 포섭하는 과정에서 변호사의 공공성이 파생되고 그로부터 공익활동의무가 발생한다.

셋째, 변호사를 법률시장의 서비스 공급자로만 파악할 때에는 변호사의 공공성이라는 요청은 현격히 약화된다. 이에 따르면 변호사는 본질적으로 고객의 이익을 위해 그 고객에 봉사하는 사람 혹은 자신의 직업 활동에 충실한 사람일 따름이다. 따라서 변호사가 제공하는 법률서비스는 시장 원리에 따라 결정되는 것이지 국가 혹은 시장외적인 통제 장치에 의해 강제되는 것은 아니다. 그럼에도 불구하고 변호사의 공익활동이 강제되는 것은 변호사 제도 자체에서 필연적으로 파생된 것이 아니라 그동안 변호사들이 공적인 역할을 수행하면서 구축된 관행에 불과하다는 것이다.

3. 공익활동의무의 내용

1) 공익활동의 범위

변호사법 제27조에 의하면, 변호사는 연간 일정 시간 이상 공익활동에 종사하고 법령에 따라 공공기관, 대한변협 또는 소속 지방변호사회가 지정한 업무를 처리해야 한다.

공익활동의 범위와 그 시행 방법 등에 관하여 필요한 사항은 대한변협이 정한다. 대한변협은 위 변호사법의 공익활동 조항을 대한변협 회칙 제9조의2에서 다시 규정하고, 그에 의거하여 「공익활동 등에 관한 규정」(이하 "공익활동규정"이라 한다)을 제정, 시행하고 있다. 이를 유형별로 나누면, 아래와 같다(공익활동규정 제2조).

첫째, 변호사가 공익적 단체에서 무료 또는 상당히 저렴한 비용으로 법률서비스를 제공하는 활동 등이 공익활동에 해당한다. 시민의 권리나 자유 또는 공익을 위하거나 경제적인 약자를 돕기 위해 마련된 자선단체, 종교단체, 사회단체, 시민운동단체 및 교육기관 등 공익적 성격을 가진 단체에 대해 무료 또는 상당히 저렴한 비용으로 법률서비스를 제공하는 활동과 위 공익 단체의 임원 또는 상근자로서의 활동 중 대한변협 또는 지방변호사회가 공익활동으로 인정하는 활동 등이 그것이다.

둘째, 변호사가 대한변협, 지방변호사회의 임원 또는 법률상담변호사나 그 지정 공익활동 프로그램에서 활동하는 것들이 공익활동에 포함된다. ① 대한변협 또는 지방변호사회의 임원 또는 위원회의 위원으로서의 활동, ② 대한변협 또는 지방변호사회가 지정하는 법률상담 변호사로서의 활동, ③ 대한변협 또는 지방변호사회가 지정하는 공익활동 프로그램에서의 활동 등이 그것이다.

셋째, 변호사가 국선변호인 등과 같이 공공기관으로부터 위촉받은 사항에 관해 활동할 경우 공익활동으로 인정된다. ① 국선변호인 또는 국선대리인으로서의 활동, ② 법령 등에 의해 관공서로부터 위촉받은 사항에 관한 활동(다만, 상당한 보수를 받는 경우를 제외) 등이 여기에 해당한다.[1]

---

1 변호사가 중앙 · 지방노동위원회 등의 공익위원 등 공공기관으로부터 위촉받은 사항에 관한 활동을 하는 과정에서 자신의 의뢰인이 아닌 당사자들 사이의 분쟁 등의 해결에 관여하는 경우가 있다. 이 경우에 변호사는 중립자로서의 역할을 수행해야 한다. 중립자로서 변호사가 행하는 사무는 중재자, 조정자로서 행하는 사무 등을 포함한다. 중립자로서 역할을 수행하는 변호사는 당사자들에게 자신이 그들을 대리하는 것이 아님을 적절히 설명한다(규약 제53조).

넷째, 변호사의 개인에 대한 무료변호 등 법률서비스 제공 또는 입법 연구 등 법률 지원 활동 가운데 공익적 성격을 가진 것으로서 대한변협 또는 지방변호사회가 공익활동으로 인정하는 활동도 공익활동에 해당한다.

다섯째, 대한변협 또는 지방변호사회가 설립한 공익재단에 대한 기부행위가 공익활동에 해당한다.

2) 공익활동의 방법

변호사는 공익활동 중 적어도 하나 이상을 선택하여 연간 합계 30시간 이상 행하여야 한다. 다만, 특별한 사정이 있는 지방변호사회는 위 30시간을 20시간까지 낮출 수 있다. 부득이한 사정으로 위 공익활동 시간을 완수하지 못한 변호사는 1시간당 금 20,000원 내지 30,000원에 해당하는 금액을 소속 지방변호사회에 납부하여야 한다. 다만, 법조 경력이 2년 미만이거나 60세 이상인 변호사, 질병 등으로 정상적인 변호사 업무를 수행할 수 없는 변호사와 기타 공익활동을 수행할 수 없는 정당한 사유가 있는 변호사는 그 의무가 면제된다(공익활동규정 제3조).

변호사를 고용하고 있는 변호사나 법무법인 등은 그 고용된 변호사가 공익활동에 참여할 수 있도록 협력할 의무가 있다(공익활동규정 제7조).

공익활동규정은 법무법인 등에 대해 그 조직 전체가 공익활동의무를 수행할 수 있는 대안적 방식을 허용하고 있다(제4조). 이것은 법무법인 등과 같이 조직화된 법률사무소의 경우 분업 및 협업 체계로 업무를 수행한다는 점을 감안한 것이다(한인섭 외, 2014: 388; 황승흠, 2004: 259).

공익활동규정 제4조 제1항에 따르면, 법무법인 등이 ① 구성원 및 소속 변호사 전원을 위해 행한 공익활동시간, ② 구성원 및 소속 변호사 전원을 대신하여 공익활동을 행할 변호사를 지정하여 그 변호사가 행한 공익활동

시간은, 그 법무법인 등의 구성원 및 소속 변호사에게 배분하여 각 변호사의 공익활동시간으로 인정할 수 있다. 법무법인 등의 공익활동 수행 변호사에 대하여는 그가 행한 공익활동시간 중 그에게 배분이 인정된 시간에 한하여 그 수행 변호사 자신의 공익활동시간으로 본다(공익활동규정 제4조 제2항). 위 규정은 공증인가합동법률사무소와 조합형 합동법률사무소의 경우에 준용된다(공익활동규정 제4조 제3항). 공익활동시간의 배분 인정과 관련해서는 그 법무법인 등, 공증인가합동법률사무소 또는 조합형 합동법률사무소의 대표자가 소속 지방변호사회의 허가를 받아야 한다(공익활동규정 제4조 제4항). 위 법률사무소들은 법조 경력이 2년 미만이거나 60세 이상인 변호사를 공익활동 수행 변호사로 지정할 수 있다(공익활동규정 제4조 제5항).

3) 국선 변호

국선 변호 활동은 변호사가 수행하는 가장 대표적 공익활동이다. 아래에서는 국선변호인과 관련된 윤리적 쟁점을 살펴본다(한인섭 외, 2014: 365-373).

첫째, 국선변호인은 법원에 의해 선정되고 사임의 자유가 제한된다. 국선변호인에게 사임의 자유를 인정할 경우 국선 변호 제도의 운영 자체가 위협받을 수 있기 때문이다.

법원이 하는 국선변호인 선정행위의 법적 성격에 대해서는 재판설과 공법상의 일방행위설, 공법상 계약설 등이 대립한다. 통설과 법원행정처는 재판설에 따르고 있다. 재판설은 국선변호인의 선정을 법원이 일정한 자에게 변호인의 자격을 부여하는 공권적 의사표시라고 본다. 재판설에 따르면, 국선변호인의 선정에는 선정되는 변호인의 동의를 요하지 않으며 일단 선정된 변호인은 법원의 해임 명령이 없는 한 해당 피고인에 대한 변론을 그만둘 수 없다. 따라서 원칙적으로 국선변호인에게는 사임의 자유가 제한된다.

예외적으로 국선변호인의 사임이 허용되는 경우는 형사소송규칙 제20조에 규정되어 있다. 즉 ① 질병 또는 장기여행으로 인하여 국선변호인의 직무를 수행하기 곤란할 때, ② 피고인 등으로부터 폭행, 협박 또는 모욕을 당하여 신뢰관계를 지속할 수 없을 때, ③ 피고인 등으로부터 부정한 행위를 할 것을 종용받았을 때, ④ 그 밖에 국선변호인으로서의 직무를 수행하는 것이 어렵다고 인정할 만한 상당한 사유가 있을 때[2]에는 법원 또는 지방법원 판사의 허가를 얻어 사임할 수 있다. 위 사유에 해당할 경우 법원 또는 지방법원 판사는 사임을 허가하고 국선변호인의 선정을 취소하여야 한다(형사소송규칙 제18조 제1항 제3호).

둘째, 국선변호인의 보수는 사선변호인의 수임료에 비해 낮기 때문에 이에 걸맞게 최소한의 변호만 해도 된다는 생각을 할 수도 있다.

국선변호인의 보수는 매년 예산의 범위 안에서 대법관회의에서 정하며 그 보수는 심급별로 지급하되, 체포 또는 구속적부심에 있어서는 심급에 관계없이 별도로 지급한다. 재판장은 사안의 난이, 국선변호인이 수행한 직무의 내용 및 사건 처리에 소요된 시간 등을 고려하여 예산의 범위 안에서 증액할 수 있다(형사소송비용 등에 관한 규칙 제6조). 하지만 이렇게 증액을 한다 하더라도 국선변호인의 보수는 사선에 비해 낮은 게 사실이다. 그런데 보수의 많고 적음이 변론의 질을 좌우할 수는 없다. 국선변호인과 사선변호인은 선임하는 사람이 다를 뿐 변론을 담당하는 사람은 동일하기 때문이다. 따라서 국선변호인의 변호 활동의 수준과 그 의무가 사선변호인

---

2 윤리규약 제16조 제3항에 의하면, 변호사는 국선변호인으로 선임된 사건이 이미 수임하고 있는 사건과 이해관계가 상반되는 등 정당한 사유가 있는 경우에는 그 취지를 알리고 이를 거절할 수 있다.

일 때와 차이가 있어서는 안 된다. 윤리규약 역시 국선 변호 업무를 신속하고 성실하게 처리해야 하며 다른 일반 사건과 차별해서는 안 된다고 규정하고 있다(규약 제16조 제3항).

셋째, 이렇게 국선변호인의 보수가 적다 보니 적극적인 활동을 위해 일정한 한도 내에서는 의뢰인으로부터 대가를 받는 것이 허용된다고 생각할 수 있으나, 윤리규약은 이를 허용하지 않는다. 국선변호인의 보수가 소액이라고 하더라도, 변호사는 이해관계인 등으로부터 부당한 보수를 받아서는 안 된다(규약 제4조 제2항). 국선변호인은 보수뿐만 아니라 변호 활동에 소요된 비용까지 법원으로부터 받을 수 있으므로(형사소송비용 등에 관한 규칙 제5조), 그 외의 보수를 이해관계인 등으로부터 받아서는 안 된다는 취지이다.

넷째, 국선변호인 등 관련 법령에 따라 국가기관에 의하여 선임된 변호사는 그 사건을 사선으로 전환하기 위하여 부당하게 교섭하지 아니한다(규약 제17조 제1항). 사선으로 전환하는 교섭이 의뢰인의 절박한 상태를 이용하여 이루어져서는 안 된다는 뜻이다. 부당한 사선 전환이 허용될 경우 국선 변호의 질이 하락하고 제도에 대한 시민의 불신이 초래될 수 있다는 점도 간과해서는 안 될 것이다.

한편 의뢰인의 요청에 의해 국선변호인 등이 사선으로 전환한 경우에는 별도로 소송위임장, 변호인선임신고서 등을 제출해야 한다(규약 제17조 제2항).

4. 공익활동심사위원회 및 특별기금

공익활동의무를 효율적으로 수행할 수 있도록 하기 위하여 지방변호사회는 공익활동심사위원회를 두고 있다. 공익활동심사위원회는 해당 지방변호사회 소속 변호사의 공익활동 등에 관하여 필요한 사항을 심사 · 결정한다(공익활동규정 제5조).

지방변호사회는 공익활동의 원활한 수행을 위하여 특별기금을 설치 운용한다. 공익활동규정 제3조 제2항에 따라, 공익활동시간을 완수하지 못한 변호사가 납부한 돈이 이 기금에 입금된다(공익활동규정 제6조).

5. 공익활동의 보고

변호사는 매년 1월 말까지 그 전년도 공익활동 등의 결과를 소속 지방변호사회에 보고해야 하고, 지방변호사회는 매년 2월 말까지 소속 변호사의 그 전년도 공익활동 등의 결과를 대한변협에 보고하여야 한다(공익활동규정 제8조).

변호사가 정당한 이유 없이 공익활동의무를 이행하지 않거나 공익활동규정 제3조 제2항 소정의 돈을 납부하지 않을 경우, 소속 지방변호사회 회장은 그 변호사에 대하여 대한변협 회장에게 징계개시 신청을 할 수 있다(공익활동규정 제9조).

11장

변호사의 징계

1. 총설

앞에서 살펴본 바와 같이 법률 전문직은 대체로 국가에 의해 구성되고 제도화되지만, 다른 한편으로는 끊임없이 국가에 의해 그 고유 영역이 침탈되기도 한다. 국가가 통치권을 행사하기 위해서는 전문직의 지식과 기술이 필요하기 때문이다. 하지만 전문직은 이런 간섭으로부터 벗어나기 위해 노력한다. 전문직은 자신이 사용하는 지식과 기술, 그리고 그들만이 독점하는 서비스가 엄격한 과학성과 합리성을 지니고 있고 사회 일반의 이익에 봉사한다는 점을 증명하기 위해서라도 국가로부터 독립된 자신들만의 자율성을 확보해야 하기 때문이다(한인섭 외, 2014: 24-25).

이는 변호사의 경우 더욱 절실하다. 변호사는 법원의 동료이기도 하지만 동시에 법관과 검사가 가지는 재판 권력, 특히 형사 사법 권력을 견제하고 피고인 등의 인권과 이익을 지켜야 한다. 즉 변호사는 법원과 검찰에 대한 견제자 또는 비판자로서 국가로부터 자유로워야 한다.

이 점에 비추어 볼 때 정부가 변호사의 징계를 담당하는 것은 변호사의 자율성을 훼손하고 시민의 인권 보호라는 변호사 제도의 목적을 달성하는 데 장애가 된다. 즉 변호사에 대한 행동 규범의 제정뿐만 아니라 징계 제도도 변호사단체가 자율적으로 운영하는 것이 필요하다. 그런데 변호사에 대한 징계권을 전적으로 변호사단체에 맡기는 것은 집단이기주의로 인해 그 행사의 적정성을 해칠 수 있다. 이러한 여러 사정을 고려하여 한국의 변호사 징계 제도는 징계권의 1차적 행사를 변호사단체가 담당하고, 정부기구인 법무부가 그 이의절차를 담당하고 감독할 수 있도록 하고 있다(최진안, 2014: 570; 한인섭 외, 2014: 25).

현행 변호사법 및 변호사징계규칙(이하 "징계규칙"이라 한다)에 의한 변호사 징계절차의 개관은 다음과 같다. 변호사에 대한 징계개시청구권은 대한변협 회장에게만 인정된다. 지방검찰청 검사장, 지방변호사회장, 법조윤리협의회 위원장은 변호사에게 징계사유가 있을 때 대한변협 회장에게 징계개시 신청을 할 수 있다. 의뢰인 등은 징계개시의 청원권을 갖는다. 대한변협 회장이 징계개시를 청구할 경우, 대한변호사협회 변호사징계위원회(변협징계위원회)가 그 징계사건을 심의 의결한다. 위 징계위원회의 결정에 불복하는 징계혐의자 또는 징계개시 신청자는 법무부 변호사징계위원회(법무부징계위원회)에 이의신청을 할 수 있고, 그 결정에 대해서는 행정법원에 소를 제기할 수 있다.

2. 징계 청구절차

1) 징계개시의 청구, 징계개시의 신청 · 청원 및 그 이의신청

변호사에 대한 징계개시청구권은 대한변협 회장에게만 인정된다. 대한변협 회장은 변호사가 변호사법 제91조에 따른 징계사유에 해당하면, 변협징계위원회에 징계개시를 청구하여야 한다(법 제97조, 징계규칙 제10조). 징계의 청구는 징계사유가 발생한 날부터 3년이 지나면 하지 못한다(법 제98조의6).

대한변협 회장에게만 독점적인 징계개시청구권을 인정하는 것은 변호사단체의 자율권을 존중하기 위한 것이다. 이는 변호사 자치의 정신에 비추어 볼 때 타당하다 할 수 있으나, 다른 한편으로는 변호사 징계 제도의 공정성을 의심받을 여지도 있다. 변호사법은 이러한 단점을 보완하기 위해 지방검찰청검사장, 지방변호사회장 및 법조윤리협의회 위원장에게 징계개시신청권을, 의뢰인 등 이해관계자에게 징계개시(재)청원권을 부여하고, 그 이의신청 절차를 마련해 두었다(오종근, 2003: 376).

지방검찰청 검사장 및 지방변호사회장은 변호사에게 징계사유가 있는 것을 발견한 경우 대한변협 회장에게 그 변호사에 대한 징계개시를 신청하여야 한다(변호사법 제97조의2). 또한 법조윤리협의회 위원장은 공직퇴임 변호사에게 징계사유가 있는 것을 발견했을 때에는 대한변협 회장에게 그 변호사에 대한 징계개시를 신청할 수 있다(법 제89조의4 제4항).

변호사의 징계사유에 대해 직 · 간접적으로 이해관계를 갖는 의뢰인 등은 해당 변호사의 징계와 관련하여 지방변호사 회장에게 청원할 수 있다. 즉 의뢰인이나 의뢰인의 법정대리인 · 배우자 · 직계존속 또는 형제자매는 수임 변호사나 법무법인 등의 담당변호사에게 징계사유가 있으면 소속 지방변호사회장에게 그 변호사에 대한 징계개시의 청원을 할 수 있다(법 제97조의3 제1항). 변호사로 하여금 징계를 받게 할 목적으로 제기되는 진정, 고발, 고소 등은 그 명칭을 불문하고 징계개시 신청의 청원으로 본다(징계규칙 제13조 제1항). 지방변호사회장은 청원을 받으면 지체 없이 징계개시의 신청 여부를 결정하고 그 결과와 이유의 요지를 청원인에게 통지해야 한다(법 제97조의3 제2항). 만약 지방변호사회장이 청원을 기각하거나 청원이 접수된 날로부터 3개월이 지나도 징계개시의 신청 여부를 결정하지 아니하면 대한변협 회장에게 재청원할 수 있다. 이 경우 재청원은 기각 통지를 받은 날 또는 청원이 접수되어 3개월이 지난 날로부터 14일 이내에 하여야 한다(법 제97조의3 제3항).

대한변협 회장은 징계개시의 신청이 있거나 의뢰인 등의 재청원이 있으면 지체 없이 징계개시의 청구 여부를 결정하여야 한다(법 제97조의4 제1항). 그 결정을 위하여 필요하면 조사위원회로 하여금 징계 혐의 사실에 대하여 조사하도록 할 수 있다(법 제97조의4 제2항).

징계개시 신청인(징계개시를 신청한 윤리협의회 위원장이나 지방검찰청검사장)은 대한변협 회장이 징계개시의 신청을 기각하거나 그 신청이 접수된 날로부터 3개월이 지나도 징계개시의 청구 여부를 결정하지 아니하면 변협징계위원회에 이의신청을 할 수 있다. 이 경우 이의신청은 기각 통지를 받은 날 또는 징계개시의 신청이 접수되어 3개월이 지난 날로부터 14일 이내에 하여야 한다(법 제97조의5).

2) 징계 대상이 되는 변호사

변호사에 대한 징계는 변호사협회가 행하는 질서벌의 일종이다. 따라서 변협징계위원회의 징계 대상은 대한변협에 변호사로 등록한 변호사이다.

법률사무소의 사무직원과 같이 변호사 아닌 자는 징계 대상자가 되지 않는다. 변호사의 자격은 갖추고 있으나 대한변협에 등록하지 않은 사람도 징계 대상이 아니다. 일단 등록한 이상, 아직 개업 신고를 하지 않았거나 혹은 휴업 신고를 하고 법률사무를 하지 않는 자도 징계 대상이다. 법무부장관에 의해 변호사의 자격을 인가받은 외국변호사도 대한변협에 등록된 경우 징계 대상이 된다(오종근, 2003: 377; 이상수, 2009: 409; 최진안, 2014: 572).

한편 변호사법 제5조의 결격 사유에 해당하여 변호사 자격을 상실한 자에 대해 징계가 가능한지 여부가 문제된 사건에서 변협징계위원회는 대한변협 회장의 징계개시의 청구를 각하하는 결정을 내린 바 있다. 변협징계위원회는 그 이유로서 변호사가 변호사법 제5조 소정의 결격 사유에 해당하면 해당 변호사는 변호사로서의 자격 전체가 상실된다는 점, 변협징계위원회의 징계는 변호사에 대한 감독권의 행사인 것이므로 변호사가 아닌 자나 변호사 자격을 상실한 자에 대하여는 징계권을 행사할 수 없다는 점 등을 들었다.[1]

3. 징계의 종류

변호사에 대한 징계처분으로는 영구제명, 제명, 3년 이하의 정직, 3천만 원 이하의 과태료, 견책 등이 있다(법 제90조).

영구제명은 변호사 신분을 영구적으로 박탈하는 징계처분이다. 영구제명 처분을 받은 사실은 변호사의 결격 사유에 해당하므로, 해당 변호사는

1 제1999-5호 변호사 징계(2002. 11. 25. 결정).

일정 기간이 경과하더라도 다시 변호사 등록을 하여 변호사 신분을 회복할 수 없다(법 제5조 제9호). 영구제명의 징계처분은 징계혐의자의 변호사등록원부에 그 내용을 기재하여 등록을 취소하고 변호사등록원부를 말소하는 방식으로 이루어진다(징계규칙 제43조 제1항).

제명은 변호사 신분을 박탈하는 징계처분이다. 영구제명과 달리, 제명의 징계처분을 받은 변호사의 경우 5년이 지나면 다시 변호사 등록을 하여 변호사 신분을 회복할 수 있다(법 제5조 제4호). 제명의 징계처분은 영구제명과 같은 방식으로 집행한다(징계규칙 제43조 제1항).

정직은 징계혐의자에게 일정 기간 동안 변호사 업무를 금지하는 것이다. 이 징계처분을 받은 변호사는 변호사 자격을 잃는 것은 아니지만, 정직 기간 동안 변호사 업무를 하지 못한다. 정직은 징계혐의자의 변호사등록원부에 정직개시일과 정직기일을 명시하여 징계 결정의 내용을 기재하는 방식으로 이루어진다(징계규칙 제43조 제1항).

과태료 처분은 징계혐의자인 변호사의 신분에는 영향을 미치지 않지만, 일정 금액의 과태료를 납부하여야 하는 재산상의 불이익을 주는 것이다. 과태료는 징계 결정의 내용을 변호사등록원부에 기재하고, 대한변협 회장이 검사에게 의뢰하여 집행한다(징계규칙 제43조 제3호). 과태료 결정은 민사집행법에 따른 집행력 있는 집행권원과 같은 효력이 있으며, 검사의 지휘로 집행한다(법 제98조의5 제2항).

견책 처분은 가장 가벼운 징계처분이다. 견책 처분은 징계혐의자인 변호사의 신분뿐 아니라 변호사 활동에도 아무런 제한을 가하지 않는다. 견책은 대한변협 회장이 징계혐의자에게 근신 자숙하라는 취지의 문서를 송달하고, 징계 결정의 내용을 변호사등록원부에 기재하는 방식으로 집행한다(징계규칙 제43조 제1항).

4. 징계사유

변호사법 제91조는 징계사유를 영구제명의 대상이 되는 것과 제명 · 정직 · 과태료 · 견책의 대상이 되는 것으로 구분하여 규정하고 있다.

1) 영구제명의 징계사유

첫째, 변호사의 직무와 관련하여 2회 이상 금고 이상의 형을 선고받아(집행유예를 선고받는 경우를 포함한다) 그 형이 확정된 경우(과실범의 경우는 제외한다)는 영구제명의 징계사유에 해당한다.

둘째, 변호사법에 따라 2회 이상 정직 이상의 징계처분을 받은 후 다시 제명 · 정직 · 과태료 · 견책의 징계사유가 있는 자로서 변호사의 직무를 수행하는 것이 현저히 부적당하다고 인정되는 경우 역시 영구제명의 징계사유에 해당한다. 그런데 '정직 이상의 징계처분'이 제명인 경우, 이는 곧 변호사법 제5조에 따른 변호사 결격 사유임과 동시에 제18조에 따른 등록 취소 사유에 해당하고, 등록이 취소된 변호사에 대해서는 징계를 할 수 없다. 따라서 제명의 징계처분을 받은 자에게 다시 영구제명의 징계처분을 하기 위해서는, 제명된 후 5년이 경과하여 재등록했음을 전제로 한다(오종근, 2003: 380).

2) 제명 · 정직 · 과태료 · 견책의 징계사유

제명 · 정직 · 과태료 · 견책의 징계사유는 변호사법을 위반한 경우, 소속 지방변호사회나 대한변협의 회칙을 위반한 경우, 직무의 내외를 막론하고 변호사로서의 품위를 손상하는 행위를 한 경우이다(법 제91조 제2항).

첫째, '변호사법을 위반한 경우'란 변호사로서 준수해야 할 의무 규정을 위반한 것을 말한다. 예컨대 변호사법 제21조부터 제38조까지 규정한 사항 등이 여기에 해당한다.

한편, 이들 규정 위반행위 중에는 형사처벌의 대상이 되는 것도 있다(예컨대 변호사법 제31조, 제33조, 제34조 위반행위). 이와 관련하여 이들 규정을 위반한 변호사에 대해 형사처벌과 병행하여 징계처분을 할 수 있느냐의 문제가 헌법상 이중처벌 금지의 원칙과 관련하여 제기될 수 있다. 변호사단체 내부의 징계는 형벌과는 그 성질이나 목적이 다르다. 따라서 설령 어떤 사유로 인해 형사처벌을 받은 자라 하더라도 동일한 사유가 변호사법상 징계사유에 해당한다는 점을 들어 징계할 수 있다(오종근, 2003: 379).

둘째, 소속 지방변호사회와 대한변협 회칙에 변호사가 준수해야 할 의무가 규정된 경우 이에 위반하는 행위도 징계사유에 해당한다. 변호사는 소속 지방변호사회 또는 대한변협의 회칙을 준수할 의무가 있으며(법 제25조), 지방변호사회와 대한변협은 변호사가 지켜야 할 의무를 회칙으로 규정하여야 한다(법 제66조, 제80조). 나아가 대한변협 회칙 제9조 제1항은 "모든 회원은 이 회의 회칙, 규칙, 규정 및 결의를 준수하여야 하며, 이 회로부터 지정 또는 위촉받은 사항을 신속 · 정확하게 처리하여야 한다."고 규정하고 있다. 따라서 회칙뿐만 아니라 규칙, 규정 등에서 변호사가 준수해야 할 의무를 정한 경우, 이를 위반한 행위도 징계사유에 해당할 수 있다(오종근, 2003: 379).

셋째, 변호사법 제91조 제2항 제3호의 품위 손상행위도 징계사유에 해당한다(품위 손상행위에 관하여는 2장의 품위유지의무에 대한 설명을 참조하기 바란다).

5. 징계 의결 및 집행절차

1) 징계 의결 기구

변호사의 징계는 변호사징계위원회가 한다(법 제92조 제1항). 변호사징계위원회는 대한변협과 법무부에 각각 설치한다(법 제92조 제2항). 변협징계위원회는 변호사법 제91조에 따른 징계사유에 해당하는 징계사건을 심의하고, 법무부징계위원회는 변협징계위원회의 징계 결정에 대한 이의신청사건을 심의한다(법 제95조, 제96조).

대한변협은 변호사의 징계 혐의 사실에 대한 조사를 위하여 조사위원회를 둔다. 조사위원회는 필요하면 관계 기관 · 단체 등에 자료 제출을 요청할 수 있으며, 당사자나 관계인을 면담하여 사실에 관한 의견을 들을 수 있다(법 제92조의2).

변협징계위원회는 징계사건의 심의를 위하여 필요하면 조사위원회에 징계 혐의 사실에 대한 조사를 요청할 수 있다(법 제95조 제2항).

2) 징계사건의 심의 · 의결 및 불복절차

변협징계위원회는 징계개시의 청구를 받거나 이의신청을 받아들여 징계 절차를 개시한 날로부터 6개월 이내에 징계 결정을 하여야 한다. 다만, 부득이한 사유가 있을 때에는 그 의결로 6개월의 범위에서 기간을 연장할 수 있다(법 제98조 제1항).

변협징계위원회의 위원장은 징계심의 기일을 정하여 일시 · 장소를 징계혐의자에게 통지하여야 하고, 징계혐의자는 그 기일에 출석해야 한다(법 제98조의2 제1항, 징계규칙 제20조, 제23조). 이 경우 징계혐의자는 구술 또는 서면으로 자신에게 유리한 사실을 진술하거나 필요한 증거를 제출할 수 있다(법 제98조의2 제2항, 징계규칙 제25조).

변협징계위원회는 사건 심의를 마치면 재적위원 과반수의 찬성으로써 의결하고, 그 결과를 징계혐의자와 징계청구자 또는 징계개시 신청인에게 각각 통지하여야 한다(법 제98조의4 제1항, 제2항, 징계규칙 제31조 제2항). 변협징계위원회의 결정에 불복하는 징계혐의자 및 징계개시 신청인은 그 통지를 받은 날부터 30일 이내에 법무부징계위원회에 이의신청을 할 수 있다(법 제100조 제1항). 징계혐의자가 징계 결정의 통지를 받은 후 이의신청을 하지 않으면 이의신청 기간이 끝난 날부터 징계의 효력이 발생하고(법 제98조의4 제3항), 이의신청을 한 경우에는 법무부징계위원회의 이의신청에 대한 결정이 난 때부터 효력이 발생한다(징계규칙 제35조).

법무부징계위원회는 변협징계위원회의 결정에 대한 이의신청을 받은 날로부터 3개월 이내에 징계 결정을 하여야 한다. 다만, 부득이한 사유가 있는 때에는 그 의결로 3월의 범위에서 기간을 연장할 수 있다(법 제98조 제2항).

법무부징계위원회는 이의신청이 이유 있다고 인정하면 변협징계위원회의 징계 결정을 취소하고 스스로 징계 결정을 하여야 하며, 이의신청이 이유 없다고 인정하면 기각하여야 한다(법 제100조 제2항). 그 결정은 위원 과반수의 찬성으로 의결한다(법 제100조 제3항). 그 결정에 불복하는 징계혐의자는 행정소송법으로 정하는 바에 따라 그 통지를 받은 날로부터 90일 이내에 행정법원에 소를 제기할 수 있다(법 제100조 제4항). 다만 그 소는, 정당한 이유가 없는 한, 징계 결정이 있었던 날로부터 1년 이내에 제기하여야 한다(법 제100조 제5항).

3) 징계의 집행

변호사의 징계 사실은 시민이 쉽게 알 수 있도록 대한변협 홈페이지에 게재하고, 변호사를 선임하려는 의뢰인은 해당 변호사의 징계 사실을 열람 · 등사할 수 있다.

징계는 대한변협 회장이 집행한다(법 제98조의5 제1항). 대한변협 회장은 징계처분을 하면 이를 지체 없이 대한변협 홈페이지에 3개월 이상 게재하는 등 공개하여야 한다(법 제98조의5 제3항). 대한변협 회장은 변호사를 선임하려는 사람이 그 변호사의 징계사실을 알기 위하여 징계 정보의 열람 · 등사를 신청하는 경우 이를 제공해야 한다. 열람 · 등사를 신청할 수 있는 사람은 ① 그 변호사와 면담하였거나 사건 수임 계약을 체결하는 등 변호사를 선임하였거나 선임하려는 사람 또는 ② 그 사람의 직계존비속, 동거 친족 또는 대리인 등이다(법 제98조의5 제4항, 시행령 제23조의3 제1항).

변호사법 시행령 제23조의2 제1항 및 제2항에 의하면, 대한변협 회장은 징계처분 정보를 징계처분 확정일로부터 2주일 이내에 인터넷 홈페이지에 게재하고, 그 확정일 이후 최초 발행하는 대한변협의 정기간행물에 게재해야 한다. 홈페이지 게재 기간은 최초 게재일로부터 영구제명 · 제명은 3년, 정직은 1년(다만, 정직기간이 1년보다 장기인 경우에는 그 정직기간), 과태료는 6개월, 견책은 3개월이다. 게재해야 할 징계처분 정보는 ① 징계처분을 받은 변호사의 성명 · 생년월일 · 소속 지방변호사회 및 사무실의 주소 · 명칭(해당 변호사가 법무법인 등에 소속되어 있거나 그 구성원인 경우에는 그 법무법인 등의 주소 · 명칭), ② 징계처분의 내용 및 징계사유의 요지(위반행위의 태양 등 그 사유를 구체적으로 알 수 있는 사실관계의 개요를 포함한다), ③ 징계처분의 효력발생일(다만, 징계의 종류가 정직인 경우에는 정직개시일 및 정직기간으로 한다) 등이다.

6. 업무정지명령

법무부장관은 변호사가 공소제기되거나 징계절차가 개시되어 그 재판이나 징계 결정의 결과 등록 취소, 영구제명 또는 제명에 이르게 될 가능성이 매우 크고, 그대로 두면 장차 의뢰인이나 공공의 이익을 해칠 구체적인 위험성이 있는 경우에는 법무부징계위원회에 그 변호사의 업무정지에 관한 결정을 청구할 수 있고, 그 결정에 따라 해당 변호사에 대하여 업무정지를 명할 수 있다. 다만, 약식명령이 청구된 경우와 과실범으로 공소제기된 경우에는 그러하지 아니하다(법 제102조).

법무부장관의 업무정지명령은 해당 변호사에게 송달된 때부터 효력을 발생한다(시행령 제26조). 업무정지 기간은 6개월이다. 법무부장관은 해당 변호사에 대한 공판절차 또는 징계절차가 끝나지 아니하고 업무정지 사유가 없어지지 아니한 경우에는 법무부징계위원회의 의결에 따라 업무정지 기간을 갱신할 수 있다. 갱신 기간은 3개월로 하고, 총 업무정지 기간은 갱신 기간을 합하여 2년을 넘을 수 없다(법 제104조).

법무부장관은 업무정지 기간 중인 변호사에 대한 공판절차나 징계절차의 진행 상황에 비추어 등록 취소 · 영구제명 또는 제명에 이르게 될 가능성이 크지 아니하고, 의뢰인이나 공공의 이익을 침해할 구체적인 위험이 없어졌다고 인정할 만한 상당한 이유가 있으면 직권으로 그 명령을 해제할 수 있다. 대한변협 회장, 검찰총장 또는 업무정지명령을 받은 변호사는 법무부장관에게 업무정지명령의 해제를 신청할 수 있다. 이 경우 법무부장관은 직권으로 업무정지명령을 해제하거나 법무부징계위원회에 이를 심의하도록 요청해야 하며, 법무부징계위원회에서 해제를 결정하면 지체 없이 해제해야 한다(법 제105조).

업무정지명령은 그 업무정지명령을 받은 변호사에 대한 해당 형사 판결이나 징계 결정이 확정되면 그 효력을 잃는다(법 제106조). 업무정지명령을 받은 변호사가 공소제기된 해당 형사사건과 같은 행위로 징계개시가 청구되어 정직 결정을 받으면 업무정지 기간은 그 전부 또는 일부를 정직 기간에 산입한다(법 제107조).

12장

법관 윤리

1. 사법부의 독립과 법관의 공정

법관은 모든 외부의 영향으로부터 사법권의 독립을 지켜 나갈 의무가 있다(법관윤리강령 제1조). 법관은 법률에 대한 유권 해석 기관인 법원, 즉 사법부의 구성원이다. 사법부가 입법부 및 행정부로부터 독립하여 활동하는 것은 민주주의 체제를 유지하는 데 필요불가결한 요소이다. 이 점에서 법관에게 사법권의 독립을 지킬 의무를 부과하는 것은 당연하다. 또한 법원이 소수자의 인권을 보호해야 할 임무가 있다는 점에서 법관에게 경제적 기득권층이나 이익집단 등으로부터 독립하여 활동할 의무가 부과된다(이상수, 2009: 436).

사법부의 독립을 한국 사회가 받아들이고 그에 대한 입법부와 행정부의 간섭과 개입을 부정하는 실제적 이유는 그를 통해 법관이 구체적 사건에서 공정한 재판을 행하도록 하기 위함이다(윤진수, 2003: 144). 법관은 기본적 인권을 보장하고 사법적 정의를 실현하는 사법권의 주체로서 어느 공직자보다도 직무에 있어서 공정성과 중립성을 지켜야 하고, 직무의 내외를 불문하고 공정성과 중립성, 청렴성에 반하는 행동을 해서는 안 된다.[1] 이런 취지에서 법관윤리강령 제3조 제1항은 "법관은 공평무사하고 청렴하여야 하며, 공정성과 청렴성을 의심받을 행동을 하지 아니한다."고 규정하고 있다.

법관의 공정성이란 불편부당하고 공평무사한 것을 뜻한다. 법관이 공정성을 가지기 위해서는 청렴성이 당연한 전제가 된다. 그리고 법과 양심에만 따르고 편견을 가지지 않도록 노력해야 한다(법원행정처, 2011: 41). 아래에서는 현실에서 법관의 공정성이 문제되는 몇 가지 경우를 설명하도록 하겠다.

첫째, 법관이 제3자로부터 재판에 관한 청탁을 받고 그 청탁을 들어 주거나 영향을 받는 경우가 있다. 한국에서는 혈연 · 지연 · 학연 등과 같은 비공식적인 인간관계가 중요하다. 따라서 법관이 이러한 관계로 알게 된 사람으로부터 청탁을 받았을 때 쉽게 거절하기 어려운 문화적 환경을 가지고 있다. 이것은 한국에서 재판의 공정을 저해하는 요소로 작용한다(윤진수, 2003: 144). 연고주의가 지배하는 사회에서 법관이 공정성과 중립성을 유지하는 것은 쉬운 일이 아니다. 지인들의 청탁을 윤리에 맞지 않다고 거절하는 법관은 매정한 사람으로 비판받을 수 있다. 관료적 서열 의식이 남아 있는 풍토에서 상사의 부탁을 거절하기도 쉽지 않다. 그러나 주위의 부탁을 잘 들어 주는 법관이 좋은 호의적인 평판을 얻을 수 있을지는 몰라도 좋은 법조인으로서의 자격을 갖고 있는지는 의문이다. 이는 검사의 경우

1 대법원 2009. 1. 30. 선고 2007추127 판결.

에도 마찬가지이다(한인섭 외, 2004: 20).

둘째, 당사자와의 특별한 관계 때문에 재판의 공정성이 저해되는 경우가 있다. 그 대부분은 소송 당사자보다는 그 당사자를 대리하는 변호사 때문에 문제가 된다. 법관이 소송 당사자와 특별한 관계가 있는 때에는 법률상의 제척, 기피 또는 회피 등의 규정에 의해 재판 자체를 맡지 않을 수 있다. 그러나 변호사의 경우에는 그 변호사와 잘 아는 사이라고 하여 재판을 거부할 수는 없다. 이와 관련해 많이 논의되는 것이 이른바 전관예우의 문제이다. 전관예우라는 것에 실체가 없고 전관 변호사에게 사건이 몰리는 것은 브로커를 고용했기 때문이라고 얘기하는 사람도 있으나, 단지 브로커의 존재만으로 전관예우의 문제를 설명할 수는 없다. 왜냐하면 의뢰인들 대부분은 그 변호사가 전관으로서 예우를 받을 것이라고 기대하며 사건을 맡기고 경험상 일정한 효력이 발휘되었다고 믿고 있기 때문이다. 실제를 볼 때에도 그런 사례가 없다고 하기는 어려운 점이 있다(윤진수, 2003: 145-146). 이러한 전관예우 문제를 해결하기 위해 변호사법 제31조 제3항은, 판·검사 출신 변호사 등 공직퇴임변호사가 퇴직 전 1년부터 퇴직한 때까지 근무한 법원, 검찰청 등 국가기관이 처리하는 사건을 퇴직한 날부터 1년 동안 수임하는 것을 금지하고 있다.

셋째, 법관 자신은 최대한 공정하게 재판을 했다고 생각하는데, 다른 제3자가 보기에는 불공정한 재판이라고 평가하는 경우가 있을 수 있다. 예컨대, 음주운전에 대해 관대한 태도를 취하고 있는 법관이 알고 보니 술을 매우 즐기는 사람인 경우이다. 이때 법관은 스스로의 양심에 부끄러움이 없는 재판을 했다고 주장하더라도, 제3자로서는 그 재판에 법관의 편견이 개입된 이상 공정한 재판이 아니라고 할 것이다(윤진수, 2003: 148).

이러한 무의식적인 불공정을 없앤다는 것은 쉬운 일이 아니다. 오히려 모든 재판에는 많건 적건 간에 법관의 선입견이 작용한다. 법률 해석 작업에 법관 개개인의 철학이나 가치관이 반영될 수밖에 없다는 점에서 이를 반드시 배척해야 한다고 할 수도 없다. 다만, 재판은 가능한 한 법관 개인의 주관적인 요소를 배제한 상태에서 객관적인 법규범을 근거로 하여 이루어져야 한다. 법관윤리강령 제3조 제2항이, 법관은 혈연 · 지연 · 학연 · 성별 · 종교 · 경제적 능력 또는 사회적 지위 등을 이유로 편견을 가지거나 차별을 해서는 안 된다고 규정하는 것 역시 같은 취지이다(사법연수원, 2010: 53; 윤진수, 2003: 149).

공정성의 문제를 해결하기 위해서는 결국 법관 스스로가 다른 사람들의 견해를 경청하고 충분히 검토한 다음 결정을 내려야 한다. 결정을 내릴 때에는 자신이 그런 결론에 이르게 된 이유를 뚜렷하게 밝히고, 다른 사람의 비판을 감수함으로써 자신의 편견을 고치는 기회로 삼아야 한다. 이 점에서 법관에게는 법률적 지식만큼 겸손이 중요한 덕목이라 하겠다(윤진수, 2003: 149). 법관이 빠지기 쉬운 함정 중 하나는 자신의 감정이나 견해를 법관의 양심과 쉽게 동일시함으로써 사법권의 독립이라는 방패 안에서 독선적 판단에 빠지는 잘못을 범하는 것이다. 법관은 자신이 편견이나 차별, 개인적 연고나 이해관계 등에 기초한 것은 아닌지를 항상 반추하는 노력을 기울여야 한다(법원행정처, 2011: 41-42).

2. 직무 관련 의무

1) 성실의무

법관은 맡은 바 직무를 성실하게 수행하고, 직무 수행 능력을 키우기 위하여 꾸준히 노력한다(법관윤리강령 제4조 제1항). 변호사와 마찬가지로 법관 역시 법조인으로서 자신의 업무를 성실히 수행할 의무가 있다. 법관이 자신에게 맡겨진 법률문제를 성실하게 처리하는 것은 법관에게 요구되는 당연한 의무이다. 이 의무를 이행하기 위해서는, 성실함뿐만 아니라 사건을 적절하게 처리할 수 있는 직무 능력을 획득하고 이를 유지하기 위한 노력이 필요하다. 무능한 법관은 부정직한 법관만큼이나 사회에 해로운 존재이기 때문이다(윤진수, 2003: 150-151).

법관은 신속하고 능률적으로 재판을 진행하며, 신중하고 충실하게 심리하여 재판의 적정성이 보장되도록 한다(법관윤리강령 제4조 제2항). 재판의 생명은 신속성과 적정성이다. 그런데 이 두 가지 이념은 서로 갈등 관계에 있다. 따라서 법관은 적정성과 신속성을 적절하게 조화하면서 최대한 발휘될 수 있도록 노력해야 한다(법원행정처, 2011: 65).

법관은 당사자와 대리인 등 소송관계인을 친절하고 정중하게 대한다(법관윤리강령 제4조 제3항). 법관의 임무가 국민들에게 사법 서비스를 제공하는 것이라는 점에서 개별 법관이 그 서비스의 이용자인 국민들에게 친절하고 예의를 갖춰 대하는 것은 당연한 의무이다(윤진수, 2003: 151). 당사자와 대리인 등 소송관계인 및 일반 국민은 일차적으로 법정에서 법관의 재판 진행 태도를 보고 사법 작용의 실체를 체험하게 된다. 이 점에서 법관의 법정 태도는 사법의 신뢰성을 확보하는 중요한 요소이다. 따라서 법관은 대리인 등에 대한 부당한 질책, 당사자나 증인에 대한 무례하고 부적절한 의견 표명, 예단을 드러내는 말, 그 밖에 무절제하고 조급한 행동을 피해야 한다(법원행정처, 2011: 30, 65-66).

일부 법관들은 많은 수의 사건을 처리하는 과정에서 이러한 친절 등에 신경을 쓰지 못하는 경우가 있다고 말하곤 한다. 그렇다고 하더라도 법관의 친절은 요구된다. 이는 사법부에 대한 시민의 신뢰를 지키기 위해서도 그러하다. 재판에 이겼어도 법관의 불친절을 이유로 비판하는 경우가 있는가 하면, 재판에 졌어도 법관이 친절하고 정중하게 재판을 진행하면 당사자가 승복하는 경우도 많이 있다. 실제 재판에 임했을 때 법관이 소송 당사자의 의견을 충분히 듣고 그것에 관해 관심을 가지고 그 결과를 고민할 때, 소송의 승패를 떠나 당사자들이 판결에 승복한다는 점을 잊어서는 안 될 것이다(윤진수, 2003: 151).

2) 소송관계인과의 면담 · 접촉의 제한

법관은 재판업무상 필요한 경우를 제외하고는 당사자와 대리인 등 소송관계인을 법정 이외의 장소에서 면담하거나 접촉하지 아니한다(법관윤리강령 제4조 제4항).

법관윤리강령 제3조 제1항이 규정하고 있듯이 법관은 공정성을 의심받을 행동을 최대한 피해야 한다. 이를 위해서는 우선 법정 외에서 변호사나 기타 사건의 당사자 등 재판과 관계되는 사람을 만나서는 안 된다(윤진수, 2003: 147). 여기서 "법정"이란 물리적인 의미의 법정法廷 그 자체를 의미하는 것이 아니며 정식의 재판 절차가 진행되는 곳을 모두 포괄하는 개념이다. 따라서 법관이 변론 겸 화해 절차나 조정 절차를 판사실에서 진행하거나 현장검증 절차 등을 법원 이외의 장소에서 진행하는 경우도 여기에 포함된다(법원행정처, 2011: 66).

「법관의 면담에 관한 지침」에 의하면, "재판업무상 필요한 경우"란 재판절차의 진행을 위해서 필요한 경우나 재판절차와 관련된 문제를 협의하기 위한 때를 의미한다. 그 외에는 사법행정상 필요하거나 부임 인사나 개업 인사, 관혼상제 · 동창회나 학술회의 등과 같은 의례적 모임만이 가능하다(한인섭 외, 2014: 439).

3) 논평 또는 의견 표명의 제한

법관도 국민의 한 사람으로서 표현의 자유를 가진다. 법관은 민주사회의 한 시민으로서 공공의 관심 사항에 대하여 자신의 의견을 개진하고 표명할 권리가 있다. 그러나 법관의 표현의 자유도 한계가 있고, 타인의 명예나 권리 또는 공중도덕이나 사회윤리를 침해하여서는 안 되며, 법원의 위신이나 권위를 실추시키는 내용의 개인적인 의견의 표명도 제한된다. 이러한 표현 내용은 법원과 법관에 대한 국민의 신뢰를 떨어뜨려 종국적으로는 국민들로 하여금 사법권의 행사에 있어서 공정성에 의심을 들게 하고 사법에 대한 불신을 초래할 수 있기 때문이다.[2]

법관은 교육이나 학술 또는 정확한 보도를 위한 경우를 제외하고는 구체적 사건에 관하여 공개적으로 논평하거나 의견을 표명하지 아니한다(법관윤리강령 제4조 제5항). 표현의 자유와 관련하여 법관이 가장 조심해야 하는 것은 구체적 사건에 대해 개인적 의견을 표명하는 것이다(한인섭 외, 2014: 443). 법관이 특정 사건에 대해 개인적인 의견을 표명하는 것은 선입견에 의해 재판을 한다는 인상을 주거나 다른 재판에 대한 부당한 간섭 또는 개입이 될 수 있기 때문이다. 확정된 사건이라 할지라도 그에 대한 불필요한 의견 표명은 사법부의 신뢰를 훼손할 수 있다. 다만, 법관이 교육이나 학술 활동에서 구체적 사건에 관해 공개적으로 의견을 표명하는 것은 가능하다. 정확한 보도를 위한 경우도 마찬가지이다.

2 대법원 2009. 1. 30. 선고 2007추127 판결.

3. 직무 외 활동 관련 의무

1) 품위유지의무

법관도 한 사람의 사회인인 이상 법원 관계자 이외의 사람들과의 교류 또는 사회적 활동을 피할 수 없다. 사회적 접촉을 피하고 제한된 범위 안에서의 생활에만 갇혀 있는 것은 법관을 편협된 가치관을 가진 사람으로 만들 우려가 있다는 점에서도 바람직하지 않다. 그러므로 법관의 사회적 활동은 원칙적으로 자유스러워야 한다(사법연수원, 2010: 17). 그런데 이렇게 법관이 사회적 활동을 할 때에도 지켜야 할 윤리적 규범은 존재한다. 그 대표적인 것이 품위유지의무이다.

법관윤리강령 제2조는 "법관은 명예를 존중하고 품위를 유지한다."고 규정하고 있다. 여기서 '품위'란 법관이 주권자인 국민으로부터 수권받은 사법권을 행사함에 손색이 없는 인품을 말하고, 품위유지의무는 법관에게 직무와 관련된 부분은 물론 사적인 부분에 있어서도 건실한 생활을 할 것을 요구한다.[3] 따라서 법관은 품위 유지와 직무 수행에 지장이 없는 경우에 한하여, 학술활동에 참여하거나 종교·문화단체에 가입하는 등 직무 외 활동을 할 수 있다(법관윤리강령 제5조 제1항).

2) 법관의 청렴

법관은 재판의 공정성에 관한 의심을 초래하거나 직무 수행에 지장을 줄 염려가 있는 경우에는, 금전대차 등 경제적 거래행위를 하지 아니하며

3 대법원 1998. 2. 27. 선고 97누18172 판결, 2009. 1. 30. 선고 2007추127 판결.

증여 기타 경제적 이익을 받지 아니한다(법관윤리강령 제6조).

공정한 재판을 본연의 임무로 하는 법관에게 청렴성은 매우 중요한 덕목이다. 법관이 재산적 이익에 관심을 가질 때 그 공정성은 의심받기 때문이다. 청렴하다는 것이 반드시 가난한 것을 의미하는 것은 아니지만, 적어도 재물과 관련해서는 부정한 이득을 취하지 않아야 한다. 그런 의미에서 법관은 청렴해야 할 뿐 아니라, 청렴성을 의심받을 행동을 해서도 안 된다(법관윤리강령 제3조 제1항; 한인섭 외, 2014: 453).

법관도 법관이기 이전에 생활인이므로 일상생활의 필요에 따라서 경제적 거래를 한다. 개인적인 재산도 축적해야 하고, 물건을 사고파는 등의 경제생활을 하며 때로는 돈을 빌리기도 한다. 이러한 경제활동은 반드시 필요한 것이기는 하지만 자칫 법관의 지위와 연관하여 이루어지거나 투명하게 이루어지지 않으면, 법관의 청렴성을 해치게 된다. 이는 결국 재판의 공정성에 대한 신뢰를 손상시키는 결과를 초래한다. 따라서 법관은 일상적인 경제활동을 할 때 청렴성의 원칙을 유념해야 한다. 법관이 친지로부터 금품을 수수하거나 선물을 받는 경우도 마찬가지이다. 개인적 친분이 있다 하더라도 법관이 통상적 관례를 넘어서는 금품을 수수하는 것은 청렴성을 해치고 사법권의 공정성을 의심받게 하는 행위이기 때문이다(한인섭 외, 2014: 456, 459).

특히 법관이 법정에서 접촉하거나 접촉할 가능성이 큰 변호사, 사건의 당사자이거나 당사자였던 사람 또는 조만간 당사자가 될 개연성이 많은 사람으로부터 돈을 빌리거나 증여받는 행위, 부동산을 매입하거나 매도하는 행위 등을 해서는 안 된다. 법관이 그런 사람에게 돈을 빌려주는 행위도 이자 등의 관계에서 공정성을 의심받을 수 있으므로 피해야 한다(법원행정처, 2011: 106).

3) 법률적 조언 등의 제한

첫째, 법관은 타인의 법적 분쟁에 관여하지 아니하며, 다른 법관의 재판에 영향을 미치는 행동을 하지 아니한다(법관윤리강령 제5조 제2항).

법관이 돈을 받고 법적 조언을 하면 그 자체가 변호사법 위반의 범죄가 된다(법 제109조). 돈을 받지 않고 법률적 조언을 하는 경우에도 문제가 발생할 수 있다. 부동산 거래에서 필요한 지식 등과 같이 간단한 법률적 상식을 얘기하는 것 정도는 큰 문제가 없다. 그러나 이웃 사이의 분쟁에 개입하거나 타인의 부탁을 받아 검찰이나 경찰 등에 법관 신분을 밝히며 부탁하는 것처럼 그 직책을 이용하여 영향력을 행사하는 행동은 피해야 한다. '다른 법관의 재판에 영향을 미치는 행동'은 타인의 법적 분쟁에 개입하는 전형적인 예이다(법원행정처, 2011: 89). 법관 역시 여러 연고로 연결되어 있어 친지로부터 사건과 관련한 청탁을 받을 순 있지만, 특정 소송관계인의 이익을 위해 다른 법관에게 청탁하거나 법적 분쟁에 개입하는 것은 절대로 피해야 한다.

둘째, 법관은 재판에 영향을 미치거나 공정성을 의심받을 염려가 있는 경우에는 법률적 조언을 하거나 변호사 등 법조인에 대한 정보를 제공하지 아니한다(법관윤리강령 제5조 제3항).

재판이 임박했거나 관련 사건이 자신이 근무하는 법원에 소송이 제기될 가능성이 높은 상태 등과 같이, 법관의 조언이 재판에 영향을 미치거나 재판의 공정성에 대한 의심을 초래할 경우에는 법적 조언을 해서는 안 된다. 재판 결과가 법관의 조언과 다를 경우, 사법에 대한 불신으로 연결될 수 있다는 점을 주의해야 한다(한인섭 외, 2014: 451-452). 그와 같은 상황에선 변호사 등 법조인에 대한 정보를 제공해서도 안 된다. 예컨대 그 지역의 개업 변호사 중에서 자신과 같은 학교를 졸업한 변호사의 인적 사항이나 다른 재판부의 법관과 친분이 있는 변호사의 인적 사항 등을 소송관계인 등에게 알리는 행동을 해서는 안 된다.

4) 법관의 정치적 중립성

법관은 직무를 수행함에 있어 정치적 중립을 지켜야 한다(법관윤리강령 제7조 제1항). 법관은 정치활동을 목적으로 하는 단체의 임원이나 구성원이 되어서는 안 되며, 선거운동 등 정치적 중립성을 해치는 행동을 해서도 안 된다(법관윤리강령 제7조 제2항). 법관의 정치적 중립성은 사법 외의 정치적 세력으로부터 사법권의 독립을 지키기 위해 필요하다. 또한 정치적인 면에서 법관의 공정성에 의혹이 생기는 것을 방지하기 위한 것이다(윤진수, 2003: 148).

4. 법관 징계 제도

법관은 사법권을 담당하는 헌법기관으로서 헌법에 의해 그 신분이 보장된다. 헌법 제106조에 의하면, 법관은 탄핵 또는 금고 이상의 형의 선고에 의하지 아니하고는 파면되지 아니하며, 징계처분에 의하지 아니하고는 정직 · 감봉 기타 불이익한 처분을 받지 아니한다. 법관의 신분 보장은 그의 직무인 재판상의 독립을 유지하는 데 있어서 필수불가결의 조건으로서 사법권의 독립을 보장하는 중요한 구성요소이다. 만약 법관이 다른 국가기관에 의하여 함부로 그 지위가 박탈된다면, 외부로부터의 압력을 배제하기 어렵고 실질적으로 그에 예속되어 소신 있는 재판 업무의 수행이 불가능하게 되기 때문이다.[4]

법관의 징계는 「법관징계법」에 의해 규율된다. 그 징계사유로는 법관이 직무상 의무를 위반하거나 직무를 게을리한 경우와 그 품위를 손상하거나 법원의 위신을 실추시킨 경우가 있다(법관징계법 제2조). 징계처분으로는 정직, 감봉, 견책 등이 있다(법관징계법 제3조).

법관에 대한 징계사건을 심의 · 결정하는 기관으로서 대법원에 법관징계위원회가 있다(법관징계법 제4조).

5. 법관의 오판과 책임

한국의 사법 제도는 법관의 오판 가능성을 전제로 하고 있다. 1심 법원이 잘못된 판결을 하면 당사자가 상소하여 상급심의 판결을 받을 수 있다. 하늘이 알고 땅이 아는 일을 법관은 모를 수 있는 것이다. 법관은 오판에 대해 어떤 책임을 질까? 법관이 오판을 했다는 이유로 형사처벌을 받은 예는 없지만, 그 피해자가 법관이나 국가를 상대로 손해배상책임을 추궁할 수 있는지 문제된다(김재형, 2003: 156-162).

판례에 따르면, 법관이 행하는 재판사무의 특수성과 그 재판 과정의 잘못에 대하여는 따로 불복절차에 의해 시정될 수 있는 제도적 장치가 마련되어 있는 점 등에 비추어 보면, 법관의 재판에 법령을 따르지 아니한 잘못이 있다 하더라도 이로써 바로 그 재판상 직무행위가 국가배상법상 위법한 행위로 되어 국가의 손해배상책임이 발생하는 것은 아니다. 국가배상책임이 인정되려면 당해 법관이 위법 또는 부당한 목적을 가지고 재판을 하는 등 법관이 그에게 부여된 권한의 취지에 명백히 어긋나게 이를 행사

---

4 헌법재판소 1992. 11. 12. 선고 91헌가2 결정.

했다고 인정할 만한 특별한 사정이 있어야 한다.[5]

〈대법원 2003. 7. 11. 선고 99다24218 판결〉

(1) 법관의 재판에 법령의 규정을 따르지 아니한 잘못이 있다 하더라도 이로써 바로 그 재판상 직무행위가 국가배상법 제2조 제1항에서 말하는 위법한 행위로 되어 국가의 손해배상책임이 발생하는 것은 아니고, 그 국가배상책임이 인정되려면 당해 법관이 위법 또는 부당한 목적을 가지고 재판을 했다거나 법이 법관의 직무수행상 준수할 것을 요구하고 있는 기준을 현저하게 위반하는 등 법관이 그에게 부여된 권한의 취지에 명백히 어긋나게 이를 행사했다고 인정할 만한 특별한 사정이 있어야 한다고 해석함이 상당하다(대법원 2001. 3. 9. 선고 2000다29905 판결, 2001. 4. 24. 선고 2000다16114 판결, 2001. 10. 12. 선고 2001다47290 판결 등 참조).

그런데 재판에 대하여 따로 불복절차 또는 시정절차가 마련되어 있는 경우에는 재판의 결과로 불이익 내지 손해를 입었다고 여기는 사람은 그 절차에 따라 자신의 권리 내지 이익을 회복하도록 함이 법이 예정하는 바이므로, 이 경우에는 불복에 의한 시정을 구할 수 없었던 것 자체가 법관이나 다른 공무원의 귀책사유로 인한 것이라거나 그와 같은 시정을 구할 수 없었던 부득이한 사정이 있었다는 등의 특별한 사정이 없는 한, 스스로 그와 같은 시정을 구하지 아니한 결과 권리 내지 이익을 회복하지 못한 사람은 원칙적으로 국가배상에 의한 권리구제를 받을 수 없다고 봄이 상당하다고 하겠으나, 재판에 대하여 불복절차 내지 시정절차 자체가 없는 경우에는 부당한 재판으로 인하여 불이익 내지 손해를 입은 사람은 국가배상 이외의 방법으로는 자신의 권리 내지 이익을 회복할 방법이 없으므로, 이와 같은

5 대법원 2001. 4. 24. 선고 2000다16114 판결, 대법원 2003. 7. 11. 선고 99다24218 판결.

경우에는 위에서 본 배상책임의 요건이 충족되는 한 국가배상책임을 인정하지 않을 수 없다 할 것이다.

그리고 재판에 대한 국가배상책임의 관점에서 볼 때 헌법재판소 재판관의 재판사무는 법관의 재판사무와 동질이거나 유사한 것으로 볼 것이므로, 위에서 본 이 법원의 판례 및 견해는 헌법재판소 재판관의 재판사무에 대하여도 적용되어야 할 것이다.

(2) 원심 인정 사실에 의하면, 원고는 이 사건 헌법소원심판청구를 적법한 청구기간 내인 1994. 11. 4. 제기했는데 헌법재판소 재판관이 그 청구서 접수일을 같은 달 14.로 오인하여 청구기간이 도과했음을 이유로 이를 각하하는 결정을 하여 법률의 규정을 따르지 아니한 잘못을 했음을 알 수 있는 바, ① 위의 잘못은 전적으로 재판관의 판단 재량에 맡겨져 있는 헌법의 해석이나 법령 · 사실 등의 인식과 평가의 영역에 속한 것이 아니고 헌법소원심판 제기일의 확인이라는 비재량적 절차상의 과오라는 점, ② 통상의 주의만으로도 착오를 일으킬 여지가 없음에도 원고의 헌법소원 제기일자를 엉뚱한 날짜로 인정한 점, ③ 헌법재판소의 결정에 대하여는 불복의 방법이 없는 점(이른바, 권리구제형 헌법소원심판에서의 판단 누락에 대하여 재심을 청구할 수 있다는 취지의 헌법재판소 2001. 9. 27. 선고 2001헌아3 결정 이후에는 헌법소원심판청구인이 적법한 기간 내에 심판청구를 제기했음에도 기간 도과 후의 심판청구라 하여 각하한 경우에 이는 결정에 영향을 미칠 중요 사항에 관하여 판단을 누락한 것으로서 헌법재판소법 제40조 제1항에 의하여 준용되는 민사소송법 제451조 제1항 제9호 소정의 재심 사유에 해당할 여지가 있지만, 위 2001헌아3 결정이 있기 이전에는 위와 같은 잘못된 결정에 대하여 재심으로도 불복할 길이 없었다) 등에 비추어 보면, 위와 같은 잘못은 법이 헌법재판소 재판관의 직무수행상 준수할 것을 요구하고 있는 기준을 현저하게 위반한 경우에 해당하여 국가배상책임을 인정하는 것이 상당하다고 하지 않을 수 없다.

13장

검사 윤리

1. 검찰권의 의의와 검사의 공정

검사는 공익의 대표자로서 국법질서를 확립하고 국민의 인권을 보호하며 정의를 실현함을 그 사명으로 한다(검사윤리강령 제1조).

검사는 공소권과 수사권을 독점 행사하는 공익의 대표자이다(사법연수원, 2010: 157). 검사는 수사의 개시 · 지휘 및 종결 권한을 가지고 있는 수사의 주체이고 공소를 제기 · 유지하는 공소권의 주체이며, 재판을 집행하는 기관이다(형사소송법 제195조, 제247조, 제264조, 제460조; 한인섭 외, 2014: 470).[1] 이 점에 비추어 볼 때, 앞의 검사윤리강령 제1조를 허언虛言이라 할

1 즉 검사는 공익의 대표자로서 ① 범죄 수사, 공소의 제기 및 그 유지에 필요한 사항, ② 범죄 수사에 관한 사법경찰관리의 지휘 · 감독, ③ 법원에 대한 법령의 정당한 적용 청구, ④ 재판 집행 지휘 · 감독, ⑤ 국가를 당사자 또는 참가인으로 하는 소송과 행정소송 수행 또는 그 수

수는 없을 것이다.

검사는 피의자나 피해자, 기타 사건 관계인에 대하여 정당한 이유 없이 차별 대우를 하지 아니하며 어떠한 압력이나 유혹, 정실에도 영향을 받지 아니하고 오로지 법과 양심에 따라 엄정하고 공평하게 직무를 수행한다(검사윤리강령 제3조 제2항). 여기서의 '양심'은 건전한 상식과 법조인으로서의 정의감에 기초한 객관적인 직업적 양심, 즉 검사로서 올바른 검찰권을 행사하려는 마음과 태도를 의미한다. 따라서 검사 개인의 주관적 양심이나 독자적인 가치관이나 고집 혹은 편견을 의미하는 것은 아니다(조균석, 2013: 98-99).

검사는 행정기관이면서도 기능적으로는 사법기관으로서의 성격을 지니고 있다. 검사는, 법관과 마찬가지로, 공정성을 해치거나 공정성을 의심받는 행동을 해서도 안 된다(최진안, 2014: 647).

검사의 공정성을 확보하기 위해 검사윤리강령은 사건의 회피에 관한 규정을 두고 있다. 이에 따르면, 검사는 취급 중인 사건의 피의자, 피해자 기타 사건 관계인(당사자가 법인인 경우 대표이사 또는 지배주주)과 민법상 친족관계에 있거나 그들의 변호인으로 활동한 전력이 있을 때 또는 당해 사건과 자신의 이해가 관련되었을 때에는 그 사건을 회피하여야 한다(검사윤리강령 제9조 제1항). 그리고 취급 중인 사건의 사건 관계인과 위와 같은 친분관계 기타 특별한 관계가 있는 경우에도 수사의 공정성을 의심받을 우려가 있다고 판단했을 때에는 그 사건을 회피할 수 있다(검사윤리강령 제9조 제2항).

행에 관한 지휘 · 감독, ⑥ 다른 법령에 따라 그 권한에 속하는 사항에 대한 직무와 권한이 있다(검찰청법 제4조 제1항).

2. 직무 관련 의무

1) 성실의무

검사는 직무상의 권한이 국민으로부터 위임된 것임을 명심하여 성실하고 겸손한 자세로 국민에게 봉사하여야 한다(검사윤리강령 제2조). 검사는 직무를 성실하고 신속하게 수행함으로써 국가형벌권의 실현이 부당하게 지연되지 않도록 한다(검사윤리강령 제8조). 검사는 변화하는 사회현상을 직시하고 높은 식견과 시대가 요구하는 새로운 지식을 쌓아 직무를 수행함에 부족함이 없도록 하기 위하여 끊임없이 자기 계발에 노력한다(검사윤리강령 제5조).

2) 시민의 인권 보장

검사는 피의자 · 피고인, 피해자 기타 사건 관계인의 인권을 보장하고 헌법과 법령에 규정된 절차를 준수한다(검사윤리강령 제6조). 검사는 국민에 대한 봉사자로서 기본권을 보장하며 인권을 보호할 의무를 부담한다. 검사는 국가형벌권을 행사하는 자로서 이를 오 · 남용해서는 안 된다. 그렇지 않으면 검사의 권한은 인권 침해의 위험한 도구로 사용될 수 있다(최진안, 2014: 645).

검사는 적법한 절차에 의하여 증거를 수집하고 법령의 정당한 적용을 통하여 공소권이 남용되지 않도록 한다(검사윤리강령 제7조). '공소권의 남용'이란 검사가 자의적으로 공소권을 행사하여 소추재량권을 현저히 일탈한 위법이 있는 경우를 뜻하고, 이 경우에는 공소제기의 효력을 부인할 수 있다. 다만, 자의적인 공소권의 행사로 인정되기 위해선 단순히 직무상의 과실에 의한 것만으로는 부족하고 적어도 미필적이나마 어떤 의도가 있어야 한다.[2] 실제 공소권 남용이 인정된 예는 매우 드물지만, 재판에서 공소권 남용 여부가 문제되는 것 자체가 공소 제기의 공정성에 대한 신뢰를 해칠 우려가 있으므로 주의해야 한다(조균석, 2013: 181).

검사는 인권보호수사준칙을 준수하고 피의자, 피해자 등 사건 관계인의 주장을 진지하게 경청하며 객관적이고 중립적인 입장에서 사건 관계인을 친절하게 대하도록 노력한다(검사윤리강령 제10조). 그리고 변호인의 변호권 행사를 보장하되 취급 중인 사건의 변호인 또는 그 직원과 정당한 이유 없이 사적으로 접촉하지 아니한다(검사윤리강령 제11조).

3) 수사 관련 의무

검사는 수사의 주재자로서 엄정하고 합리적으로 사법경찰관리를 지휘하고 감독한다(검사윤리강령 제13조). 검사는 그 사무실의 검찰공무원, 사법연수생, 기타 자신의 직무에 관여된 공무원을 인격적으로 존중하며, 그들이 직무에 관하여 위법 또는 부당한 행위를 하거나 업무상 지득한 비밀을 누설하거나 부당하게 이용하지 못하도록 지도 · 감독한다(검사윤리강령 제23조).

검사는 비밀유지의무를 부담한다. 검사는 수사 사항, 사건 관계인의 개인 정보 기타 직무상 파악한 사실에 대하여 비밀을 유지하여야 하며, 전화, 팩스 또는 전자우편 그리고 기타 통신수단을 이용할 때에는 직무상 비밀이 누설되지 않도록 유의한다(검사윤리강령 제22조). 검사는 소속 직원이 비밀 누설을 하지 않도록 지도 · 감독할 책임도 진다(검사윤리강령 제23조). 검

2 대법원 1996. 2. 13. 선고 94도2658 판결, 1999. 10. 10. 선고 99도577 판결.

사는 직무와 관련하여 알게 된 사실이나 취득한 자료를 부당한 목적으로 이용하지 아니한다(검사윤리강령 제16조 제2항).

검사는 수사 등 직무와 관련된 사항에 관하여 검사의 직함을 사용하여 대외적으로 그 내용이나 의견을 기고 · 발표하는 등 공표할 때에는 소속 기관장의 승인을 받는다(검사윤리강령 제21조). 검사가 직무와 관련하여 대외적으로 의견을 표명하는 것은 형법상 피의사실공표죄 또는 공무상 비밀누설죄에 해당할 수 있고, 이러한 범죄가 되지 않는다 하더라도 때로는 검찰에 대한 시민의 신뢰를 해칠 수 있다. 이런 점 때문에 검사의 대외적 의견 발표에 대해 일정한 제한 규범을 설정한 것이다(최진안, 2014: 668-669).

한편, 검사의 직무 수행과 관련하여 윤리적 딜레마가 발생하는 상황 중 하나가 상급자와의 관계이다. 검사는 행정기관이면서 동시에 사법기관으로서의 이중적 성격을 지니는 준사법기관이고, 이 점에서 검사의 독립성이 요청된다. 검찰청법 역시 검사를 단독제의 관청으로 규정하고, 검사의 자격을 엄격하게 요구하며 그 신분을 보장하고 있다(검찰청법 제4조, 제29조, 제37조). 그런데 때때로 검사의 단독 · 독립 관청으로서의 지위와 이른바 검사동일체의 원칙이 서로 충돌하는 경우가 발생한다. 예컨대 검사와 그 상급자 사이에서 사건 처리에 대한 의견이 대립하는 경우에는 어떻게 해야 할까? 만약 상급자의 지시가 위법하다면 그 지시를 따를 의무는 없다. 문제는 위법하지는 않지만 부당하다고 느껴지는 경우이다. 이에 대해 검사윤리강령 제12조는 검사는 직무에 관한 상급자의 지휘 · 감독에 따라야 하고, 그 지휘 · 감독의 적법성이나 정당성에 이견이 있을 때에는 절차에 따라서 이의를 제기할 수 있다고 규정하고 있다. 이는 상급자의 지휘 · 감독의 내용이 자신의 의견과 다르다고 하여 즉각적인 이의를 제기하는 것보다는 그 의견을 존중하는 바탕 위에서 자신의 의견을 재고해야 한다는 취지이다(사법연수원, 2010: 183; 조균석, 2013: 99-100; 최진안, 2014: 652).

〈대법원 2002. 9. 24. 선고 2001다49692 판결〉

일반 국민들은 사회에서 발생하는 제반 범죄에 관한 알 권리를 가지고 있고 수사기관이 피의 사실에 관하여 발표를 하는 것은 국민들의 이러한 권리를 충족하기 위한 방법의 일환이라 할 것이나, 한편 헌법 제27조 제4항은 형사피고인에 대한 무죄 추정의 원칙을 천명하고 있고, 형법 제126조는 검찰, 경찰 기타 범죄 수사에 관한 직무를 행하는 자 또는 이를 감독하거나 보조하는 자가 그 직무를 행함에 당하여 지득한 피의 사실을 공판청구 전에 공표하는 행위를 범죄로 규정하고 있으며, 형사소송법 제198조는 검사, 사법경찰관리 기타 직무상 수사에 관계 있는 자는 비밀을 엄수하며 피의자 또는 다른 사람의 인권을 존중하여야 한다고 규정하고 있는 바, 수사기관의 피의 사실 공표행위는 공권력에 의한 수사 결과를 바탕으로 한 것으로 국민들에게 그 내용이 진실이라는 강한 신뢰를 부여함은 물론 그로 인하여 피의자나 피해자 나아가 그 주변 인물들에 대하여 치명적인 피해를 가할 수도 있다는 점을 고려할 때, 수사기관의 발표는 원칙적으로 일반 국민들의 정당한 관심의 대상이 되는 사항에 관하여 객관적이고도 충분한 증거나 자료를 바탕으로 한 사실 발표에 한정되어야 하고, 이를 발표함에 있어서도 정당한 목적 하에 수사 결과를 발표할 수 있는 권한을 가진 자에 의하여 공식의 절차에 따라 행하여져야 하며, 무죄 추정의 원칙에 반하여 유죄를 속단하게 할 우려가 있는 표현이나 추측 또는 예단을 불러일으킬 우려가 있는 표현을 피하는 등 그 내용이나 표현 방법에 대하여도 유념하지 아니하면 아니 된다 할 것이다. 따라서 수사기관의 피의사실 공표행위가 위법성을 조각하는지의 여부를 판단함에 있어서는 공표 목적의 공익성과 공표 내용의 공공성, 공표의 필요성, 공표된 피의 사실의 객관성 및 정확성, 공표의 절차와 형식, 그 표현 방법, 피의 사실의 공표로 인하여 생기는 피침해이익의 성질, 내용 등을 종합적으로 참작하여야 할 것이다(대법원 1999. 1. 26.

선고 97다10215, 10222 판결 참조).

3. 직무 외 활동 관련 의무

1) 검사의 청렴

검사는 공·사생활에서 높은 도덕성과 청렴성을 유지하고, 명예롭고 품위 있게 행동한다(검사윤리강령 제4조). 또한 검사는 항상 공·사를 분명히 하고 자기 또는 타인의 부당한 이익을 위하여 그 직무나 직위를 이용하지 아니한다(검사윤리강령 제16조 제1항).

검사는 금전상의 이익을 목적으로 하는 업무에 종사하거나 법무부장관의 허가 없이 보수 있는 직무에 종사하는 일을 하지 못하며, 법령에 의해 허용된 경우를 제외하고는 다른 직무를 겸하지 아니한다(검사윤리강령 제17조).

검사는 직무 수행의 공정성을 의심받을 우려가 있는 자나 사건 관계인 등으로부터 정당한 이유 없이 금품, 금전상 이익, 향응이나 기타 경제적 편의를 제공받지 아니한다(검사윤리강령 제19조).

2) 사건 관계인 등과의 접촉 제한

앞에서 설명한 바와 같이 검사는 공정성을 해치거나 공정성을 의심받는 행동을 해서도 안 된다. 따라서 검사는 직무 수행의 공정성을 의심받을 우려가 있는 자와 교류하지 아니하며 그 처신에 유의한다(검사윤리강령 제14조). 그리고 자신이 취급하는 사건의 피의자, 피해자 등 사건 관계인 기타 직무와 이해관계가 있는 자와 정당한 이유 없이 사적으로 접촉하지 아니한다(검사윤리강령 제15조).

3) 법적 분쟁에의 개입 금지

검사는 다른 검사의 공정성을 해치거나 검찰에 대한 신뢰를 손상하는 행위를 해서도 안 된다. 따라서 검사는 다른 검사나 다른 기관에서 취급하는 사건 또는 사무에 관해 공정한 직무를 저해할 수 있는 알선 · 청탁이나 부당한 영향력을 미치는 행동을 하지 아니하고(검사윤리강령 제18조 제1항), 부당한 이익을 목적으로 타인의 법적 분쟁에 관여해서는 안 된다(검사윤리강령 제18조 제2항).

검사는 직무상 관련이 있는 사건이나 자신이 근무하는 기관에서 취급 중인 사건에 관하여 피의자, 피고인 기타 사건 관계인에게 특정 변호사의 선임을 알선하거나 권유하지 아니한다(검사윤리강령 제20조). 이는 변호사법 제37조, 제38조가 재판 · 수사 직무 취급자 및 재판 · 수사기관 공무원 등의 변호사에 대한 사건 소개를 금지하고 있는 것에 맞춰 직무상 관련 사건 및 소속 기관이 취급 중인 사건에 대한 검사의 유치활동을 금지한 것이다(최진안, 2014: 656).

4) 검사의 정치적 중립성

검사는 정치운동에 관여하지 아니하며, 직무 수행을 할 때 정치적 중립을 지킨다(검사윤리강령 제3조 제1항). 검사는 준사법기관으로서 정치적 중립성을 견지할 필요가 있으므로, 검사의 정치활동은 제한된다(박휴상, 2013: 579).

4. 검사 징계 제도

검사에 대한 징계는 「검사징계법」에 의해 규율된다. 검사의 징계사유로는 검찰청법 제43조를 위반했을 때, 직무상의 의무를 위반하거나 직무를 게을리했을 때, 직무 관련 여부에 상관없이 검사로서의 체면이나 위신을 손상하는 행위를 했을 때[3] 등을 들 수 있다(검사징계법 제2조). 그리고 검찰청법 제43조가 금지하는 행위에는 ① 국회 또는 지방의회의 의원이 되는 일, ② 정치운동에 관여하는 일, ③ 금전상의 이익을 목적으로 하는 업무에 종사하는 일, ④ 법무부장관의 허가 없이 보수를 받는 직무에 종사하는 일 등이 있다.

징계는 해임, 면직, 정직, 감봉, 감봉 및 견책으로 구분된다(검사징계법 제3조). 검사에 대한 징계사건을 심의하기 위하여 법무부에 검사징계위원회를 둔다(검사징계법 제4조).

5. 검사의 오판과 책임

검사는 수사기관으로서 피의사건을 조사하여 진상을 명백히 하고, 수집 · 조사된 증거를 종합하여 피의자가 유죄 판결을 받을 가능성이 있는 정도의 혐의를 가지게 된 데 합리적인 이유가 있다고 판단될 때에는 법원에 공소를 제기할 수 있다. 이 경우 객관적으로 보아 검사가 당해 피의자에

3 이를 징계사유로 규정한 취지는, 검사로서의 체면이나 위신을 손상하는 행위가 검사 본인은 물론 검찰 전체에 대한 국민의 신뢰를 실추시킬 우려가 있는 점을 고려하여, 검사로 하여금 직무와 관련된 부분은 물론 사적인 언행에 있어서도 신중을 기하도록 함으로써 국민으로부터 신뢰를 받도록 하자는 데 있다(대법원 2001. 8. 24. 선고 2000두7704 판결).

대해 유죄의 판결을 받을 가능성이 있다는 혐의를 가지게 된 데에 상당한 이유가 있는 때에는, 그 후 재판 과정을 통해 그 범죄 사실의 존재를 증명할 만한 증거가 없다는 이유로 무죄 판결이 확정되더라도, 검사의 판단이 경험칙이나 논리칙에 비추어 도저히 그 합리성을 긍정할 수 없는 정도에 이른 경우에만 국가배상책임을 진다.[4]

〈대법원 2005. 12. 23. 선고 2004다46366 판결〉

사법경찰관이나 검사는 수사기관으로서 피의사건을 조사하여 진상을 명백히 하고, 수집 · 조사된 증거를 종합하여 피의자가 유죄 판결을 받을 가능성이 있는 정도의 혐의를 가지게 된 데에 합리적인 이유가 있다고 판단될 때에는 소정의 절차에 의하여 기소 의견으로 검찰청에 송치하거나 법원에 공소를 제기할 수 있으므로, 객관적으로 보아 사법경찰관이나 검사가 당해 피의자에 대하여 유죄의 판결을 받을 가능성이 있다는 혐의를 가지게 된 데에 상당한 이유가 있는 때에는 후일 재판 과정을 통하여 그 범죄 사실의 존재를 증명함에 족한 증거가 없다는 이유로 그에 관하여 무죄의 판결이 확정되더라도, 수사기관의 판단이 경험칙이나 논리칙에 비추어 도저히 그 합리성을 긍정할 수 없는 정도에 이른 경우에만 귀책사유가 있다고 할 것이다[.]

〈대법원 2010. 6. 24. 선고 2006다58738 판결〉

형사소송법 및 관계 법령이 형사소송절차에서 피의자가 갖는 권리에 관하여 명문의 규정을 두고 있지 아니하여 그 해석에 관하여 여러 가지 견해가 있을 수 있고, 이에 대하여 대법원 판례 등 선례가 없고 학설도 귀일된

4 대법원 2005. 12. 23. 선고 2004다46366 판결.

바 없어 의의疑義가 있을 수 있는 경우에는, 검사로서는 그 나름대로 신중을 다하여 그 당시의 실무 관행을 파악하고 각 견해의 근거의 합리성을 검토하여 어느 한 견해를 따라 조치를 취할 수밖에 없다. 이 경우 그러한 조치 후에 대법원이 형사소송법 등 법령에 명시되지 아니한 피의자의 권리를 헌법적 해석을 통하여 인정하거나 피의자의 다른 권리에 관한 형사소송법의 규정 등을 유추 적용하여 인정함으로써, 사후적으로 피의자에게 그러한 권리가 존재하지 않는 것으로 해석한 검사의 조치가 잘못된 것으로 판명되고 이에 따른 처리가 결과적으로 위법하게 되어 법령의 부당집행이라는 결과를 가져오게 되었다고 하더라도, 그 검사의 조치 당시 그 검사가 내린 판단 이상의 것을 성실하고 합리적인 평균적 검사에게 기대하기 어렵다고 인정된다면, 특별한 사정이 없는 한 이러한 경우에까지 당해 검사에게 국가배상법 제2조 제1항에서 규정하는 과실이 있다고 할 수 없다[.]

| 참고문헌 |

가재환, "법조윤리교육의 필요성과 현황", 『법철학연구』 제4권 제2호, 한국법철학회, 2001.

강희원, "변호사의 책임: 우리나라의 현황과 민사책임의 법이론적 구성을 중심으로", 『비교사법』 제2권 제1호, 한국비교사법학회, 1995.

_____, "변호사의 직업윤리와 그 의무의 충돌", 『법과 사회』 제29권, 법과사회이론학회, 2005.

국회 법제사법위원회, 『외국법자문사법안 심사보고서』, 2009.

김건호, 『법조윤리강의』 제2판, 진원사, 2013.

김상준, "수임제한에 관한 변호사법 규정을 위반한 소송대리인의 대리권", 『대법원판례해설』 제44호 2003년 상, 법원도서관, 2004.

김일수, "법조윤리", 『로스쿨과 법학교육』, 아카넷, 2008.

김재형, "법관의 오판과 책임", 『법률가의 윤리와 책임』 제2판, 서울대학교 법과대학 편, 박영사, 2003.

김형준, "변호인의 진실의무와 진술거부권 행사 권고", 『법학논문집』 제31집 제1호, 중앙대학교 법학연구소, 2007.

남효순, "변호사와 의뢰인 사이의 법률관계", 『법률가의 윤리와 책임』 제2판, 서울대학교 법과대학 편, 박영사, 2003.

대한변호사협회, 『판례 · 선례 변호사법 축조해설』, 2009

_____, 『한국 변호사 백서 2010』, 2010.

민중기, "변호사법 제90조 제2호 소정의 일반의 법률사건의 개념과 범위", 『형사재판의 제문제』 제2권, 형사실무연구회, 2000.

박길성, "변호사법 제112조 제3호 후단 소정의 '법률상담 기타 법률사무를 취급하는 뜻의 표시 또는 기재'를 한 때의 의미", 『대법원판례해설』 제70호 2007년 상, 법원도서관, 2007.

_____, "아파트 하자보수공사 등을 목적으로 설립된 회사의 아파트 하자조사보고서 작성 및 소송 진행이 변호사법 소정의 '감정', '대리'에 해당하는지 여부", 『대법원판례해설』 제74호 2007년 하, 법원도서관, 2008.

박상근, "변호사의 직업윤리와 의무", 『법률가의 윤리와 책임』 제2판, 서울대학교 법과대학 편, 박영사, 2003.

박준, 『판례 법조윤리』, 도서출판 소화, 2011.

박휴상, 『법조윤리』 제3판, 도서출판 fides, 2013.

배기석, "변호사 간의 법조윤리에 관한 비교법적 연구", 『법학연구』 제55권 제4호, 부산대학교 법학연구소, 2014.

배호근, "변호사법 제110조 제1호에 정한 '교제'의 의미 및 그 해당 여부의 판단기준", 『대법원판례해설』 제66호 2006년 하, 법원도서관, 2007.

법무부, 『변호사시험의 실시 방안에 관한 공청회』 자료집, 2009. 12. 29.

_____, 『외국법자문사법 해설서』, 2010.

법원행정처, 『법원실무제요』 형사(Ⅰ), 2008.

_____, 『법관윤리』, 2011.

사법연수원, 『변호사실무(일반)』, 2009.

_____, 『법조윤리론』, 2010.

심헌섭, “법조윤리의 좌표”, 『법률가의 윤리와 책임』, 서울대학교 법과대학 편, 박영사, 2003.

양창수, “변호사의 과오와 책임”, 『법률가의 윤리와 책임』 제2판, 서울대학교 법과대학 편, 박영사, 2003.

오종근, “변호사징계”, 『법률가의 윤리와 책임』 제2판, 서울대학교 법과대학 편, 박영사, 2003.

_____, “변호사보수에 관한 연구”, 『법과 사회』 제27권, 법과사회이론학회, 2004.

_____, “변호사업무광고에서 전문분야 표시의 문제점과 전문변호사제도 도입”, 『법조』 2007년 5월호, 법조협회, 2007.

_____, “대한변호사협회 변호사 전문분야 등록제도의 보완점”, 『법학논집』 제14권 제4호, 이화여자대학교 법학연구소, 2010.

윤진수, “법관의 윤리”, 『법률가의 윤리와 책임』 제2판, 서울대학교 법과대학 편, 박영사, 2003.

윤석찬, “변호사의 전문가책임에 관한 소고”, 『동아법학』 제55호, 동아대학교 법학연구소, 2012.

이광수, “변호사법 제31조 제1항 제1호 수임제한 요건의 해석기준”, 『인권과 정의』 2014년 5월호, 대한변호사협회, 2014.

이상수, 『법조윤리의 이론과 실제』, 서강대학교 출판부, 2009.

이정식, “변호사의 주의의무에 관한 고찰”, 『중앙법학』 제5집 제2호, 중앙법학회, 2003.

전경운, “변호사의 성공보수약정”, 『민사법학』 제25호, 한국민사법학회, 2004.

정동윤 · 유병현, 『민사소송법』, 법문사, 2005.

정인진, “변호사의 사생활 등 직무 외 행위에 대한 변호사윤리의 규율 범위와 한계", 『인권과 정의』 2003년 5월호, 대한변호사협회, 2003.
_____, "변호사의 비밀유지의무", 『저스티스』 제104호, 한국법학원, 2008.
정태원, "상대방 변호사에 대한 예절에 대하여", 2014. 4. 7.자 법률신문.
정형근, "변호사의 진실의무", 『인권과 정의』 2013년 9월호, 대한변호사협회, 2013.
_____, 『법조윤리강의』 제5판, 박영사, 2014.
조균석, 『검찰업무와 인권』, 법무연수원, 2013.
조무제, "변호사윤리로서의 설명의무", 『인권과 정의』 2010년 9월호, 대한변호사협회, 2010.
최진안, 『법조윤리』 제3판, 세창출판사, 2014.
_____, "법무법인의 구성원 등의 이익충돌 회피의무에 따른 업무제한", 『인권과 정의』 2013년 6월호, 대한변호사협회, 2013.
최철환, "단체 대표자 개인을 위한 변호사 비용 지출과 횡령죄 성부", 『대법원판례해설』 제66호 2006년 하, 법원도서관, 2007.
하명호, "가. 변호사법 제3조에서 정한 '일반 법률사무'에 구 부동산중개업법 제2조 제1호의 '중개행위'가 포함되는지 여부(소극) 나. 변호사가 구 부동산중개업법상 중개사무소개설등록의 기준을 적용받지 않는지 여부", 『대법원판례해설』 제61호 2006년 상, 법원도서관, 2006.
한인섭, "왜 '법률가의 윤리와 책임'인가", 『법률가의 윤리와 책임』 제2판, 서울대학교 법과대학 편, 박영사, 2003.
한인섭 · 한상희 · 김재원 · 이상수 · 김희수 · 김인회 · 정한중, 『법조윤리』 제3판, 박영사, 2014.
황승흠, "변호사의 공익활동의무", 『법과 사회』 제26호, 법과사회이론학회, 2004.

법조윤리 입문(개정판)

펴낸날 초판 1쇄 2011년 2월 23일
개정판 1쇄 2015년 3월 3일
지은이 도재형
펴낸이 김훈순
펴낸곳 이화여자대학교출판부
주소 서울특별시 서대문구 이화여대길 52(우120-750)
등록 1954년 7월 6일 제9-61호
전화 02) 3277-2965(편집), 02) 362-6076(마케팅)
팩스 02) 312-4312
전자우편 press@ewha.ac.kr
홈페이지 www.ewhapress.com
책임편집 양지하
디자인 정혜진
찍은곳 한영문화사

ISBN 979-11-85909-25-7 94360
ISBN 979-11-85909-24-0(세트)

값 18,000원

* 잘못된 책은 바꾸어 드립니다.

이 도서의 국립중앙도서관 출판예정도서목록(CIP)은 서지정보유통지원시스템 홈페이지(http://seoji.nl.go.kr)와 국가자료공동목록시스템(http://www.nl.go.kr/kolisnet)에서 이용하실 수 있습니다. (CIP제어번호 : CIP2015004176)